DR. MÜLLER-WOH

STÉPHANE

W0394840

EINFACH MARATHON

...so erreichen Sie Ihr Ziel!

5

6

7

EINFÜHRUNG

EINFACH MARATHON

Am besten fängt man ein Buch über das Marathonlaufen mit dem größten Philosophen unter den Marathonläufern an, oder mit dem größten Marathonläufer unter den Philosophen. Also mit Emil Zatopek.

Der rennende Schweijk aus Prag ist in seinen goldenen 50er Jahren berühmt geworden durch seinen aufwändigen Laufstil - aber auch durch seinen tiefsinnigen Humor, der ihn beispielsweise zu dem Bekenntnis zwang: „Fisch schwimmt, Vogel fliegt, Mensch läuft."

Man hat Zatopek die tschechische Lokomotive genannt, denn er stand, wenn er seine Runden gedreht hat, sichtlich unter Volldampf. Er hatte eine ganz besondere Art, sein Wohlgefühl auszudrücken: Zur Fratze verzerrt war das Gesicht, Mitleid erregend die Grimassen, unablässig kreiste sein Kopf auf dem Hals, die Zunge hing ihm aus dem Mund, ständig schien er auf dem letzten Loch zu pfeifen, und die Sensiblen unter den Zuschauern fragten sich erschrocken: Ein Mensch in der Endphase?

Ganz falsch: Da war ein Mensch auf dem Weg ins Glück. Oder sagen wir es mit Waldemar Cierpinski, dem Marathon-Olympiasieger von 1976 und 1980: „Wer läuft," hat der diese Harmonie von Körper und Geist beschrieben, „erlebt wahre Wunder."

Womit wir zu Antje B. kommen. In der Geschichte ihres Lebens werden viele sich gut wiedererkennen. Es ist die Geschichte einer Frau, die sehr lange mit sich ziemlich zufrieden war. Eigentlich hat sich ihr Leben ganz prima entwickelt, der Reihe nach hat sie ihre Ziele erreicht. Sie war Krankenschwester, ihr Beruf machte ihr Spaß, eines Tages traf sie den Mann ihres Lebens, mit Mitte 30 hat sie sich ihren sehnlichen Wunsch nach Kindern erfüllt, erst kam Sebastian, dann die kleine Emily, das schöne Häuschen am Waldrand war auch bald sorgenlos finanziert - und beruhigt blickte Antje B. in die Zukunft. Wenn da nur nicht auch dieser andere Blick gewesen wäre. Der Blick in den Spiegel.

Die Frau, die sie irgendwann darin gesehen hat, war nicht mehr die drahtige Gestalt, die sie von früher kannte. Früher, da war Antje B. eine fitte Schwimmerin, sie war gut, sogar eine der Besten auf Bezirksebene. Doch die Realitäten des Lebens verändern die Ziele. Nach der Wende hatte sie als ehemalige DDR-Bürgerin plötzlich neue Ziele, beispielsweise spannende Reiseziele, der Beruf kam dazu, die Familie, die Schwangerschaften - und der Sport zu kurz. Sie hat ihn, um es kurz zu machen, aus den Augen verloren. „Nach und nach", sagt Antje B. über die bösen Folgen, „bin ich auseinander gegangen wie ein Pfannkuchen."

Danach passiert meistens das Naheliegende: Man betrügt sich zunächst einmal selbst, man versucht zu schummeln mit den üblichen kleinen, verzweifelten Tricks. Wenn sie zum Baden ging, hat sie sich ein Tuch um die Hüften geschlungen - was aber am Wur-

zel des Übels nichts änderte: Der Speck ging nicht weg. Was tun? Irgendwann hat sie wieder mit dem Schwimmen angefangen. Das sah in der Praxis ungefähr so aus: Wenn der Mann bei der Arbeit, Sebastian im Kindergarten, der Haushalt halbwegs gerichtet und die kleine Emily versorgt und bei der Nachbarin abgeliefert war, ist Antje B. geschwind mit dem Auto zur Schwimmhalle in die benachbarte Kreisstadt gehetzt, hat sich hastig umgezogen und sich ein paar Bahnen gegönnt, danach schnell geduscht, sich umgezogen, und ebenso hektisch ging es wieder retour - unter dem Strich hat sich die Schwimmerei als dreifaches Fiasko entpuppt: umständlich, zeitraubend, stimmungstötend.

„Mach`s doch wie ich“, riet ihr eines Tages die rettende Freundin, „und lauf einfach. Jogginghose,Turnschuhe an, T-Shirt drüber - und los.“ Aller Anfang ist schwer, doch der schwerste ist so ein Neuanfang. Vor allem, wenn man im Rahmen des beschleunigten Walkens und Trabens noch einen Kinderwagen vor sich herschieben muss, „und alle glotzen einem nach“, sagt Antje B. Erst als Emily in den Kindergarten kam, war wenigstens dieses Problem vom Tisch. Das andere hat länger gedauert: Die abhanden gekommene Fitness, das Quälen, das Überwinden des inneren Schweinehundes und der Tortur, das Wiedererlangen der verloren gegangenen Puste. Anfangs hat sie nur Intervalle von ein paar hundert Metern bewältigt. Es war kein Kinderspiel, auf dem Weg zum Ziel überhaupt die erste Kurve zu kriegen.

Man muss es wollen. Man kriegt nichts geschenkt. Man muss sich klar sein, wofür man es tut. Patriz Ilg hat es einmal trefflich erklärt. Nach fünfzehn Jahren Leistungssport hatte der frühere Welt- und Europameister im Hindernislauf plötzlich und radikal Schluss gemacht, war jahrelang keinen Meter mehr gerannt - bis er über Nacht wieder loslegte, weil ihm die Erleuchtung kam: „Laufen ist wie Zähneputzen.“ Man muss es tun - der Zahn der Zeit, der an einem nagt, bekommt sonst Karies an Körper und Seele.

Jedenfalls gibt es das Glück, das einem beim Laufen winkt, weder gratis noch als Schnäppchen. Wie steinig der Weg sein kann, zeigt das prominente Extrembeispiel des Hartwig Gauder. Der war über 50 Kilometer der beste Geher der Welt, Olympiasieger, Weltmeister, Europameister - bis ihn eine Virusinfektion erwischte. Nur ein neues Herz bewahrte ihn vor dem Sterben, und das neue Leben in der Stunde null war ein anstrengendes, ein mühsames Leben: Seine ersten Gehübungen fanden im Laufgitter statt, die Fitness reichte gerade einmal für das Sitzen auf der Bettkante - und als er es ein halbes Jahr nach der Transplantation mit zwanzig Metern Joggen versuchte, kam er sich vor wie nach einem Langstreckenlauf.

Ähnlich fix und fertig war anfangs auch Antje B. Nach vier Wochen hat sie ihre Laufintervalle dann langsam ausgedehnt, acht Minuten, zwölf Minuten. Nach zehn Wochen hat sie am Stück schon dreißig bis vierzig Minuten bewältigt. Inzwischen absolviert sie jeden zweiten Tag anderthalb Stunden. Im Übrigen hat sie in dem einen Jahr, seit sie regelmäßig läuft, 16 Kilo abgenommen. Der Blutdruck und die Blutwerte sind wieder normal, sie fühlt sich knackig und pudelwohl, ist mit sich im Reinen - und kommt nur noch dort ins Schwitzen, wo es gesund ist: beim Laufen.

Schritt für Schritt ist es vorwärts gegangen. Wie bei Gauder. Auch der hat nichts überstürzt, sondern im wahrsten Wortsinn laufend die Devise beherzigt: „Ich will meinen Spaß, mit den Leuten schwatzen, unterwegs eine Pizza holen und gutgelaunt ankommen." Mit diesem Rezept ist er am Ende sehr weit gekommen, genau gesagt über die Brooklyn Bridge bis zum Central Park - beim New York Marathon.

Marathon? Soweit will Antje B. noch nicht denken. Jedenfalls nicht laut. Doch „irgendwo im Hinterstübchen", sagt sie, hat sie sich für diesen heimlichen, verwegenen, kühnen Traum ein stilles Eckchen reservieren lassen. Sie läuft jetzt einfach fleißig weiter - manchmal erfüllt sich ein Traum von selbst.

New York Marathon

Auch bei Emil Zatopek hat sich dieser Höhepunkt irgendwann einfach vollends ergeben. Damals in Helsinki, bei Olympia `52. Nie zuvor war er einen Marathon gelaufen, aber nach seinen Siegen über die 5000 und die 10000 Meter nutzte er die Gunst der Stunde und seiner guten Laune und befahl sich: versuch es! Es war sein krönender Sieg. Aber genauso wertvoll war diese neue Erfahrung: „Wenn du laufen willst, lauf eine Meile", weiß Zatopek seither, „wenn du eine andere Welt kennen lernen willst, lauf einen Marathon."

Lassen Sie sich in diese Welt verführen - von diesem Buch.

MARATHON - DIE GESCHICHTE

Eines der höchsten Glücksgefühle auf dieser Welt ist von Frank Sinatra mit den sehnsüchtigen Worten besungen worden: „I want to be a part of it - New York, New York." Doch nicht nur die größten Sänger wollen Teil dieser Stadt sein - sondern auch die zähesten Läufer: Willkommen beim New York Marathon! Sport ist gar kein ausreichender Ausdruck für dieses gigantische Spektakel. Zwei Millionen Zuschauer säumen die Strecke, vom Start in Manhattan bis zum Ziel im Central Park, und Millionen werden auch pekuniär bewegt - doch abgesehen von den Besten, die angelockt werden von den Dollars, die auf der Straße liegen, treibt die 40000 Läufer ein sehr olympisches Motto: Dabeisein ist alles.

Marathonläufer Joschka Fischer

Es gibt sogar Sportsfreunde, die 35 Kilo abspeckten, um der Faszination des New York Marathons und der anderen weltbewegenden Dauerläufe teilhaftig zu werden - jedenfalls hat sich Joschka Fischer, der damalige deutsche Außenminister, einst auf den Pfad der Fitness begeben und sich salopp gesagt von einem Teelöffel Honig, zwei gehackten Pistazien und drei Blatt Salbei am Tag ernährt. Sein Lohn: Drahtig ist er 1999 auf die Fifth Avenue eingebogen, hat nach drei Stunden, sechsundfünfzig Minuten und 13 Sekunden das Ziel durchlaufen - und sein Lebensgefühl im Buch „Mein langer Lauf zu mir selbst" beschrieben.

Alleine hätte er es allerdings nicht geschafft. Der Wegbereiter, dem er sein Glück verdankt, war Pheidippides. Oder hieß er Philippides? Die Gelehrten streiten. Sie sind sich nicht ganz einig bezüglich des legendären Boten, der nach der Schlacht von Marathon die freudige Nachricht vom Sieg über die Perser im Laufschritt nach Athen überbracht haben soll - im Rahmen des ersten Marathonlaufs aller Zeiten.

Der historische Tag war der 12. September 490 vor Christus. In der Ebene von Marathon, an der Ostküste der Halbinsel Attika, ging das kriegslüsterne Expeditionskorps des Perserkönigs Dareios I. vor Anker und war bereit zum Sturm auf Athen - und den 9000 Hopliten, den schwer bewaffneten heimischen Fußtruppen, zahlenmäßig weit überlegen. Das antike Athen stand vor seiner Vernichtung.

Doch Miltiades, der Feldherr des kleinen Heers der Hopliten, war ein grandioser Stratege - als die Perser gerade packten, um sich nach Athen aufzumachen, blies er zum Sturmangriff. Zwar fielen 192 seiner Männer, doch auf der anderen Seite starben 6400 Perser. „Berichte in Athen!", befahlen die Sieger dem Meldeläufer Pheidippides.

Von Marathon nach Athen

Wie lange er lief? 42,195 Kilometer waren es nicht. Diese offizielle Laufstrecke hat sich erst bei den Olympischen Spielen 1908 in London ergeben, weil das englische Königshaus das Schloss Windsor unbedingt als Startpunkt und die königliche Loge im Stadion als Zielankunft wünschte. Noch bei den ersten Spielen der Neuzeit, am 10. April 1896, war die bergige, etwa 41 Kilometer lange Originalstrecke zwischen Marathonas und Athen gelaufen worden, und der Sieger Spiridon („Spyros") Louis - ein Grieche, wie es sich gehörte - brauchte zwei Stunden, 55 Minuten und zwanzig Sekunden.

Sein Triumph versetzte sein Volk in einen Rausch: Der Held bekam eine Rente und lebenslang seine Anzüge, das Essen und das Haarschneiden gratis, ja sogar die Stiefel geputzt. Vermutlich hat schon Louis an seinem Sport nicht viel schlechter verdient als die Stars von heute: Der Besten des New York Marathons winkten über 100000 Euro für den Sieg. Die britische Lauflegende Paula Radcliffe ist unter einer halben Million Euro Antrittsgage gar nicht zu bekommen.

Die großen Marathons sind Massenspektakel, gewaltige Volksfeste mit einem Hauch von Karneval und Millionen Zuschauern, die auch den Letzten, der die 42 Kilometer bewältigt, noch feiern. Beim Berlin-Marathon 2005 wurden die knapp 35000 Läufer flankiert von einer halben Million Zuschauer - und die Siegerin Mizuki Noguchi daheim, weil Fuji-TV live übertrug, von 15 Millionen Japanern frenetisch bejubelt. Binnen fünf Jahren hat sich der Etat der Berliner auf fünf Millionen Euro verdoppelt, und das Budget allein für die Verpflichtungen der Top-Athleten beim London Marathon beträgt knapp drei Millionen Euro! Ein Großmarkt aus Menschen, Millionen und Moneten.

Doch für den Läufer als solchen ist nicht das Geld der Reiz. Bei keinem anderen sportlichen Wettbewerb besteht die Möglichkeit, sich zum gleichen Zeitpunkt, auf der gleichen Strecke mit den Weltbesten zu messen. Aber nicht nur das: der Fußballtrainer Felix Magath war beim Hanse-Marathon in Hamburg dabei, hat sich die letzten Kilometer mit seinem inneren Schweinehund herumgequält - aber den Kampf gegen sich selbst am Ende gewonnen und mit den Augen gezwinkert: „Vielleicht schaffe ich ja noch New York."

Wie Joschka Fischer. Der ist die Marathons in New York, Hamburg und Berlin allesamt unter vier Stunden gelaufen - und hat sogar überlebt. Das hat er Pheidippides voraus. Die Geschichtsforscher vermuten, dass der alte Grieche einen Hitzschlag erlitten hat an jenem 12. September 490 vor Christus - jedenfalls schleppte er sich erschöpft gerade noch bis zu den Athener Stadtmauern, und seine letzten Worte, ehe er auf dem Areopag tot zusammenbrach, hießen: „Freut euch, wir haben gesiegt.".

So oder ähnlich war das mit dem ersten Marathonlauf und dem Heldentod des Pheidippides - und selbst wenn der Geschichts-schreiber Herodot seine Überlieferungen zur Schlacht von Marathon mit der Gestalt dieses Meldeläufers nur phantasievoll ausgeschmückt haben sollte, hat er der Menschheit damit einen Begriff geschenkt, der sie heute zu großer Willenskraft treibt und zu einem wunderbaren Lebensgefühl: Marathon!

Eine Läuferin aus dem „marathonverrückten" Japan siegt an der Geburtsstätte des Marathon. Mizuki Noguchi, Marathon-Olympiasiegerin 2004 in Athen.

1 VON KOPF BIS FUSS...

Läufer und Laufschuhe · Tipps für den Laufschuhkauf · Fußstellungen und Laufstile · Laufschuh-Prototypen · Gut gewandet durch die Jahreszeiten · Bodygards für extreme Einsätze: Funktionelle Textilien

...AUF LAUFEN EINGESTELLT!

VON KOPF BIS FUSS AUF LAUFEN EINGESTELLT

LÄUFER UND LAUFSCHUHE – EINE BEZIEHUNG VON FUNDAMENTALER BEDEUTUNG

Sie sind zu zweit und immer ganz unten. Extremitäten in höheren Etagen kommt gewöhnlich mehr Beachtung zu: Da wird gecremt, gepudert und liebevoll ausgesucht, was schützen und wärmen soll. Dauerläufer wie wir erkennen schnell, dass unsere Beziehung zur Basis von fundamentaler Bedeutung ist. Wer seine „besten Freunde im Erdgeschoss" vernachlässigt, kann hochfliegende sportliche Pläne nämlich schnell vergessen. Füße rächen sich auf ihre Weise, werden rissig, schwellen an, produzieren Blasen oder „stellen sich taub". Auf unpassendes Schuhwerk reagieren sie höchst empfindlich. Ich empfehle daher wärmstens, bei der Auswahl eines „Mäntelchens für die Basis" Sorgfalt walten zu lassen.

Adidas, Brütting oder Puma? Die Auswahl eines Laufschuhs bereitete vor 25 Jahren, als ich mit dem Laufen begann, nur wenig Kopfzerbrechen. Das ist heute anders, denn es gibt mittlerweile Dutzende auf Laufschu-

Ein guter Laufschuh-Fachhändler bietet Laufband, Videoanalyse, Fußanalyse, Laufschuhumtausch bei Fußproblemen, Nachfrage nach alten Schuhen und Trainingsgewohnheiten.

he spezialisierte Firmen. Die große Vielfalt stellt besonders Einsteiger vor die Qual der Wahl. Doch gerade diese Zielgruppe sollte sich für die Suche des bestmöglichen Schuhs Zeit nehmen. Denn passt die Hülle nicht zum Fuß, ist Frust statt Lauflust programmiert: „Schwimmen" Sie in Ihrem Schuh oder zwingt er Sie zu ungewohnten Bewegungen, werden Sehnen und Gelenke schnell überstrapaziert. Schon eine kleine Fehlstellung der Ferse aus der senkrechten Achse verändert die gesamte Statik des Bewegungsapparats. Ausgleichbewegungen führen zu Schmerzen im Knie, in der Hüfte und bis hinauf zur Wirbelsäule. Ein falscher Schuh kann den Beginn einer wunderbaren Freundschaft vereiteln.

TIPPS FÜR DEN LAUFSCHUHKAUF

Welcher Schuh passt zu Ihnen? Die große Vielfalt hat ihre Berechtigung, denn Läufer bewegen sich auf Waldboden, Asphalt oder Kunststoff, sind Fliegen-, Mittel- oder Schwergewichte. Der Fuß eines kräftigen Läufers bearbeitet den Laufschuh ganz anders als der eines Leichtgewichts. Die Hersteller produzieren daher Schuhe mit festeren oder flexibleren Sohlen, fertigen aber auch unterschiedlich breite Exemplare. Darüber hinaus gibt es auch besondere Damenmodelle mit schmalerer Passform. Lassen Sie sich von Anfang an fachkundig beraten und nicht von günstigen Preisen oder attraktivem Aussehen verführen. Ein guter Händler erkundigt sich nach der Beschaffenheit Ihres Trainingsgeländes, Ihrem aktuellen Körpergewicht und Trainingszustand.

Wichtige Anhaltspunkte für die Auswahl optimalen Schuhwerks sind auch Ihre ganz speziellen Laufgewohnheiten und die von Ihnen angestrebten sportlichen Ziele.

Für die Wahl der Marathonschuhe ist es sehr entscheidend, ob Sie 2:30 Std. unterwegs sind oder vier und mehr Stunden.

› TIPP ‹

Achten Sie beim Schuhkauf darauf, das Ihre Zehen während der Abrollbewegung des Fußes ausreichend Platz hat.

Mit einer Videoanalyse, wie sie heute in jedem guten Laufshop angeboten wird, können läuferische Eigenheiten genau analysiert werden. Schuhexperten, die selbst schon lange Jahre laufen, erkennen Ihr Fußprofil mit geübtem Blick meist schon, wenn Sie die Schwelle ihres Geschäfts überschreiten. „Supinierer mit Senk-Spreizfuß – hab' ich's doch gewusst!", ruft ein Meister dieser Kunst triumphierend aus, wenn Sie schließlich bar- und plattfüßig vor ihm stehen. Das sollten Sie übrigens nicht unbedingt vormittags tun, denn Füße schwellen während des Tages an. Ein Paar frühmorgens ausgewählte Schuhe könnten daher am späten Nachmittag bereits zu klein sein. Fehlkäufe lassen sich auch vermeiden, wenn Sie Ihre alten Laufschuhe gleich mitbringen.

Die Abnutzungsspuren der Sohle verraten viel über Ihren unverwechselbaren Laufstil. Vergessen Sie auch Ihre orthopädischen Einlagen nicht. Schließlich soll die wichtige Stütze für Ihr Fußgewölbe auch in neuen Schuhen genügend Platz finden.

Nun möchte ich Ihnen noch ein paar Tipps geben, die Ihnen eine möglichst lange Partnerschaft mit Ihren neu erworbenen Schuhen sichern sollen. Denken Sie daran, dass deren Lebensdauer je nach Körpergewicht und Laufuntergrund zwischen 1000–1200 Kilometer beträgt. Wer mehr als dreimal wöchentlich läuft, sollte sich ein zweites Paar zulegen. Auf jeden Fall ein unterschiedliches Modell und vielleicht auch das Produkt eines anderen Herstellers, denn jede Marke hat unterschiedliche Leisten. Ihrer Fußmuskulatur wird die Abwechslung gut tun. Außerordentlich dankbar sind die Füße auch über besondere Zuwendung. Eine vor dem Zubettgehen aufgetragene Fußcreme (z.B. Fußbalsam von Weleda oder Efasit Fußcreme Limefresh) beugt schrundiger und rissiger Haut hervorragend vor. Selbst lästige Blasen bilden sich bei gepflegten Füßen sehr viel seltener.

Videoanalyse beim Laufschuhkauf

Noch ein Wort an alle Sauberkeitsfanatiker unter uns: Auch meine Schuhe sind nach vielen Ausflügen im Gelände tarnfarben und riechen streng. Die Waschmaschine haben sie jedoch noch nie von innen gesehen, denn sie leiden unter der mechanischen Belastung in der Trommel. Wer das Dämpfsystem nicht vorzeitig ruinieren und dramatischen Schrumpfungen vorbeugen will, sollte selbst Hand anlegen: Lassen Sie Ihre verschmutzten Freunde in milder und sparsam dosierter Seifenlauge einweichen, lösen Sie den verbliebenen Schmutz mit einer weichen Bürste ab, und spülen Sie mit klarem Wasser nach. Zum Trocknen stopfe ich sie mit Zeitungspapier aus. Vielleicht legen Sie über Nacht noch einen Wunderbaum hinein? Variante für Eilige: Es soll sparsame Zeitgenossen geben, die das Reinigungsprozedere von Kopf bis Schuh wesentlich abkürzen und sich in voller Laufmontur unter die Dusche stellen.

AUF EINEN BLICK: FUSSSTELLUNGEN UND LAUFSTILE

Pronation und Supination – sicher haben Sie die kuriosen Begriffe aus der Orthopädie schon einmal gehört. Um sie verstehen zu können, werfen wir zunächst einen Blick auf die einzelnen Komponenten unseres Laufschritts: Wir unterscheiden zwischen der Aufsetzphase (die Ferse berührt den Boden), der Standphase (die komplette Sohle berührt den Untergrund) und der Abdruckphase (der Vorfußbereich hat Kontakt mit dem Boden, die Zehen drücken den Fuß aufwärts nach vorne). Wer es, wie beispielsweise ein Sprinter, besonders eilig hat, setzt beim Laufen nur mit dem Vorfuß auf. Durch die hohe Frequenz der Schritte ist sein Bodenkontakt nur flüchtig. Ganz anders ist das beim Fersenläufer, der den extremsten Gegensatz zum Vorfußläufer darstellt. Alle Athleten mit diesem Laufstil tendieren dazu, sich selbst zu bremsen, denn ihr Körperschwerpunkt liegt hinter der Hüftachse. Wenn Sie mit dem Laufsport beginnen, sollten Sie darauf achten, dass Ihre Köperhaltung aufrecht oder minimal nach vorne geneigt ist. Sie setzen dann ganz von allein mit dem Mittelfuß auf, der Ihnen einen für längere Distanzen idealen, ökonomischen und zugleich dynamischen Schritt ermöglicht. Wenn Sie in welligem Gelände laufen, bewegen Sie Ihre Füße übrigens unwillkürlich so, wie es der Fortbewegung am förderlichsten ist. Beim Bergauflaufen ist dann beispielsweise der Vorfuß gefragt. Generell gilt: Machen Sie sich nicht zu viele Gedanken – laufen Sie einfach locker drauf los.

Normalpronation: Gehören Sie zu dieser Spezies, so setzen Sie den äußeren Fersenteil schräg auf, knicken mit dem Fuß in der Standphase ein wenig nach innen weg, um sich dann wieder leicht nach außen abzudrücken Normalpronierer können sich glücklich schätzen, denn ihr idealer Laufstil mit einer Abrollbewegung von hinten nach vorne sowie von außen nach innen sorgt für eine ganz natürliche Dämpfung des Laufschritts.

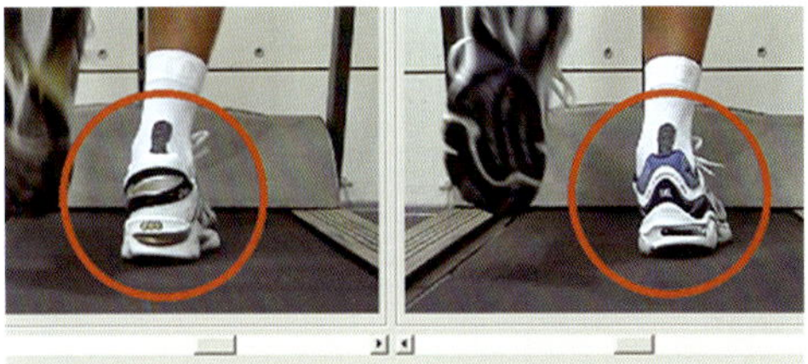

Normalpronierer (li.) und Überpronierer (re.)

Überpronation: Überpronierer sind in bester Gesellschaft, haben sie doch zahlreiche „Leidensgenossen". Muskelverkürzungen oder -schwächen, Senk-Spreizfüße oder die berühmten Plattfüße sind die Ursachen dieser Fehlstellung, bei der die Beinachsen in der Standphase nicht ausreichend stabilisiert werden können und der Fuß stark nach innen wegknickt. Damit die Fußgelenke nicht überfordert werden, sollten Überpronierer mit einem stabilen Schuh für Ausgleich sorgen.

Supination: Ihre Schuhe enttarnen Sie: Supinierer, die auch als „Unterpronierer" bezeichnet werden, beanspruchen mit ihrem Laufstil vorwiegend den äußeren Rand der Sohle. Gründe für diese einseitige Belastung sind ein starres Fußgewölbe, Hohlfüße, muskuläre Schwächen oder angeborene Beinachsenprobleme. Ein weicher Cushion- oder auch Komfortschuh mit verstärkter Dämpfung sollte den fehlenden natürlichen „Puffer" ersetzen.

LAUFSCHUH-PROTOTYPEN

Stabilschuh: Wer Laufeinsteiger ist und ratlos vor der bunten Vielfalt an Laufschuhen steht, sollte sich für einen Stabilschuh mit optimalem Halt entscheiden. Hände weg von verlockend leichten Rennmodellen! Anfänger bringen selten die körperliche Robustheit für instabile Federgewichte mit. Stabilschuhe schützen Muskeln und Bänder an Fuß, Knie und Hüfte, die vor Aufnahme eines regelmäßigen Lauftrainings noch nicht in der Lage sind, ihrer Stützfunktion bei intensiver Belastung ohne Hilfe nachzukommen. Stabilschuhe besitzen am Schaft ein strapazierfähiges Material, das dem Fußrücken Halt gibt. Eine Außensohle aus Karbon, und oft auch Verstärkungen an stark strapazierten Partien wie Fußballen und Ferse, machen die robusten Schuhe auch zum idealen Partner für schwerere Läufer und Überpronierer.

Lightweight-Modell: Sind Sie Normalfußläufer oder leichtgewichtiger Überpronierer? Dann ist der Lightweight-Trainer der richtige Schuh für Sie. Er verzichtet zugunsten eines geringen Gewichts auf Führungsqualitäten, vermittelt Dynamik und rollt gut ab. Moderne Konstruktionen mit dünneren Zwischensohlen bringen den Fuß näher an den Boden, das Laufgefühl erinnert an den Barfußlauf. Diese Schuhe bevorzugen fortgeschrittene Läufer zum Training und für lange Wettkämpfe wie beispielsweise Marathons.

Wettkampfschuhe: Das sind „reinrassige" Schuhe für kürzere Asphaltstrecken bis etwa 10 km Länge. Sie bieten wenig Halt und funktionelle Details, da sie kompromisslos auf Fliegengewicht getrimmt sind. Etwas über 200 Gramm bringen die „Rennpuschen" auf die Waage, etwa das Doppelte wiegt ein Stabilschuh.

Marathonschuhe: Wer einen Marathon läuft, sollte nicht zu leichte Schuhe tragen. Die Entscheidung für ein mittelgewichtiges Modell zahlt sich aus, denn die Muskulatur ermüdet nach etwa 30 Kilometern und verliert dann auch ihre Stützkraft. Schmerzen und Muskelkrämpfe werden Ihren bis dahin flotten Lauf bremsen und Sie schlimmstenfalls zu längeren Pausen oder gar zum Abbruch des Rennens zwingen. Beim Anprobieren eines Marathonschuhs sollten Ihre Zehen unbedingt eine gute Daumenbreite Platz haben. Ihr Fuß wird während des Laufs anschwellen und ein enges Gehäuse übel nehmen. Achten Sie beim nächsten Wettkampf einmal darauf, wie viele Kolleginnen und Kollegen schwarze oder verkümmerte Zehennägel spazieren tragen!

Laufschuhe für Frauen: Das Gros der Frauen ist kleiner und leichter als der Durchschnittsmann. Daher passen Schuhdesigner

bei hochwertigen Modellen nicht nur die Schuhgröße weiblichen Fußproportionen an, sondern variieren auch die Sohlenhärte. Das meist breitere Becken einer Frau fördert durch den größeren Winkel zwischen Hüfte und Knie die Tendenz zur Überpronation, der mit der Konstruktion einer „medialen Stütze“ vorgebeugt wird. Der auffälligste Unterschied zwischen Frauen- und Männerfuß ist jedoch das schmalere Format von Ferse und Vorderfuß. Doch auch hier gibt es große Unterschiede. Fachhändler haben zahlreiche Varianten zur Auswahl. In einigen Großstädten finden Sie auch spezielle Frauenlaufgeschäfte, denn immerhin werden 50 Prozent aller Laufschuhe von Frauen gekauft.

Funktionelle Textilien trotzen jeder Witterung.

GUT GEWANDET DURCH DIE JAHRESZEITEN

Es schüttet wie aus Gießkannen, stürmt oder schneit? Sie wollen jetzt ausnahmsweise mal ein Päuschen machen? Ausgeschlossen! Vorbei sind die Zeiten, in denen uns bleischwere Baumwolltrikots im Dauerregen ausbremsten, weil sie sich in Sekundenschnelle voll Wasser saugten. Ältere Laufsemester erinnern sich gewiss auch an die umwerfende Wirkung von Polyesterjacken, die bereits nach wenigen Schritten ein subtropisches Klima entwickelten. Dank konsequenter Erforschung der Bedürfnisse bewegter Menschen, denken sportliche Fasern heute mit. „Intelligente“ Laufbekleidung schützt und atmet zugleich, schmeichelt der Haut und ist federleicht. Eine schlechte Nachricht für alle Trainingsfaulen: Es gibt keine Wetterlage, die uns Läufer ans Sofa fesseln könnte!

Mit funktionellen Textilien macht Training auch unter extremen Witterungsbedingungen Spaß, denn die neue Generation der Sportbekleidung ist atmungsaktiv: Das Kunstfasergewebe lässt Feuchtigkeit austreten, sorgt aber gleichzeitig in Gegenrichtung für ausreichende Frischluftzufuhr. Damit wird ein Auskühlen des Läufers verhindert, das in früheren Zeiten durch die entstehende Verdunstungskälte programmiert war. Moderne Synthetikfasern transportieren den Schweiß sofort vom Körper weg nach außen auf die Oberfläche der Textilien, wo er sich in Form von winzigen Tröpfchen absetzt. Vom Kauf einer Sportjacke, die ausschließlich wasserdicht ist, rate ich ab, da sie der starken Wärmeentwicklung am Oberkörper nicht gewachsen ist und sich schnell in eine Sauna verwandelt. An Regentagen sind wasserabweisende und atmungsaktive Jacken die bessere Wahl.

Funktionalität kann jedoch nur unter bestimmten Bedingungen gewährleistet werden: Wer beispielsweise ein Baumwollhemd zwischen atmungsaktiven Textilschichten trägt, zerstört das ausgeklügelte System. Läufer sollten daher beim Einkleiden strategisch denken und die Funktionskette nicht unterbrechen. Auch wenn der Preis für eine mehrteilige Kunstfaserkombination auf den ersten Blick hoch erscheint, lohnt sich die Investition: Das Gewebe ist langlebig, trockne nach dem Waschen schnell und sichert uns ganzjährig ein optimales Körperklima.

Kombinationsvorschlag für ein funktionelles Bekleidungsset:

- **Unterhemd**
- **kurzärmliges T-Shirt**
- **langärmliges Hemd mit Rollkragen**
- **langärmliger Funktionssweater**
- **leichte, atmungsaktive Windjacke**

BODYGUARDS FÜR EXTREME EINSÄTZE: FUNKTIONELLE TEXTILIEN

Winter: Kein Winter ist wie der andere. Mal ist es eisig kalt oder es schneit, oft ist es aber auch herbstlich lau und regnerisch. Ich hülle mich nach dem Zwiebelprinzip in mehrere Lagen leichter Funktionswäsche. Frostigen Temperaturen trotze ich in einem Langarmshirt mit Rollkragen über dem Unterhemd, darüber trage ich eine Windjacke. Eine Mütze, dünne Handschuhe und eine lange Laufhose (Tight) komplettieren das winterliche Ensemble. Goldene Regel: Selbst wenn Sie sehr leicht frieren, sollten Sie daran denken, dass Sie sich auf Ihrer Trainingsrunde bald warm gelaufen haben. Wer sich zu dick anzieht, wird schnell unter textilem Ballast leiden.

Frühjahr: Das Frühjahr ist eine unberechenbare Jahreszeit. Die Temperaturen können dramatisch schwanken, Wind, Sonne und Regen tauchen überraschend auf und verschwinden schnell wieder. Ärmellose Weste und Windjacke sind die ideale Ausrüstung. Ein langärmliges Laufshirt, direkt auf der Haut getragen, bildet die Basis. Fällt das Thermometer, „zwiebele" ich mir mit einem zusätzlichen funktionellen Unterhemd die nötige Wärme an den Leib.

Sommer: Wenn die Sonne intensiv scheint, lässt leichte Laufbekleidung Luft an den Körper und schützt ihn zugleich. Atmungsaktive Trägerhemden oder T-Shirts können – je nach Geschmack und Bedarf – mit kurzen Hosen oder knielangen Tights kombiniert werden.

Auf gnadenlos heiße Tage wartet in meinem Kleiderschrank auch ein grobmaschiges Netzhemd. Schirmmütze und Sonnenbrille ergänzen die sommerliche Auswahl.

Herbst: Die Blätter fallen, Nebel zieht durch die Täler. Meine von der Sommersonne verwöhnte Haut reagiert empfindlich auf die sinkende Temperatur. An den ersten kühlen Tagen hat der leichte Funktionssweater seinen großen Auftritt. Er transportiert Schweiß im herbstlichen Klima besser an die Peripherie als dünne Windjacken und bildet gleichzeitig ein angenehmes Wärmepolster. Nur bei starkem Wind und Böen ist er der Windjacke unterlegen. Stirnbänder sind an stürmischen Tagen nützliche Begleiter. Wenn die Ohren nach einigen Kilometern dann glühen, wickelt man sie leicht ums Handgelenk. Wer in der Dämmerung trainiert, sollte mit Reflektoren an Jacke oder Hose auf sich aufmerksam machen. Brillenträger wie ich haben besonders bei Regen Sichtprobleme. Ich schütze meine Brille vor Beschlag und Nässe, indem ich bei Schmuddelwetter immer eine Schirmmütze trage, die dann wie eine Regentraufe funktioniert.

> TIPP <

Steinpressen bei Seitenstechen

Zum Thema Seitenstechen gibt es zahlreiche Ratschläge, unter ihnen die intensive Bauchatmung und das „Halten“ und „Drücken“ der betroffenen Seite bei gleichzeitigem kräftigem Ausatmen. Nun dürfen wir uns über einen weiteren Tipp freuen: Wie das Journal of Sports Medicine berichtet, haben zwei schwedische Professoren herausgefunden, dass der von Seitenstechen geplagte Läufer nur einen Stein zur Lösung seines Problems braucht. Diesen entnimmt er der – hoffentlich steinreichen – Umgebung und presst ihn kurz mit beiden Händen zusammen. Zahlreiche Probanden bestätigten, dass diese Methode unverzüglich zum Erfolg führt. Das Geheimnis des Steinpressens konnten die beiden Skandinavier bislang jedoch nicht herausfinden.

2 TEAMWORK...

Wie funktioniert Training · Alles in Balance · Abwechslung ist das Salz in der Trainingssuppe · Wie sich Ihr Organismus durch regelmäßiges Training verändert · Wie Sie Ihre Muskeln auf lange Distanzen vorbereiten · Der Energiestoffwechsel des Körpers · Vorsicht, Laktat! · Eile mit Weile · Training nach Herzfrequenz · Der Conconi-Test · Laktat-Leistungsdiagnostik · Die Testauswertung

...MIT DEM KÖRPER

TEAMWORK MIT DEM KÖRPER

WIE FUNKTIONIERT TRAINING? VON REIZEN UND REAKTIONEN

Training haben die meisten von uns in unangenehmer Erinnerung: Da gab es Sportlehrer oder ehrgeizige Vereinstrainer, die Anwesenheitslisten führten und Leistung prüften. Schulklassen teilten sich in Sportskanonen und Versager, und viele meiner Seminarteilnehmer gestehen, beim Anblick einer Aschenbahn oder beim Geruch frisch gewachsten Hallenbodens noch heute körperliche Abwehrsymptome und akutes Unwohlsein zu verspüren. Training wurde in ihrem Kopf ein für allemal als fremdüberwachte Eigenleistung gespeichert, die es diskussionslos – auch bei widrigen Witterungsverhältnissen und Schülerschlappheit – zu erbringen galt.

Lehrer Kiesewetter mit Trillerpfeife und Holzklappe oder Sand im blutenden Jünglingsknie: Lassen Sie uns alte Ressentiments oder ausgewachsene Sportphobien bekämpfen! Unser gemeinsames Training soll anders werden, und es soll vor allem vergnüglich sein. Dennoch kann es – was ich keinesfalls verschweigen will – durchaus Tage geben, an denen Ihnen das Training schwer fällt. Doch sollten Sie gerade dann daran denken, dass Sie nun Ihr eigener Trainer sind: Wann Sie trainieren, entscheiden Sie selbst, und auch die Motivation für Ihr Marathon-Ziel entwickeln Sie ganz allein. Stoppuhren, jene beängstigenden Instrumente, die Leistung unbestechlich dokumentieren, gibt es bei Ihrem Training nicht. Ohne Kilometer-Vorgaben, die oft nur Druck erzeugen, werden Sie sich ausschließlich von Ihrer Herzfrequenz leiten lassen. Diese Trainingsmethode hilft Ihnen, Ihre wertvolle Freizeit sparsam zu verwenden: Sie müssen nicht mehr zu einer vermessenen Laufstrecke oder in irgendein Stadion fahren, sondern können – ganz unkompliziert – von Ihrer Haustüre aus starten.

Ob Sie davon träumen, den Berg hinter Ihrem Haus leicht und locker hinauflaufen zu können, an einem Volkslauf über 10 km teilzunehmen oder als fortgeschrittener Läufer einen Marathon unter drei oder vier Stunden bewältigen möchten, spielt keine Rolle: Ihrem ganz persönlichen Ziel werden wir mit einem perfekten Trainingsplan näher rücken! Ein strategisch angelegtes Konzept wird das tragfähige Fundament für Ihre sportliche Bestleistung sein. Nun müssen Sie nur noch zwei Dinge beachten: Haben Sie Geduld mit sich und hüten Sie sich davor, zum Extremisten zu werden. Ihr Körper ist Ihr bester Freund, und er möchte weder ignoriert noch drangsaliert werden. Und vor allem: Beim Marathontraining brauchen Sie Geduld!

„Dein Körper ist eine Wunderwelt", säuselte ein Popsänger unlängst, und Recht hat er: Unser Organismus ist in der Tat ein erstaunlicher Mikrokosmos, dessen Leistungsfähigkeit mich immer wieder verblüfft. Diese ist das Ergebnis einer erstaunlichen Anpassungsfähigkeit und blitzschneller Reaktionen auf wechselnde äußere Bedingungen.

Wer Sport treibt, erlebt das in besonderem Maße, denn in Training und Wettkampf stellt sich der Körper des Athleten auf extreme Belastungen ein. Genau darauf haben es Trainingsfachleute abgesehen und fordern seine Reaktion mit gezielten Trainingsreizen heraus. Damit der mit erhöhter Leistungsfähigkeit reagiert, muss der Schlüsselreiz eine auf den individuellen Trainingszustand des Athleten abgestimmte Schwelle überschreiten. Nur eine mittlere Qualität hat die gewünschte Wirkung. Schwach dosierte Reize laufen ins Leere, zu starke schaden.

Wer einen erfolgreichen Trainingsplan schreiben will, muss sich zunächst über das Ziel der Bemühungen im Klaren sein: Wie wollen wir trainieren und was wollen wir damit bewirken? Ein Krafttraining wird Ihre Muskeln kräftigen, während gezieltes Ausdauertraining Ihre Ausdauerfähigkeit verbessert. Darüber hinaus gilt: Ob Sie Ihr sportliches Ziel erreichen, hängt von Ihrem persönlichen Einsatz ab. Nur wer regelmäßig trainiert, wird Fortschritte machen. Ihre Leistungen werden schwächer, wenn Sie zu wenig trainieren oder zu gern auf der faulen Haut liegen. Bitte verstehen Sie mich nicht falsch: Keinesfalls möchte ich Sie unter Druck setzen oder gar in die Fußstapfen Ihres gefürchteten Schulsportlehrers treten: Betrachten Sie mich als Ihren mitfühlend agierenden persönlichen Trainer, der sich über und auf jeden Ihrer Fortschritte freut.

ALLES IN BALANCE – WIE SIE ERHOLUNGS- UND BELASTUNGSPHASEN AUFEINANDER ABSTIMMEN

Sie sind motiviert und möchten sofort loslegen? Dann darf ich Ihnen die wunderbare Nachricht vermitteln, dass Ruhepausen ein wichtiger Bestandteil unseres Erfolgsprogramms sein werden. Übereifer hat nämlich schon zahlreiche sportliche Karrieren beendet. Viele ehrgeizige Läufer vergessen, dass Leistungssteigerung von einer gelungenen Balance zwischen Belastungs- und Erholungsphasen abhängt. Kippt das Gleichgewicht zugunsten eines der beiden Bestandteile, scheitert das Training und wird die Wettkampfleistung wenig erfreulich ausfallen.

Auch ich habe das im Laufe meiner Karriere erfahren: Als junger Heißsporn stellte ich Mitte der achtziger Jahre vor allem in Frühjahrstrainingslagern unter südlicher Sonne inoffizielle „Weltrekorde" auf. Mittagsruhe war eine Angelegenheit für Schwächlinge, dafür trieb ich während der allgemeinen Siesta noch diverse Randsportarten und hängte nach dem harten abendlichen Training locker das komplette Partyprogramm an. „Wenn der Franke das Training hier im Sommer umsetzt, können wir uns auf was gefasst machen", lautete der erwartungsvolle Kommentar des Bundestrainers. Doch Trainingslager-König Franke hatte sich mal wieder übernommen und schwächelte genau dann, als es in wichtigen Wettkämpfen zu brillieren galt.

Und die Moral von der Geschichte: Hände weg von der „Brechstange", die Tür zum Erfolg öffnet sich nur mit Geduld, Cleverness und sinnvoller Portionierung der Trainingshäppchen. Setzen Sie Reize in zu dichter Folge, wird das zu einer Abnahme Ihrer Leistungsfähigkeit führen, denn Ihr Körper nimmt Ihnen den Mangel an Erholung übel. Ist der Abstand zwischen den einzelnen Trainingsreizen hingegen zu groß, wird es zu Rückschritten bei der Anpassung des Körpers kommen. Wer einen sinnvollen Trainingsplan zusammenstellen will, muss daher sowohl die Intensität des Reizes als auch Reizumfang und Reizdauer aufeinander abstimmen.

Jeder von Ihnen, liebe Leserinnen und Leser, hat nicht nur unterschiedliche sportliche Ziele und ein individuelles Leistungsvermögen

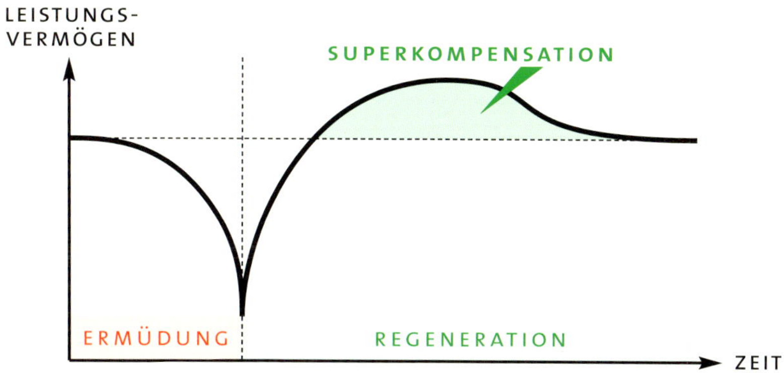

Das Prinzip der Superkompensation - nutzen Sie diesen Effekt bei korrekter Abfolge von „Belastung“ und „Regeneration“.

(sportlicher Entwicklungsstand), sondern auch ein bestimmtes Freizeitbudget. All diese Faktoren müssen wir bei unserer Trainingsplanung berücksichtigen.

So entscheidet die Ihnen zur Verfügung stehende Trainingszeit darüber, wie oft Sie trainieren können und wie rasch die einzelnen Trainingseinheiten aufeinander folgen. Stehen Ihnen beispielsweise drei Tage pro Woche zum Training zur Verfügung, würde ich Ihnen den Trainingsrhythmus Mittwoch, Samstag und Sonntag (MI-SA-SO) empfehlen. Ein sinnvolles alternatives Trio wäre auch Dienstag, Freitag und Sonntag (DI-FR-SO). Das Training auf die Tage Freitag, Samstag und Sonntag zu legen, ist nicht ratsam, da der zeitliche Abstand von Sonntag zu Freitag zu groß ist.

Erfolgreiches Training zeichnet sich durch ein kluges Wechselspiel zwischen Belastung und Entlastung (Erholung) aus. Sie haben bisher immer dann trainiert, wenn Sie sich stark wie ein Bär gefühlt haben, und halten nicht sehr viel von Planung? Dann riskieren Sie, dass Ihr Gefühl Sie täuscht. Auch wenn es Ihnen schwer fällt, an einem wundervollen Tag zu pausieren, wird Ihr bester Freund und Teamkollege Ihnen die Erholung danken. Ihr Körper nutzt die freie Zeit nämlich, um sich auf die nächste Belastung vorzubereiten. Während Sie nun die Beine hochlegen, ist er mit Auffüll- und Reparaturarbeiten beschäftigt, reagiert also auf den Trainingsreiz, den Sie zuvor gesetzt haben. Als ambitionierte Läufer sollte uns das freuen, denn der Körper rüstet auf für die nächste Belastung, der er gewachsen sein will.

Der „lernfähige“ Organismus hat registriert, dass seine Energiereserven beim Training schnell zur Neige gingen und Muskelstrukturen beschädigt wurden. Wie lange er zur Regeneration – der Wiederherstellung des Optimums – braucht, hängt von seiner Leistungsfähigkeit ab, die ein guter Trainingsplan berücksichtigt. Die Glykogendepots sind nach 1–2 Tagen bereits wieder gefüllt, Ihre Muskeln brauchen jedoch länger, um die ramponierten Feinstrukturen auszubessern. Nach einem Marathon kann die Erholung der Muskulatur sogar mehrere Wochen dauern. Als Orientierung dienen Ihnen die Trainingspläne ab Seite 64.

! ACHTUNG !

Falsche Trainingsabstände:
1. Leistungsstagnation
2. Leistungsabfall

Korrekte Trainingsabstände:
3. Leistungssteigerung

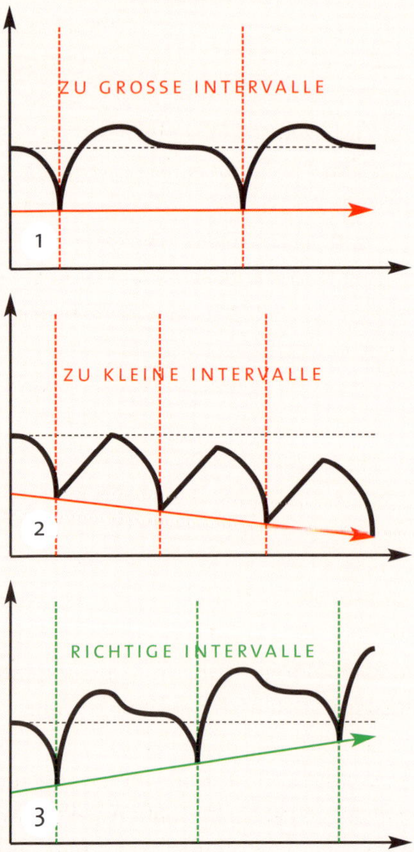

ABWECHSLUNG IST DAS SALZ IN DER TRAININGSSUPPE

Sicher haben auch Sie eine Lieblingsmahlzeit, doch essen Sie Kartoffelpuffer mit Apfelmus deshalb gleich jeden Tag? Ich wage also zu behaupten, dass wir alle Abwechslung lieben, die das Leben schließlich erst richtig würzt. Ein buntes Programm sollte Ihnen daher auch bei der Trainingsgestaltung wichtig sein, denn eintönige Wochenpläne sind hoch wirksame Schlafmittel und großartige Motivationsbremsen.

Ihr Körper schätzt unterschiedliche Herausforderungen ganz besonders. Seine positive Reaktion auf Überraschungen können wir uns sogar zu Nutze machen: Mischen Sie bei der Trainingsgestaltung die Art der Belastungen. Nach langen ruhigen Dauerläufen zur Optimierung des Fettstoffwechsels sollten Sie intensive Dauerläufe zur Verbesserung Ihrer aeroben Leistungsfähigkeit in den Wochenplan einbauen. Lockere Läufe und Regenerationsmaßnahmen ergänzen die Palette. Ein durchdachtes, variantenreiches Konzept mit unterschiedlichen Reizakzenten ermöglicht es Ihnen, umfangreicher und intensiver zu trainieren, und garantiert schließlich den ersehnten Leistungszuwachs.

> TIPP <

Beispiel einer idealen Marathon-Trainingswoche mit drei Trainingseinheiten:

1 x langer Dauerlauf (LDL)

Trainingseffekt: Optimierung des Fettstoffwechsels und Verbesserung der aeroben Grundlagenausdauer

1 x intensiver Lauf

(z.B.: Tempodauerlauf oder Intervalltraining)

Trainingseffekt: Verbesserung der maximalen aeroben Entwicklung, Verbesserung der anaeroben Fähigkeit, „Tempohärte"

1 x normaler DL

Trainingseffekt: Verbesserung der Regenerationsfähigkeit und aeroben Grundlagenausdauer

Meine Empfehlung: Verteilen Sie Ihre Einheiten am besten auf die Tage Mittwoch, Samstag und Sonntag (MI-SA-SO), denn gerade am Wochenende werden die meisten von Ihnen Zeit haben. Am Mittwoch beginnen Sie mit einem intensiven Lauf und legen Ihre Ruhepause auf Donnerstag und Freitag. Samstags sollten Sie sich dann für ein Training entscheiden, das auf jeden Fall weniger intensiv als der Lauf am Mittwoch ist. Sonntags folgt dann ein langer Dauerlauf, nach dem Sie sich montags und dienstags wieder erholen können.

Ich freue mich, dass Sie nun regelmäßig in Ihre Laufschuhe schlüpfen! Sicher haben Sie schon bemerkt, dass Ihnen das Training nun sehr viel leichter fällt. Ihr Atemrhythmus hat sich dem Laufschritt angepasst, und selbst ein flotteres Tempo bringt Sie kaum aus der Puste. Für Ihre Augen unsichtbar, beginnen nach einigen Wochen auch Ihre Organe, sich der sportlichen Belastung anzupassen.

WIE SICH IHR ORGANISMUS DURCH REGELMÄSSIGES TRAINING VERÄNDERT

Der Treibstoff für Ihre Ausdauerbelastung sind Sauerstoff, Kohlenhydrate und Fette. Sauerstoff wird aus der Atemluft gewonnen und dann im Blut in die (Muskel-)Zellen transportiert. Um den Körper optimal mit Sauerstoff versorgen zu können, filtert der Körper ihn vermehrt über eine erhöhte Lungenvitalkapazität aus der Luft. Auf diese Weise erhöht sich das Blutvolumen und damit auch die Zahl der roten Blutkörperchen, denn sie dienen als Sauerstoff-Transportvehikel. Um die vermehrte Blutmenge überhaupt angemessen durch den Körper schleusen zu können, muss sich die Pumpe – also Ihr Herz – ebenfalls vergrößern und effektiver schlagen. Auch das Transportnetz – dies sind die Kapillaren – wird sich weiter verzweigen, und der Sauerstoff kann künftig über viele „Straßen" zum Muskel gelangen. Im Muskel selbst wächst die Zahl der Mitochondrien. Die kleinen Kraftwerke verarbeiten den Sauerstoff zur Energiegewinnung.

Die Energieträger Kohlenhydrate und Fette sind die anderen Komponenten des Treibstoffs. Während die Fette bei einem normalgewichtigen Menschen ausreichen würden, um ungefähr einmal um die Welt zu laufen, ist die Versorgung des Körpers mit Kohlenhydraten begrenzt. Da sie beim Training ständig benötigt werden, legt der Körper einen Kohlenhydrat-Vorrat in Form des Glykogens in Muskeln und Leber an.

Sehr wichtig ist auch die Anpassung von Sehnen, Bändern, Muskeln und Gelenken an die Belastung, die durch den Einbau von Struktureiweißen erfolgt. Dieser Prozess dauert relativ lange, ist aber von großer Bedeutung, will der Läufer von Verletzungen durch Überlastung verschont bleiben. Wollen Sie also einen wirkungsvollen Trainingsplan zusammenstellen, müssen Sie Ihren Körper auf der einen Seite fordern, ihm andererseits aber auch hinreichend Zeit einräumen, um die Anpassungsvorgänge zu vollziehen.

Anfang der neunziger Jahre habe ich einmal ein 24-Stunden-EKG durchgeführt. Dass sich mein Herz durch das langjährige Ausdauertraining enorm vergrößert hatte, wurde mir

> INFO <

Veränderungen des Organismus durch regelmässiges Lauftraining

Das Ergebnis einer Studie mit untrainierten Teilnehmern und Läufern spricht für sich:

	Untrainiert	Hobbyläufer-Profiläufer
Herzvolumen	750–850 ml	850–1250 ml
Ruhepuls	60–80 Schläge/min.	60–30 Schläge/min.
Blutvolumen	4,0–5,5 Liter	5,5–7,5 Liter
Lungenvitalkapazität	ca. 5,5 Liter	6,0–6,5 Liter
Glykogendepots	ca. 350 Gramm	ca. 600 Gramm
Anteil ST-Muskelfasern	ca. 50 %	60–85 %
Muskelkapillaren/mm	200–300	300–500
Aerobe Enzymkapazität		2–3-fach höher
Körperfettanteil (Männer)	25 %–15 %	15 %–3 %
Körperfettanteil (Frauen)	30 %–22 %	22 %–10 %

bewusst, als das Gerät nachts einen Ruhepuls von 29 Schlägen/Minute anzeigte. Bei Ruderern, Skilangläufern und Radsportlern sind solche Werte nichts Ungewöhnliches. Das bedeutet natürlich, dass nach der Karriere sorgfältig „abtrainiert“ werden muss. Einfach aufzuhören, wäre zu gefährlich, und Herzrhythmusstörungen wären sehr wahrscheinlich. Ich laufe zur Zeit etwa 3-4 mal pro Woche zwischen 40 und 60 Minuten im Wohlfühltempo – also langsam genug, um mich problemlos unterhalten zu können.

WIE SIE IHRE MUSKELN AUF LANGE DISTANZEN VORBEREITEN

Wie ein Mosaik setzen sich unsere Muskeln aus verschiedenen Fasern, den so genannten Myofibrillen, zusammen. Diese Faserbündel bestehen ihrerseits aus den Filamenten Myosin und Aktin, die bei gegenseitiger Verschiebung eine Verlängerung oder Verkürzung des Muskels bewirken. Nervenimpulse regen die Muskeln zur Kontraktion an. Je besser Ihr Trainingszustand ist, desto schneller erreichen die Impulse die Muskeln und umso reibungsloser funktioniert die Laufbewegung. Wenn Sie das Zusammenspiel durch regelmäßiges Training fördern, wird Ihr Muskelapparat immer stärker und leistungsfähiger.

Die Muskelfasern unterscheiden sich auch hinsichtlich ihrer Kontraktionsgeschwindigkeit und Ermüdungsresistenz. Es gibt langsam zuckende (slow twitch oder ST) und schnell zuckende (fast twitch oder FT) Fasern. Eine große Anzahl von Enzymen, Mitochondrien und Kapillaren machen ST-Fasern („rote“ Fasern) bei lang andauernden, geringen bis mittelmäßig intensiven Belastungen unverzichtbar. Ein hoher Anteil an Kreatin und Glukose bewirkt die schnelle Kontraktionsfähigkeit der FT-Fasern („weiße“ Fasern), die bei kurzen, intensiven und schnellkräftigen Belastungen zum Einsatz kommen.

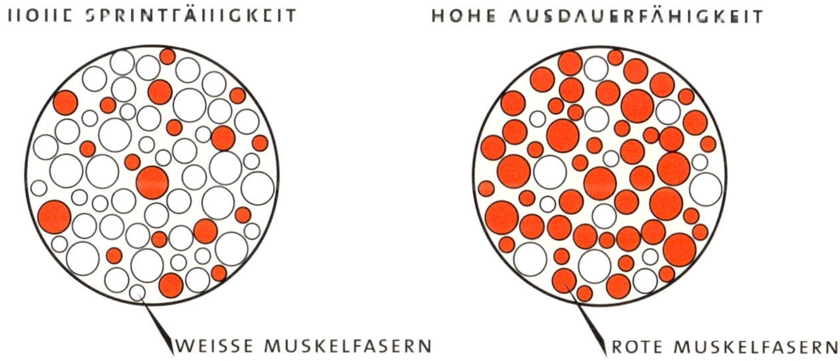

Der Muskelquerschnitt zeigt die Anzahl „roter“ und „weißer“ Muskelfasern bei Sprintern und Ausdauerathleten.

Die prozentuale Verteilung von „Weiß" und „Rot" ist angeboren und im Durchschnitt zu gleichen Anteilen im menschlichen Körper verteilt. In Einzelfällen kann es jedoch auch zu extremen Verhältnissen von 90:10 oder 10:90 kommen, die ein besonderes Talent für Schnellkraft- oder Ausdauersportarten bedingen. Durch langjähriges gezieltes Training lässt sich das genetisch angelegte Verhältnis in gewissem Umfang verändern, doch ist die Umwandlung von FT-Fasern zu ST-Fasern leichter zu bewerkstelligen als umgekehrt. Sie träumen davon, pfeilschnell über die Tartanbahn zu fliegen? Die Metamorphose zum Weltklasse-Sprinter bleibt ohne entsprechende Erbanlagen leider unerfüllt. Selbst mit verstärktem Schnelligkeits- und Krafttraining können „langsame" Muskelfasern nur mit geringem Erfolg in „schnelle" verwandelt werden – die Aussage „Man wird zum Sprinter geboren" hat also ihre Berechtigung.

Bleibt ein Trost für alle, deren Faserverhältnis sich die Waage hält: Nach der Lektüre dieses Buches und mit etwas Trainingfleiß können Sie noch ein hervorragender Langstreckler werden! Konsequentes Ausdauer-

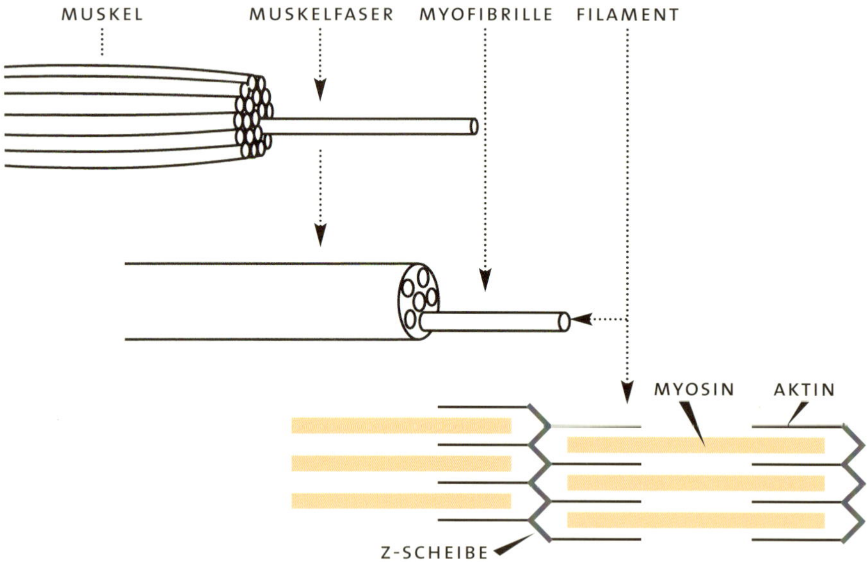

Muskelaufbau: Der Muskel besteht aus verschiedenen Muskelfasern, die sich aus Myofibrillen zusammensetzen. Diese bestehen aus einer noch kleineren Untereinheit, den Filamenten. Sie enthalten die Einheiten Myosin und Aktin. Erhält der Muskel einen Impuls, verschieben sich diese beiden Komponenten gegeneinander: Der Muskel verkürzt oder verlängert sich.

Teamwork mit dem Körper

training führt nach rund zwei Jahren zu einer Optimierung der Muskulatur. Auch das feine Netz der Blutgefäße hat sich in dieser Zeit weiter verzweigt und die Sauerstoffversorgung maximiert. In den Muskelfasern sind nun die für Ausdauerleistungen notwendigen Enzyme einsatzbereit, Ihre Kohlenhydratspeicher haben sich vergrößert und der Zugriff auf Ihre Fettdepots funktioniert besser. Auch die Mitochondrien vermehren sich und tragen zur Optimierung des aeroben Energiestoffwechsels bei.

! ACHTUNG !

Bei einem (zu) intensiven Training sammelt sich als Folge der anaeroben Energiegewinnung in Blut und Gewebe übermäßig viel Milchsäure (Laktat) an. Hierdurch werden zum einen die Enzyme des aeroben Stoffwechsels geschädigt, zum anderen muss sich der Körper nach einem solchen Training überproportional lange erholen.
Sie sollten Ihr Tempo in Wettkampf und Training also bewusst kontrollieren und intensive Einheiten mit entsprechender Ruhe vor- und nachbereiten. Laufen Sie bei einem Marathon im Eifer des Gefechts auf den ersten Kilometern versehentlich in diesem zu intensiven Bereich, werden Sie im Verlauf des Wettkampfes weder Spaß haben, noch eine gute Zeit erzielen. Jede Sekunde, die Sie auf den ersten Kilometern zu schnell laufen, werden Sie auf der zweiten Hälfte vielfach zurückbekommen. Also, Vorsicht!
(Siehe auch Hinweise zu Laktat und Ammoniak auf der nächsten Seite.)

DIESEL ODER SUPER? DER ENERGIESTOFFWECHSEL DES KÖRPERS

Alle Vorgänge in unserem Körper brauchen Treibstoff, den wir ihm durch Nahrungsmittel zuführen. Kohlenhydrate, Eiweiße und Fette werden in Magen und Darm zerkleinert und dann als energiereiche Vorräte gespeichert. Für uns als Läufer sind die in Form von Glykogen gespeicherten Kohlenhydrate in der Leber und der Muskulatur von großer Bedeutung. Diese körpereigenen Vorratskammern bleiben bei geringer Belastungsintensität unangetastet, denn die Muskulatur gewinnt die zur Arbeit benötigte Energie durch den Abbau von Fetten (Lipolyse). Bei der so genannten aeroben Glykolyse werden Glykogen beziehungsweise Fettsäuren unter dem Einfluss von Sauerstoff restlos zu Kohlendioxid und Wasser abgebaut.

Was passiert, wenn wir jetzt so schnell uns die Beine tragen loslaufen? Ganz richtig – wir geraten irgendwann in Sauerstoffnot und schnappen nach Luft! Bei intensiven Belastungen reicht die verfügbare Sauerstoffmenge nicht mehr zur optimalen Versorgung der Muskulatur aus. Der Körper wird dann dazu gezwungen, die benötigte Energie durch die anaerobe Glykolyse zu gewinnen. Diese Form der Energieerzeugung hat jedoch große Nachteile für uns, denn das Endprodukt der Glykolyse ist das Milchsäuresalz Laktat. Ein zunehmender Milchsäureanteil in der Muskulatur vermittelt uns das Gefühl, „dicke" Beine zu haben.

Tatsächlich werden wir unter Sauerstoffschuld Schritt für Schritt „saurer". Die im Übermaß anfallende Milchsäure schädigt darüber hinaus auch die empfindlichen Enzyme der Energiegewinnung und bewirkt einen Leistungseinbruch oder einen Zustand totaler Erschöpfung. Doch zu hartes Training oder ein außerordentlich anstrengender Wettkampf haben noch weitreichendere Folgen: Bei der Laktatproduktion bildet sich auch das Zellgift Ammoniak, das aerobe Zellstrukturen massiv schädigt. Für die sinnvolle Gestaltung unserer Belastungs- und Regenerationszeiten sollten wir daher bedenken, dass zu hartes und zu intensives Training unsere aerobe Ausdauergrundlage verschlechtert.

Uns geht es um den Erwerb einer optimalen Ausdauergrundlage, und deshalb wollen wir Ihren Körper auch zu einem perfekten Energiemanagement anregen. Denn je besser Ihr Trainingszustand ist, desto besser funktionieren auch die Regelkreisläufe des Körpers.

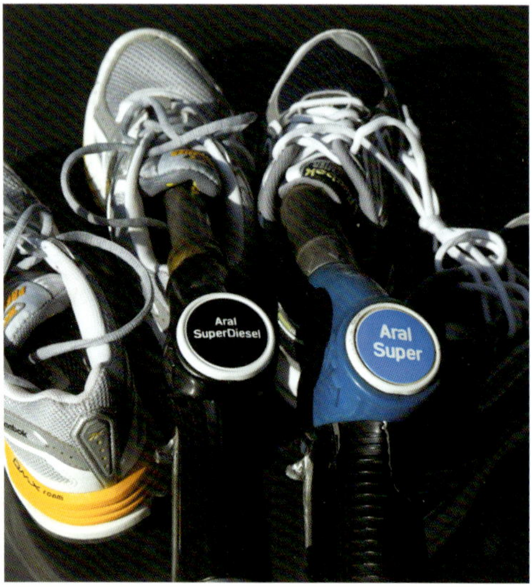

Für unseren Körper sind Kohlenhydrate Superbenzin, Fette hingegen wirken wie Dieselkraftstoff. Ein Formel-1-Wagen ist zwar blitzschnell, doch seine Reichweite wird durch den enormen Energieverbrauch beschränkt. Ein Diesel ist sicherlich nicht das schnellste Vehikel, aber „er läuft und läuft und läuft ...".

VORSICHT, LAKTAT! WIE SIE IHRE KOHLENHYDRATDEPOTS SCHONEN

Wenn wir das Wort „Treibstoff" hören, denken wir an Motorsport. Ich benutze diesen Begriff gerne, wenn ich als Kommentator von Marathonläufen bei Eurosport die energetischen Bedürfnisse des Körpers erkläre. Jeder Autofahrer weiß es: Sein Gefährt muss mit einem bestimmten Treibstoff betankt werden, damit es Leistung bringt. Unser Körper benötigt für seine Arbeit Kohlenhydrate und Fette. Welche Energieform er während einer sportlichen Belastung braucht, hängt von deren Intensität ab. Bei kurzen und intensiven Belastungen benötigt er Kohlenhydrate, bei langen und langsamen werden vorwiegend Fette verbrannt. Vielleicht können Sie sich das Prozedere durch eine Zuordnung besonderer Art merken:

Kraftstoff steht auch hervorragend trainierten Läufern nicht als unbegrenzte Ressource zur Verfügung. Doch wie können beispielsweise Marathonläufer einem folgenschweren Schwund der Glykogenreserven im Wettkampf vorbeugen? Die in der Muskulatur eingelagerten Kohlenhydrate reichen bei dieser Distanz nämlich kaum mehr als 100 Minuten und können nur geschont werden, wenn frühzeitig Fette verbrannt werden. An dieser Stelle wünschen wir uns mehr Einflussnahme auf unseren Partner, den wir in Krisensituationen gerne verbal zurechtweisen würden: „So geht's nicht, alter Junge! Hände weg von den Kohlenhydraten – erst bekommst Du Dein Fett ab!"

Es bleibt uns also nichts anderes übrig, als unseren Körper mit einer geschickten Rennplanung zu überlisten: Bei der Gestaltung des Marathons beginnen erfahrene Läufer nicht zu schnell. Nur dann bedient sich der Organismus zuerst der Fette. Wer sich zu einem frühen Zeitpunkt auf ein hohes Tempo einlässt, zwingt ihn zum zu schnellen Verbrauch der verfügbaren Kohlenhydrate und wird bald übersäuern und langsamer werden müssen.

Damit Sie im Wettkampf nicht Opfer eines dramatischen „Treibstoffverlusts" werden, sollten Sie im Training lange Läufe zur Optimierung des Fettstoffwechsels absolvieren. Bei langen und langsamen Intensitäten verarbeitet der Körper mit Hilfe von Sauerstoff nämlich vorwiegend Fett und nur einen geringen Anteil Kohlenhydrate. Kohlendioxid und Wasser sind die Abbaustoffe dieser Energieproduktion und werden über die Atmung und den Schweiß wieder ausgeschieden. Die entstehende Laktatmenge hält sich bei moderatem Tempo mit 0,5–2 mmol/Liter in harmlosen Grenzen und wird schnell in der Leber abgebaut oder in nicht beanspruchter Muskulatur „geparkt".

Für unsere Trainingsplanung gilt: Der Intensitätsbereich, in dem Laktat-Produktion und -Abbau noch im Gleichgewicht stehen, ist der geeignete Tempobereich für einen Marathon. Wer in seinen Trainingsplan bewusst lange Dauerläufe mit niedriger Intensität einbaut, legt hiermit die Grundlage für eine erfolgreiche Teilnahme an Langstreckenwettkämpfen bzw. läuft im Gesundheitsbereich.

> INFO <

Laktatkonzentrationen bei Spitzenläufern über verschiedene Distanzen:

400 m	20–25	mmol/l Laktat
5.000 m	8–15	mmol/l Laktat
10.000 m	5–8	mmol/l Laktat
Marathonläufer	2–3	mmol/l Laktat

EILE MIT WEILE – ERFOLGREICHE LÄUFER SCHONEN IHRE RESSOURCEN

Die moderne Leistungsgesellschaft beeinflusst mit ihrem Bestreben, immer schneller immer größere Erfolge zu erzielen, auch das Wertesystem der Sportwelt. Auch wenn wir uns dessen nicht bewusst sind, übertragen wir unsere Zielsetzungen aus dem Berufsleben oft auf unsere Freizeitaktivitäten. Werden Sie beim Training auch von Läufern überholt, die kurz vor der Implosion stehen? Sie sind nicht mehr ansprechbar, stolpern keuchend und mit glasigem Blick durch den

Wald. „Ich habe nicht viel Zeit. Da muss ein Training schon was bringen“, erklärte mir ein erhitzter Hobbyläufer kürzlich am Rande des Trimmpfads. Er wolle sich einfach schnell mal „ordentlich“ fordern und fühle sich nach seiner Standardrunde auch „richtig schön kaputt“. Kommen Ihnen diese Argumente bekannt vor?

Viele Läufer steigen mit hohen Ansprüchen ins Marathontraining ein und bewegen sich in einem Intensitätsbereich, der ihrem körperlichen Leistungsvermögen nicht entspricht. Feldversuche mit Hobbysportlern haben ergeben, dass nahezu alle Freizeitathleten zu intensiv und damit anaerob trainieren. Sie verlassen sich auf ihr Gefühl und überschätzen sich dabei. Oft haben sie auch Angst davor, sich mit einem langsamen Tempo zu blamieren. Wenn Sie Ihr Training auf gelegentliche „Harakiri-Einheiten“ beschränken, werden Sie Ihre läuferischen Fähigkeiten niemals verbessern und laufen Gefahr, gesundheitliche Schäden davonzutragen. Ich erinnere übermotivierte Laufanfänger oder dauerlaufende Masochisten gern an das bekannte Märchen von Hase und Igel: Wer langsam, aber clever und mit System läuft, wird auf langen Distanzen mittel- und langfristig Fortschritte machen. Zu intensives Training lässt Ihre Energie sinnlos verpuffen und schmälert Ihre Leistung. Wollen Sie Ihr läuferisches Potenzial wecken und Ihr Leistungsvermögen steigern, müssen Sie diszipliniert und konsequent in dem für Sie optimalen Belastungsbereich trainieren.

› AUF EINEN BLICK ‹

Für Ausdauersportler sind zwei Wege der Energiebereitstellung wichtig:

Aerob = mit Sauerstoff – es entsteht kein Stoffwechselendprodukt (schneller Abbau von Milchsäure)
Anaerob = ohne Sauerstoff – es entsteht Laktat (Anhäufung von Milchsäure)

Welche Form der Körper wählt, hängt von der jeweiligen Belastungsintensität ab. Es gilt:
Niedrige Belastung = aerob
Mittlere Belastung = anaerob + aerob
Hohe Belastungen = anaerob

Bei einem Marathon sollten Sie, relativ zu Ihrer individuellen Leistungsfähigkeit, unbedingt langsam loslaufen, um Ihre Glykogenreserven zu schonen und viel Energie aus den Fettreserven beziehen zu können.

Bei der Wahl der Trainingsbereiche sind folgende Grundprinzipien zu beachten:
Kurze Strecken = hohe Intensität möglich
Lange Strecken = niedrige Intensität notwendig

Für den ambitionierten 10-km- oder Halbmarathonläufer ist es sinnvoll, ab und zu auch eine intensivere, anaerobe Trainingseinheit durchzuführen. Auf diesen Distanzen liegt der anaerobe Anteil bei etwa 5–10 Prozent. Wenn Sie sich hauptsächlich auf Wettkämpfe über 10 km vorbereiten wollen, finden Sie jede Menge Trainingspläne in meinem Buch „Laufen“.

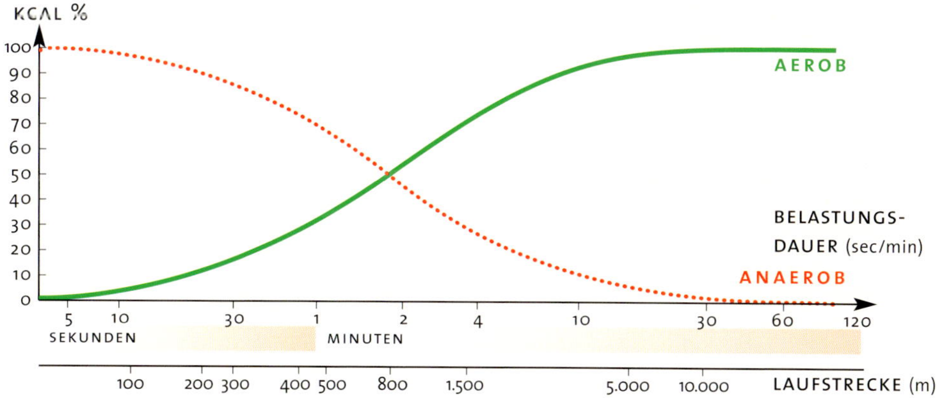

Das Diagramm zeigt das Verhältnis von Streckenlänge/Zeit und Stoffwechsel.

WERDEN SIE UNABHÄNGIG: TRAINING NACH HERZFREQUENZ

Wo liegt nun Ihre ganz persönliche Grenze zwischen intensiver und niedriger Belastung? Wie merken Sie rechtzeitig, wann Ihr Körper vom aeroben zum anaeroben Bereich wechselt? Diese Fragen können Sie anhand Ihrer individuellen Herzfrequenz (HF) beantworten, die Sie auf einer Pulsuhr ablesen. Pulsuhren überwachen Ihre Herzfrequenz zuverlässig und sind mit Preisen ab etwa 30 EU eine erschwingliche und lohnende Investition.

Sicher haben Sie schon Läufer mit einem Frequenzgerät gesehen. Es besteht aus einem drahtlosen Sendegurt, der um die Brust geschlungen wird und einer Uhr. Diese wird am Handgelenk getragen und empfängt Ihre Pulswerte. Nun müssen Sie nur noch Ihre optimale Trainings-Herzfrequenz mit einer der nachfolgend beschriebenen Testmethoden ermitteln, und schon kann es unkompliziert und professionell losgehen! Top-Modelle haben sogar eine spezielle Software zum Übertragen und Auswerten der Ergebnisse auf einen Computer. Der Ciclo CP41 ist, erweitert um die radargesteuerte Distanz- und Geschwindigkeitsmessung (RDS), ideal fürs Lauftraining geeignet.

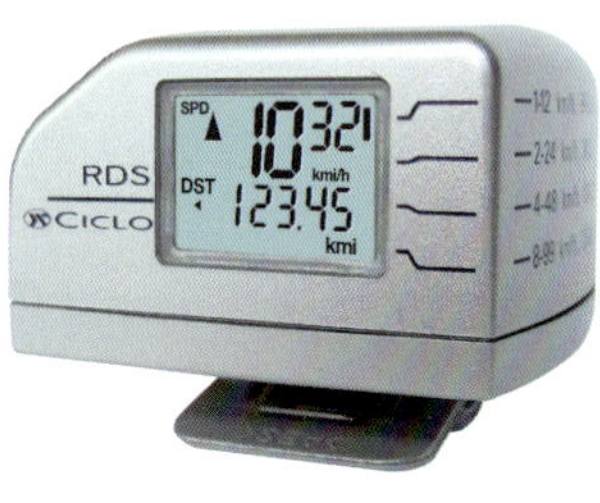

Ein blinkendes kleines Herz auf dem Display Ihrer Uhr – welche Aussagekraft hat die Herzfrequenz? Zuverlässig wie ein ärztliches EKG gibt der Puls zunächst Auskunft über Ihren Gesundheitszustand. Wenn Sie trainieren, zeigt er Ihnen die Intensität der Belastung an, in Phasen der Erholung verrät er, wie es um Ihre Regenerationsfähigkeit bestellt ist.

So besitzen Sie bald wichtige und einzigartige Daten, die Sie jahrelang durch Ihr Lauftraining begleiten werden. Ihre Ruhe-, Belastungs- und Erholungs-Herzfrequenz unterscheidet sich von denen anderer Läufer, denn Sie sind ein Individuum: Kein Zweiter hat Ihre genetischen Anlagen und Ihr spezielles Leistungsvermögen in Kombination mit den Faktoren Lebensalter und Geschlecht. Es gibt daher auch keine allgemein gültigen Frequenzbereiche, die für die Entwicklung einer bestimmten Ausdauerfähigkeit vorgegeben werden könnten.

Allgemeine Richtwerte und Faustformeln erfüllen für den Einsteiger ihren Zweck.
Wer allerdings ein leistungsorientiertes und

gesundheitsförderliches Ausdauertraining durchführen möchte, sollte seinen individuellen Herzfrequenz-Bereich selbst ermitteln. Als Bestimmungsmethoden stehen die Messung der maximalen Herzfrequenz, der Conconi-Test, ein Stufentest mit Laktat und HF-Bestimmung oder das InZone Programm von CicloSport zur Auswahl.

› INFO ‹

Formel für die maximale Herzfrequenz:
Frauen: 226 – Lebensalter = max. HF
Männer: 220 – Lebensalter = max. HF

MESSUNG DER MAXIMALEN HERZFREQUENZ

Wollen Sie Ihre Trainingsbereiche etwas genauer bestimmen, können Sie Werte, die Sie in den ersten Wochen Ihres Lauftrainings verwenden, auch selbst ermitteln. Um Ihre maximale Herzfrequenz herausfinden, brauchen Sie Ihre Laufschuhe, eine Pulsuhr und ein wenig Zeit.

Suchen Sie ich entweder eine flache Strecke im Wald oder einen ruhig gelegenen, asphaltierten Weg. Sollten Sie ein Stadion in Ihrer Nähe haben, können Sie Ihren Test auch auf der Bahn durchführen. Laufen Sie sich zunächst 10-15 Minuten locker warm. Ohne eine Pause einzulegen beginnen Sie nun damit, eine Strecke von rund 1000 m (im Stadion sind das etwas mehr als 2 Runden) oder alternativ 3–4 Minuten im Wald oder auf der Straße zurückzulegen. Sie sollten dabei Ihr Tempo immer mehr erhöhen und die letzten Meter so schnell Sie können sprinten. Im Ziel wird Ihr Pulsmessgerät Ihre maximale Herzfrequenz anzeigen. Anhand dieser maximalen Herzfrequenz können Sie die Trainingsbereiche für die Trainingspläne in Kapitel 3 ermitteln.

TRAININGSART	ENERGIEBEREITSTELLUNG	MAX. HF	LAKTAT
LDL/R	*aerober Fettstoffwechsel*	*ca. 65%*	*< 1,5 mmol*
DL 1	*aerober Fettstoffwechsel*	*70–80%*	*1,0–2,0 mmol*
DL 2	*aerober Kohlenhydrat- und Fettstoffwechsel*	*80–85%*	*2,0–2,5 mmol*
TDL	*aerober Kohlenhydrat- und Fettstoffwechsel*	*ca. 87%*	*2,5–3,5 mmol*
Schwellenläufe	*aerober/anaerober Kohlenhydratstoffwechsel*	*ca. 90%*	*3,5–5,0 mmol*
Intervalltraining	*anaerober Kohlenhydratstoffwechsel*	*> 93%*	*> 5,0 mmol*

Die verschiedenen Trainingsformen im Vergleich

Die so ermittelten Trainingsbereiche erreichen zwar nicht die Genauigkeit eines Conconi-Tests oder Laktat-Stufentests, dennoch können Sie den Wert als Vorgabe für eine erste Trainingsplanung verwenden. Mittelfristig empfehle ich aber unbedingt die Durchführung einer Laktat-Leistungsdiagnostik. Der Conconi-Test lässt sich hervorragend als Kontrolle Ihrer Leistungsentwicklung nutzen. Betrachten Sie Ihn als fordernde und aussagekräftige Trainingseinheit, und schöpfen Sie durch die Visualisierung des Trainingsfortschrittes weitere Motivation!

DER CONCONI-TEST

Vielleicht haben Sie schon mal etwas vom so genannten Conconi-Test gehört. Dieses von Professor Conconi, einem italienischen Sportwissenschaftler, entwickelte Verfahren ermöglicht die Bestimmung der aeroben Leistungsfähigkeit und eine Trainingssteuerung „ohne Blutvergießen". Der für manche Läufer unangenehme „Pieks" ins Ohrläppchen, wie er bei der Laktat-Leistungsdiagnostik nötig ist, entfällt damit.

„Klassisch" wird der Test auf einer 400-m-Rundbahn durchgeführt, wobei das Lauftempo alle 200 m exakt gesteigert werden muss. Personen die nur zwei- bis dreimal wöchentlich trainieren, laufen die ersten 200 m in 80 Sekunden, dann alle 200 m 2-3 Sekunden schneller.

Sportler mit einer 10-km-Bestzeit zwischen 32 und 38 Minuten beginnen am besten mit einem Lauftempo von 12 km/h (= 60 Sekunden über 200 m). Sollten Sie im Besitz eines Pulsmessgeräts mit Speicherfunktion sein, können Sie den Test ohne fremde Hilfe durchführen. Alle 200 Meter speichern Sie die Werte mittels Knopfdruck und notieren sie nach Testende im Ziel. Haben Sie eine

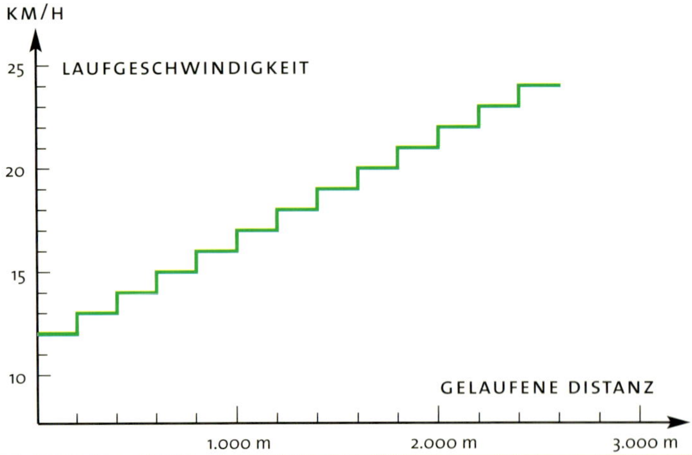

Die Geschwindigkeit wird alle 200 m sofort um 2-3 sek gesteigert und wieder knapp 200 m gehalten.

Pulsuhr ohne Speicher, postieren Sie einen Freund an der 200-m-Marke, der die ihm zugerufenen Herzfrequenzen und die gelaufenen Zeiten aufschreibt. Der Test ist beendet, wenn Sie das vorgegebene Tempo nicht mehr halten können.

Damit Sie ein aussagefähiges Testprotokoll erhalten, sollten 12-18 Abschnitte gelaufen werden. Insgesamt ergibt das eine Testzeit von 10-15 Minuten und eine Distanz von 2400-3600 m. Am Ende des Tests werden Herzfrequenz und Geschwindigkeit in einem Koordinatensystem gegeneinander eingetragen.

Wie ist der theoretische Ansatz hinter der Testauswertung zu verstehen? Conconi lehrt, dass im Bereich der aeroben Energiebereitstellung eine lineare Beziehung zwischen Herzfrequenz und Leistung besteht. Bei höheren Geschwindigkeiten wird die zusätzlich benötigte Energie zunehmend über anaerobe Stoffwechselwege gewonnen. Hierbei steigt die Herzfrequenz geringer an, es kommt zu einem „Knickpunkt" in der Kurve, dem so genannten „velocity deflection point". An diesem Punkt soll die anaerobe Schwelle liegen. Jenseits der Schwelle kommt es mehr und mehr zum Anstieg der Milchsäure, was schließlich zur Übersäuerung des Körpers und zum Leistungseinbruch oder -abbruch führt.

Mit folgender Tabelle (rechts auf dieser Seite) können Sie die 200-m-Abschnitte in km/h ablesen. Beispiel: Ihre 200-m-Zeit ist 50 sek, damit beträgt die Laufgeschwindigkeit 14,4 km/h.

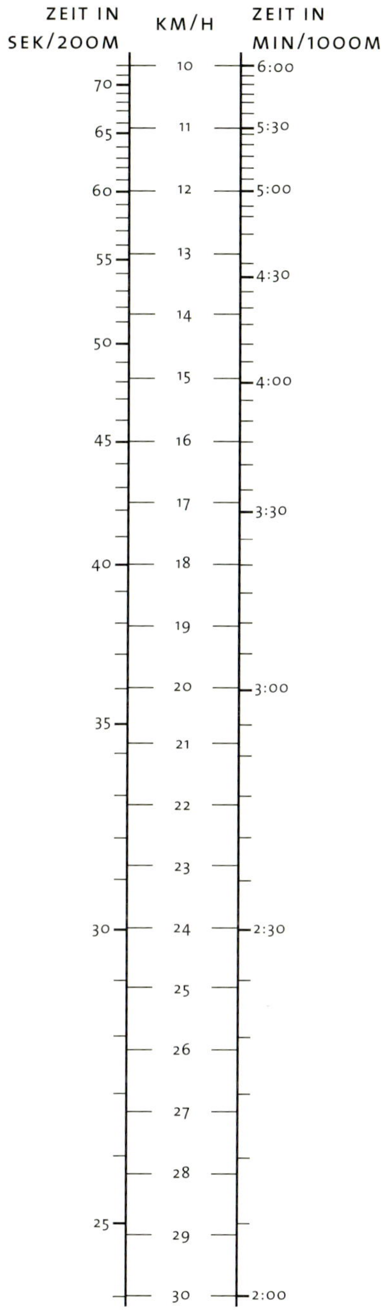

Dieses elegante Testverfahren ist vor allem für etwas geübtere Läufer geeignet, da es für weniger lauferfahrene Personen, besonders bei wechselnden Windverhältnissen, nicht immer einfach ist, die Geschwindigkeit alle 200 m exakt zu steigern. Auch die Auswertung erfordert etwas Übung und Erfahrung, um den Übergang vom aeroben in den anaeroben Stoffwechsel (Knickpunkt/ anaerobe Schwelle) herauszufiltern.

Daher begeben Sie sich auf die sichere Seite, wenn Sie nach den Werten trainieren, die bei einem Maximale-Herzfrequenztest oder in einer Laktat-Leistungsdiagnostik ermittelt werden (siehe nächste Seite) und den Conconi-Test, wie oben schon erwähnt, zur Selbstkontrolle und Motivationshilfe einsetzen.

Nachfolgend einige Hilfen zur Auswertung: Auf der vertikalen Y-Achse wird die HF eingezeichnet, auf der horizontalen X-Achse die km/h. Wenn alle Punkte eingetragen sind, können Sie eine „Kurve" zeichnen oder – genauer gesagt – eine Gerade wie in der Grafik unten.

Dazu brauchen Sie natürlich etwas Erfahrung. Lassen Sie sich am besten von einem Spezialisten oder bei einem Laufseminar unterstützen und beraten.

Den Test können Sie alle 4–6 Wochen wiederholen und damit Ihren Trainingszustand überprüfen. Auf diese Weise werden Sie feststellen, ob sich Ihre Ausdauerfähigkeit verbessert hat. (Kurveninterpretation: siehe auch Laktat-Leistungsdiagnostik)

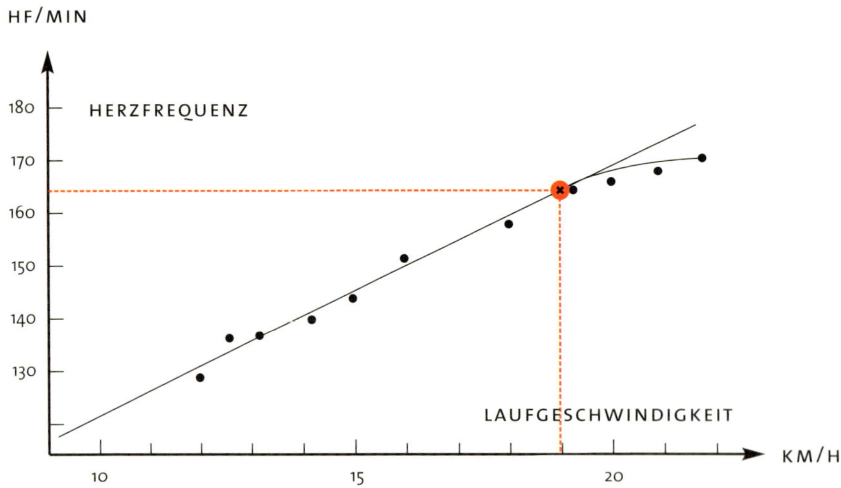

Der rote Punkt markiert den Knickpunkt.

DER CONCONI-TEST VON DIETMAR UND ANDREAS

Auf den ersten Blick sieht es so aus, als ob Andreas, der beim Conconi-Test knapp über 17 km/h erreichte, eine bessere Ausdauerfähigkeit als Dietmar hat, der nach 16 km/h bereits aufhören musste. Dieser Eindruck trügt, denn für die aerobe Leistungsfähigkeit ist der „Knickpunkt“ entscheidend, bei dem der vollständige Übergang vom aeroben zum anaeroben Stoffwechsel erfolgt.

Beim anaeroben Stoffwechsel wird für die hohe Geschwindigkeit/Intensität mehr Sauerstoff benötigt, als der Läufer aufnehmen kann. Die Energiegewinnung erfolgt fast ausschließlich aus schnell verfügbaren Kohlenhydraten, wodurch eine wesentlich größere Menge Laktat als beim aeroben Stoffwechsel anfällt. Andreas wäre bei einem kurzen Wettlauf von 400 m bis 1000 m Länge sicher schneller als Dietmar. Dietmar jedoch kann länger im aeroben Bereich laufen (Knickpunkt bei 13,5 km/h) und ist damit bei einem Halbmarathon oder Marathon wesentlich flotter unterwegs als Andreas (KP bei 12,2 km/h). Dietmar kann höhere Geschwindigkeiten laufen, ohne seine Glykogendepots allzu schnell zu entleeren. Würden beide mit der gleichen Geschwindigkeit einen Marathon laufen, dann wären die Glykogendepots von Andreas zuerst erschöpft – er müsste sein Tempo drastisch reduzieren und wahrscheinlich aufgeben.

Wie kommt es zu dieser unterschiedlichen Leistung? Andreas läuft zweimal pro Woche

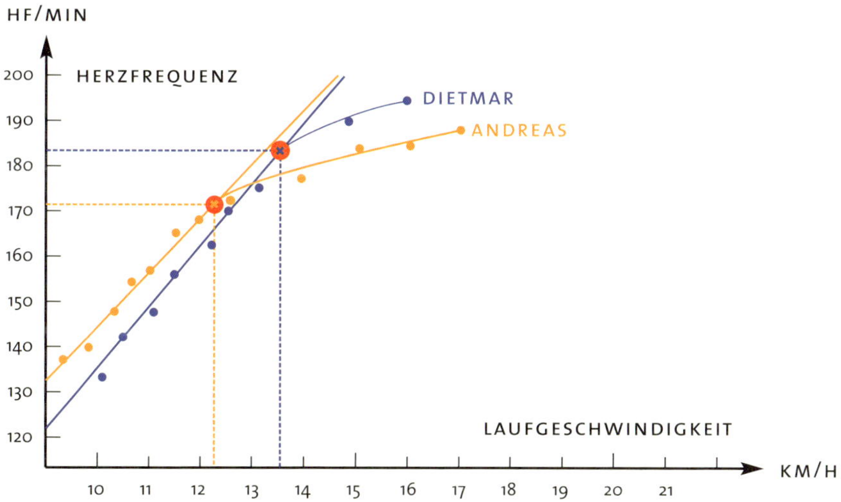

Die Geschwindigkeit beim Knickpunkt ist maßgeblich für die Ausdauerfähigkeit.

und spielt zweimal Fußball. Da bei diesem Sport anaerobe Trainingsformen dominieren, konnte er das hohe Tempo beim Test auch für einen kurzen Zeitraum kompensieren. Er hat beim Fußballtraining „Puffer" entwickelt, die Milchsäure kurzfristig neutralisieren können. Seine aerobe Ausdauerentwicklung wird dabei aber vernachlässigt. Dietmar hingegen trainiert viermal wöchentlich in seinem individuellen aeroben Bereich konsequent für die Teilnahme an Halbmarathons und Marathons. Er versucht seinen Knickpunkt nach rechts zu verschieben und damit eine höhere Geschwindigkeit bei gleicher Herzfrequenz zu erzielen.

Die Herzfrequenz der beiden Läufer unterscheidet sich ebenfalls. Sie ist aber für die Bestimmung der Leistungsfähigkeit nicht relevant und dient nur der späteren individuellen Herzfrequenz-Kontrolle im Training.

LAKTAT-LEISTUNGSDIAGNOSTIK

Auch Laufanfänger und ambitionierte Läufer nutzen die Leistungsdiagnostik zunehmend zur Ermittlung ihrer Belastungsgrenzen. Sie liefert die exaktesten Werte für eine optimale Trainingsplanung und wird mittlerweile von zahlreichen trainingswissenschaftlichen Instituten, aber auch einzelnen

Wo Sie eine Laktat-Leistungsdiagnostik durchführen lassen können, erfahren Sie im Serviceteil.

Lauftrainern und Sportärzten angeboten. Die Preise liegen je nach Umfang zwischen 70 und 200 Euro, wobei eine normale Basis-Untersuchung ohne Spiroergometrie (eine parallel zur Belastung laufende Atemgasanalyse über eine Maske) ausreichend ist.

> TIPP <

- Absolvieren Sie einen Test nur bei absoluter Gesundheit, gegebenenfalls lassen Sie vorher einen sportmedizinischen Check durchführen.
- Ihre Kohlenhydratspeicher sollten gut gefüllt sein: Achten Sie auf eine kohlenhydratreiche Ernährung in den letzten drei Tagen vor dem Test, außerdem sollten Sie in den letzten 48 Stunden davor weder eine lange Ausdauerbelastung noch ein intensives Training durchführen!
- Verzichten Sie am Testtag auf übermäßigen Kaffee- oder Teegenuss, denn dadurch wird die Herzfrequenz erhöht.
- Passen Sie Ihre Bekleidung der Umgebungstemperatur an.

Die Tests werden entweder auf der Bahn oder auf einem Laufband durchgeführt, das die Geschwindigkeit vorgibt. Ausgehend von einer geringen Belastung wird innerhalb bestimmter zeitlicher Intervalle (mindestens 3 Minuten) die Belastung (Geschwindigkeit) bis zur subjektiven Erschöpfung erhöht. Am Ende jeder Belastungsstufe findet eine Laktatanalyse statt, zu der dem Sportler Blut aus dem Ohrläppchen entnommen wird. Auch die Herzfrequenz wird gemessen. Bei der Auswertung setzt man die Parameter Laktat, Herzfrequenz und Belastungsintensität (Geschwindigkeit) zueinander in Beziehung. Hieraus lassen sich eindeutige Rückschlüsse auf den Leistungszustand des Sportlers ziehen. Herzfrequenzempfehlungen und teilweise auch Geschwindigkeitsvorgaben für unterschiedliche Trainingsbereiche ermöglichen eine Optimierung des Trainings. Da die Institute und Labors mit unterschiedlichen Rechenmethoden arbeiten, ist es empfehlenswert, sich stets am gleichen Ort testen zu lassen.

DIE TESTAUSWERTUNG

Mit steigender Belastung erhöht sich auch der Laktatwert. Der Anstieg verläuft zunächst langsam und annähernd auf horizontalem Niveau. Der Bereich, in dem Laktatbildung und Laktatabbau gerade noch im Gleichgewicht stehen, wird als aerob-anaerobe Schwelle bezeichnet, danach steigen die Laktatwerte steiler an.

Die aerob-anaerobe Schwelle wurde empirisch, also durch Erfahrungswerte, auf den Wert 4 mmol pro Liter festgesetzt. Meine Erfahrungen haben gezeigt, dass diese Schwelle sehr günstig für die Trainingssteuerung ist. Es werden computergestützt verschiedene Trainings-Intensitätsstufen ermittelt und schließlich – unter Berücksichtigung der persönlichen sportlichen Voraussetzungen und Ziele – Empfehlungen gegeben, wie das Training nach Umfang und Intensität optimiert werden kann.

Die Ausdauerleistungsfähigkeit ist umso besser ausgebildet, je niedriger die Laktatwerte auf den einzelnen Belastungsstufen liegen und je weiter die Laktatleistungskurve nach rechts verschoben ist. Das bedeutet, dass Sie bei gleichbleibender Herzfrequenz wesentlich schneller laufen können. Das klingt einfach, nicht wahr? Ob Sie erst ein paar Monate oder bereits viele Jahre trainieren – um Geschwindigkeiten müssen Sie sich nicht kümmern: Ihre persönliche Herzfrequenz sagt Ihnen alles über die Intensität Ihres Trainings. Auf diese Weise können Sie Ihr Training ganz unabhängig von Wegmarken und exakt vermessenen Laufstrecken gestalten und selbst steuern.

Mit einer Laktat-Leistungsdiagnostik können auch Prognosen für eine Marathonzeit gegeben werden. Ausgehend von der Geschwindigkeit, die im Test bei ca. 2,5 mmol/l Laktat (+/- 0,5) erreicht wurde, wird die Marathonzeit errechnet. Voraussetzung dafür ist jedoch eine Stufenlänge von jeweils mindestens 5 Minuten.

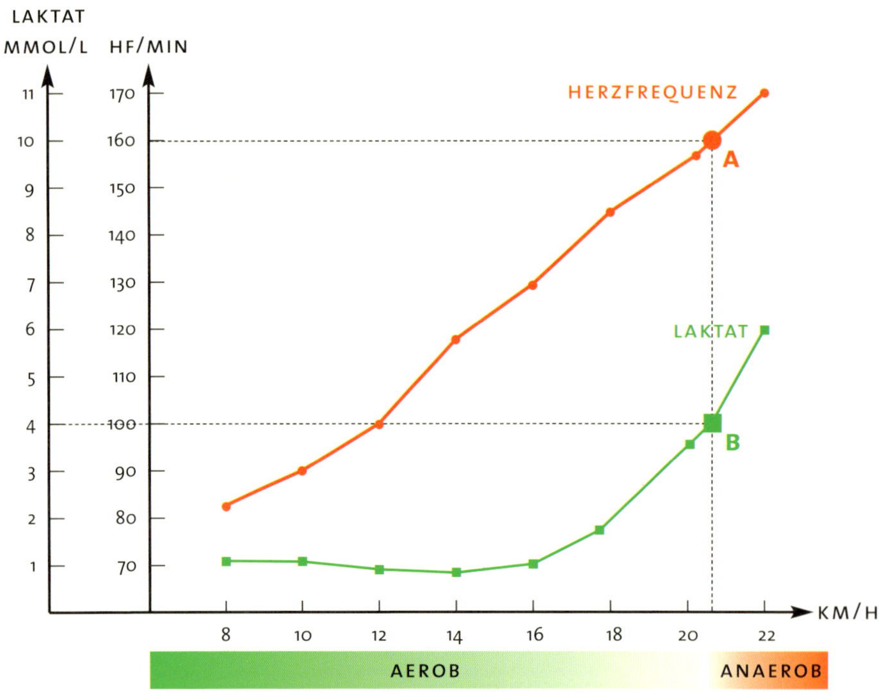

Mit ansteigender Intensität der Belastung nehmen die Laktatbildung und die Herzfrequenz zu.
A = HF an aerob-anaerober Schwelle (AAS); B = Geschwindigkeit an der AAS

Genauso wie der Mensch einzigartig ist, sind auch Ihre Pulswerte nur für Sie persönlich relevant.

Vor allem bei Anfängern verhindern leistungsdiagnostische Tests ein zu intensives Training. Daraus resultiert mehr Freude an den einzelnen Laufeinheiten und vor allem mehr Erfolg im Wettkampf. Laufeinsteiger sollten nach ca. 6 Monaten erneut einen Laktattest absolvieren, da sich die Werte gerade nach Aufnahme eines regelmäßigen Trainings noch stark verändern. Mit zunehmendem „Trainingsalter" werden sie jedoch erstaunlich stabil, so dass die Testintervalle immer größer werden können.

In einigen wenigen Ausnahmefällen kann es passieren, dass ein Sportler bei einer Laktat-Leistungsdiagnostik nur mit Mühe 4 mmol/l Laktat bilden kann. Wenn auszuschließen ist, dass der Betroffene in den Tagen zuvor zu wenig Kohlenhydrate gegessen oder zu hart trainiert hat, empfehle ich die ermittelte individuelle anaerobe Schwelle (IAAS) des jeweiligen Instituts als Knickpunkt (in den meisten anderen Fällen 4 mmol/l Laktat) zu verwenden und das Training darauf aufzubauen.

2. Mercure
49

3 INDIVIDUELL TRAINIEREN:

So optimieren Sie Ihr Training · Die Trainingsbereiche · Die Bausteine für einen erfolgreichen Trainingsplan · Training und Trainingsformen · Trainingspläne für jeden Bedarf · Zielsetzung für Marathonläufe · Vorbereitung auf einen Marathon · Trainingsplan für Marathonläufer · Detaillierte Trainingspläne · Erfolgreich Marathon laufen

IHR OPTIMALER TRAININGSPLAN

INDIVIDUELL TRAINIEREN: IHR OPTIMALER TRAININGSPLAN

SO OPTIMIEREN SIE IHR TRAINING

Sie haben einen der im vorangegangenen Kapitel beschriebenen Tests durchgeführt und kennen nun Ihre Herzfrequenz und Ihre Laktatwerte? Dann darf ich Ihnen zu einem großen Gewinn gratulieren! Sie können sich nun ganz gezielt auf Ihren Marathon vorbereiten. Das Training mit einem Herzfrequenzmessgerät sichert Ihnen bei den einzelnen Einheiten maximale Effektivität und minimalen Zeiteinsatz. Der Zufall hat auf Ihr Training nun keinen Einfluss mehr, und Ihr „ständiger Begleiter" bewahrt Sie vor Extremen. Sofern Sie auf ihn hören, gibt es bei Ihren gemeinsamen Ausflügen kein Schummeln, Trödeln und Überziehen mehr.

Ganz sicher treffen Sie viele andere Läufer, die wie Sie mit Gurt und Uhr unterwegs sind. Bestimmt werden Sie sofort nach Ihren Pulswerten gefragt und stellen dann vielleicht fest, dass Ihrer unter dem Ihres Kollegen liegt. Verunsichert Sie das ein bisschen? Das sollte es nicht! Erinnern Sie sich daran, dass Ihr Pulswert auf Ihren persönlichen Trainingsbereich abgestimmt ist, von dem der Mitläufer nichts weiß. Von unterschiedlich hohen Pulswerten auf mehr oder weniger große Leistungsfähigkeit zu schließen, zeugt von mangelnder Sachkenntnis. Bleiben Sie beim Zusammentreffen mit Besserwissern also stets gelassen und denken sich Ihren Teil. Vielleicht zeigen Sie dem „Pulsprotz" von damals im Wettkampf bald Ihre Rückennummer!

Noch ein paar Worte zum Training in der Gruppe: Gemeinsam laufen ist zweifellos unterhaltsam und macht Spaß. Doch achten Sie darauf, dass Sie sich mit Läuferinnen und Läufern zusammenschließen, die ein ähnliches Leistungsniveau haben. Laufen unterschiedlich starke Athleten zusammen, wird der eine schnell überfordert, der andere hingegen ausgebremst.

AUF EINEN BLICK: DIE TRAININGSBEREICHE

Vermeiden Sie es, in einer Trainingseinheit unterschiedliche Intensitäten zu mischen. Anhand Ihrer individuellen anaeroben Schwelle lassen sich verschiedene Trainingsbereiche errechnen. Alles, was unter dieser individuellen anaeroben Schwelle liegt, dient der Entwicklung der aeroben Ausdauer. Beim Überschreiten der Schwelle kommen Sie in intensive Trainingsbereiche und verbessern nicht mehr die reine Ausdauer, sondern die anaerobe Leistungsfähigkeit und Schnelligkeit.

Es werden folgende Trainingsbereiche unterschieden:

> INFO <

LDL/R = Grundlagenausdauer und Regeneration. Der Laktatabbau ist höher als dessen Bildung, das Training ist rein aerob. In dieser Intensität werden lange Dauerläufe durchgeführt, die der Fettverbrennung dienen und die Muskulatur auf den Marathon vorbereiten, aber auch die ganz ruhigen, maximal 40-minütigen Läufe zur Regeneration nach intensiven Trainingseinheiten.

DL 1 = „Klassisches" Grundlagenausdauertraining. Hier wird bis 1–2 mmol/l* Laktat gebildet. Auch in diesem Bereich trainieren wir unseren Fettstoffwechsel.

DL 2 = Entwicklungsbereich der aeroben Kapazität, bei dem bis zu 2–3 mmol/l* Laktat gebildet wird. Ein intensiver Bereich, auch schneller Dauerlauf genannt, der dem Marathontempo nahe kommt.

TDL = Entwicklungsbereich der aeroben Kapazität, der oberhalb des Marathontempos angesiedelt ist. Hier bildet sich bis zu 3–4 mmol/l* Laktat.

SL = Schwellenläufe. Ebenfalls Entwicklungsbereich der aeroben und teilweise auch anaeroben Kapazität. Hier entsteht etwa 4–5 mmol/l* Laktat. Der SL-Bereich ist äußerst intensiv und sollte höchstens um ein bis zwei Schläge überschritten werden. Trainingsformen:
Fahrtspiel oder extensive Tempoläufe auf der Bahn nach HF.

TL = Tempoläufe oder Laktattoleranz-Tempo weit über 4 mmol/l Laktat. Hier steht die Herzfrequenz zur Steuerung nicht mehr im Vordergrund, denn es wird nach Geschwindigkeit gelaufen. Diese ist abhängig von der momentanen Leistungskapazität auf der 5-km- oder 10-km-Distanz. Tempoläufe sind sehr wichtig für Läufer, die sich auf die 10-km-Distanz oder kürzere Strecken konzentrieren.

* Die angegebenen Laktatwerte sind Durchschnitts- oder Richtwerte und können individuell etwas verschoben sein. Aufschluss über die individuellen Werte gibt auch eine Laktat-Leistungsdiagnostik.

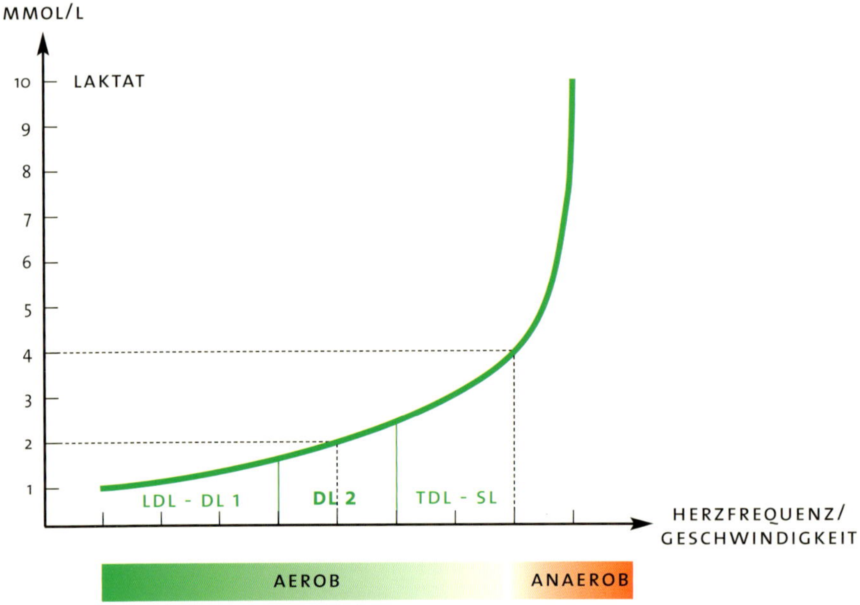

Die Trainingsbereiche entsprechen der Laktatkonzentration.

TDL und die Schwellenläufe sind hinsichtlich der Ausdauerentwicklung die intensivsten Läufe und müssen daher vorsichtig dosiert und angewandt werden. Auf diese Läufe folgt immer ein ruhiger Lauf (R oder DL 1) oder ein Ruhetag nach dem Motto „Auf Belastung folgt Entlastung".

Alle Bereiche, die noch darüber liegen, sind für Fitness- und Marathonläufer in den letzten 12 Wochen vor einem Marathon nicht geeignet. Sie finden ihren Platz in Trainingsprogrammen von Athleten, die gerne Wettkämpfe über 5 und 10 km bestreiten. Sie können dem Marathonläufer mehrere Monate vor dem geplanten Wettkampf aber auch dazu verhelfen, die eigene Schnelligkeit, Tempohärte, maximale Sauerstoffaufnahme und Laufökonomie zu verbessern, was schließlich auch zu einer neuen Marathon-Bestzeit führen kann. Aber bitte beherzigen Sie folgende Regel:

! VERBOTEN !

Trainieren Sie nie umfangreich UND intensiv!

Steigern Sie also Ihren Laufumfang im Rahmen der unmittelbaren Marathonvorbereitung und fahren Sie unbedingt die Intensität herunter. Andernfalls riskieren Sie eine Überlastung, und das Training wird kontraproduktiv wirken!

Und so sehen meine Herzfrequenzwerte bei den verschiedenen Intensitäten aus:

LDL und Regeneration:	120–135	70%–80%
DL 1:	130–140	80%–87%
DL 2:	140–150	87%–94%
TDL:	150–156	94%–97%
Schwellenläufe:	156–162 *max.*	97%–100% *vom Knickpunkt*

Meine Herzfrequenzen (+/- 2 bis 3 Schläge) blieben während der zurückliegenden 20 Jahre konstant, nur die Geschwindigkeit zur jeweiligen HF veränderte sich. Je besser ich wurde, desto schneller konnte ich bei gleichbleibender HF laufen. Diese Beobachtung deckt sich auch mit Aussagen vieler Teilnehmer meiner Seminaren, die sich schon mehreren Leistungsdiagnostiken unterzogen haben.

SL	TDL	MT	DL 2	DL 1	LDL/R
140	137	134	132	122	109
141	138	135	133	122	110
142	139	136	134	123	111
143	140	137	135	124	111
144	141	138	136	125	112
145	142	139	137	126	113
146	142	140	138	127	114
147	143	141	139	128	115
148	144	142	140	129	116
149	145	143	141	129	116
150	146	144	142	130	117
151	147	145	143	131	117
152	148	146	144	132	118
153	149	147	145	133	119
154	150	148	146	134	120
155	151	149	147	135	121
156	152	150	147	136	122
157	153	151	148	136	122
158	154	152	149	137	123
159	155	153	150	138	124
160*	**156**	**154**	**151**	**139**	**125**
161	157	155	152	140	126
162	158	156	153	141	127
163	159	156	154	142	127
164	160	157	155	142	127
165	161	158	156	143	128
166	162	159	157	144	129
167	163	160	158	145	130
168	164	161	159	146	131
169	165	162	160	147	132
170	166	163	161	148	133

SL	TDL	MT	DL 2	DL 1	LDL/R
171	167	164	162	149	134
172	168	165	163	149	134
173	169	166	164	150	135
174	170	167	164	151	136
175	171	168	165	152	136
176	172	169	166	153	137
177	173	170	167	154	138
178	174	171	168	155	139
179	175	172	169	156	140
180	176	173	170	156	140
181	177	174	171	157	141
182	178	175	172	158	142
183	179	176	173	159	143
184	180	177	174	160	144
185	181	178	175	161	145
186	182	179	176	162	145
187	183	180	177	163	146
188	183	180	178	163	146
189	184	181	179	164	147
190	185	182	180	165	148
191	186	183	181	166	149
192	187	184	181	167	150
193	188	185	182	168	151
194	189	186	183	169	152
195	190	187	184	170	153
196	191	188	185	170	153
197	192	189	186	171	154
198	193	190	187	172	154
199	194	191	188	173	155
200	195	192	189	174	156

Herzfrequenztabelle für Läufer, die einen Conconi- oder Stufentest mit Laktatbestimmung durchgeführt haben. Wobei „SL" den Knickpunkt/anaerobe Schwelle darstellt. Davon leiten sich die Herzfrequenzen für die anderen Trainingsbereiche ab (* meine abgeleiteten Werte).

DIE BAUSTEINE FÜR EINEN ERFOLGREICHEN TRAININGSPLAN

Sie haben jetzt alle Bausteine in der Hand, um sich einen individuell effektiven und abwechslungsreichen Trainingsplan zu erstellen. Nachfolgend eine kurze Zusammenfassung der Grundregeln:

1. Ein wirkungsvoller Trainingsreiz muss Ihre Reizschwelle überschreiten.
Wenn Sie immer das Gleiche (in Belastungsdauer und Intensität) trainieren, setzen Sie keine Reize mehr – der Körper bleibt reaktionslos und Sie werden Ihre Leistung nicht steigern können. Beachten Sie aber auch, dass Trainingsreize über Monate und Jahre hinweg wiederholt werden müssen, denn Strukturen wie Enzyme und Kapillaren brauchen mehrere Monate und teilweise auch Jahre, um sich wesentlich zu verändern und zu verbessern.

2. Die Belastung sollte nach folgenden Richtlinien gesteigert werden:

a. Zuerst Erhöhung der Anzahl der Trainingseinheiten (Anzahl/Woche)
Es ist sinnvoller und effektiver, viermal pro Woche 30 Minuten zu trainieren als einmal wöchentlich 2 Stunden.
b. Danach Verlängerung der Reizdauer (Länge der Läufe).
c. Erst dann Steigerung der Trainingsintensität (Erhöhung der Geschwindigkeit).

3. Zusammenspiel von Be- und Entlastung
Die Sprichwörter „Weniger ist mehr“ und „In der Ruhe liegt die Kraft“ sollten Sie nicht zu der Annahme veranlassen, dass man durch Faulheit fit wird, doch kann ein Trainingsreiz nur so effektiv sein wie die anschließende Erholung! Erst durch sie kommt es zur leistungssteigernden Superkompensation (siehe Seite 25).

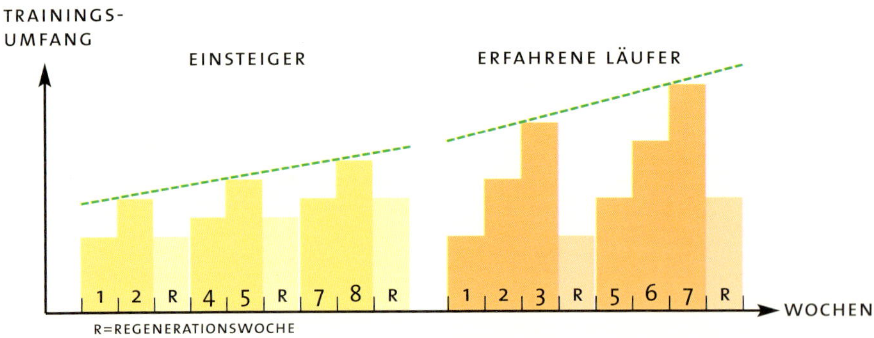

Verhältnis von Trainingsumfang und Entlastungswochen bei Einsteigern und erfahrenen Läufern

4. Zielsetzung
Setzen Sie sich ein Ziel und planen Sie Ihr Training „rückwärts". Ihre Zielvorstellung bestimmt Umfang und Intensität des Trainings! Planen Sie zyklisch: Nicht jede Woche sollte gleich verlaufen. Fitness- und Hobbyläufer dürfen nach zwei Wochen mit gesteigerter Intensität und höherem Umfang eine Entlastungswoche mit verringerter Intensität und geringerem Umfang planen. Ein erfahrener Läufer wird aufgrund einer bereits höheren Belastbarkeit sein Training über drei Wochen langsam steigern können und erst dann eine Entlastungswoche einbauen.

› TIPP ‹

Wissenschaftliche Untersuchungen haben gezeigt, dass sich die Muskelstrukturen schneller erholen, wenn in der Woche nach einem Marathon gar nicht gelaufen wird. Erholen Sie sich aktiv beim Schwimmen, Aquajogging und Radfahren oder genießen Sie das Nichtstun ohne Gewissensbisse.

TRAINING UND TRAININGSFORMEN

Wie schon erwähnt, sollte sich das Training variantenreich zeigen. Dies beugt einem Motivationsverlust durch Monotonie vor, und außerdem setzen Sie Reize! Mit Hilfe der nachfolgend beschriebenen Trainingsformen können Sie nun Ihr eigenes Training planen.

1. Der regenerative und der lange Dauerlauf (R und LDL)
Der regenerative Lauf von 30–40 Minuten Dauer spielt sich im untersten Intensitätsbereich ab und wird am Tag nach einem intensiven Trainingslauf oder Wettkampf eingesetzt. Dieser niedrige Intensitätsbereich ist ebenfalls zum Warm- oder Auslaufen sowie für die Trabpausen, z.B. zwischen den Schwellenläufen, geeignet.
Bei einem langen Dauerlauf, bei dem Sie 3 Stunden unterwegs sein können, greifen Sie ebenfalls auf diesen niedrigen Intensitätsbereich zurück. Viele Läufer denken, dass diese Intensität keine Wirkung hat. Das ist falsch. Hier gilt es, vor allem den Stoffwechsel und die Muskulatur optimal darauf vorzubereiten, für einen langen Zeitraum arbeiten zu müssen. Lassen Sie sich von anderen Läufern nicht verrückt machen, behalten Sie Ihre Pulsuhr im Auge, und denken Sie immer an Ihr ganz persönliches Ziel.

2. Der lockere Dauerlauf (DL 1)
Als Hauptenergiequelle beim DL1 dient ebenfalls noch der Fettstoffwechsel. Dieser Lauf ist etwas intensiver als der regenerative und lange Dauerlauf. In diesem Intensitäts-

bereich spielt sich der überwiegende Anteil des Trainings ab, auch der „klassische" Dauerlauf von 45–60 Minuten.

3. Flotter Dauerlauf (DL 2)

Beim DL 2 bewegen wir uns weg von der Grundlage, hin zu einer intensiveren Trainingsform. Der Fettstoffwechsel wird zwar immer noch angesprochen, aber der Kohlenhydratstoffwechsel dominiert. Eine Trainingseinheit in diesem Bereich könnte folgendermaßen aussehen: Laufen Sie sich 10–15 Minuten locker warm, danach steigern Sie Ihr Lauftempo langsam bis Sie diesen Zielbereich erreicht haben. Halten Sie die Herzfrequenz – je nach Trainingsphase und -zustand – 30–60 Minuten lang, und laufen Sie anschließend 10 Minuten locker aus. Das Tempo wird etwas unterhalb Ihres aktuellen Marathontempos liegen.

4. Tempodauerlauf (TDL)

Beim TDL nähern wir uns unserer individuellen anaeroben Schwelle, überschreiten diese aber nicht, weshalb ein möglichst exaktes Einhalten der Herzfrequenz erforderlich ist. Schon ein 3–5 Schläge zu hoher Puls kann zu einer Übersäuerung und damit zu einem völlig anderen Trainingsreiz führen! Es wird überwiegend der Kohlenhydratstoffwechsel trainiert. Eine Trainingseinheit in diesem Bereich könnte – ähnlich dem DL2 – folgendermaßen aussehen: Laufen Sie sich 10–15 Minuten locker warm, danach steigern Sie Ihr Lauftempo langsam, bis Sie diesen Zielbereich erreicht haben. Halten Sie die Herzfrequenz – je nach Trainingsphase und -zustand – 20–50 Minuten lang und laufen Sie anschließend 10 Minuten locker aus. Dieses Tempo wird etwas oberhalb Ihres aktuellen Marathontempos liegen. Aufgrund des höheren Reizes ist die Regenerationszeit natürlich länger als bei den vorangegangenen Trainingsformen.

5. Schwellenläufe

Bei den Schwellenläufen laufen Sie exakt an Ihrer individuellen anaeroben Schwelle (+/- 3 Schläge). Hier wird der Kohlenhydratstoffwechsel noch mehr beansprucht und vor allem die Vergrößerung der Glykogendepots trainiert. Eine Trainingseinheit könnte folgendermaßen aussehen: Laufen Sie sich 10–15 Minuten locker warm, dehnen Sie 10 Minuten und absolvieren Sie 2–3 lockere Steigerungsläufe. Nun beginnen Sie mit der eigentlichen Trainingseinheit, die aus 5–10 x 1000 m, 3–5 x 2000 m oder 2–3 x 3000 m bestehen kann. Auch 2000 m–1000 m im Wechsel oder „Pyramiden" wie 1000 m–2000 m-3000 m–2000 m-1000 m sind möglich. Die Pause, die in Form lockeren Trabens absolviert wird, variiert – je nach Leistungsstand – zwischen 2 und 3 Minuten. Laufen Sie sich 10 Minuten locker aus.

Die Läufe können auf der Stadionbahn, aber auch problemlos im Wald oder auf der Straße durchgeführt werden. Im Gelände läuft man dementsprechend nicht nach Streckenlänge, sondern nach Belastungsdauer. Wir haben früher aus Spaß und zur Abwechslung Telefonnummern-Läufe gemacht. Als meine Athleten schlagfertig die „110" vorschlugen, mussten sie zur „Strafe" anstatt der 0 und der 1 dreimal die 9 absolvieren!

> INFO <

Es erfordert einen guten Leistungsstand, damit der Körper diesen Reiz überhaupt sinnvoll verarbeiten kann, und in jedem Fall eine Nachbereitung in Form von Regeneration!

6. Intensives Intervalltraining und Wiederholungsläufe

Durch diese Trainingsform optimieren Sie Ihre Laktattoleranz und die Tempohärte, insbesondere für Wettkampfstrecken von 10000 m oder kürzer. Ein Training in diesem Bereich ist hochintensiv und belastend. Eine Trainingseinheit könnte folgendermaßen aussehen: Laufen Sie sich 15–20 Minuten locker warm, dehnen Sie 10 Minuten

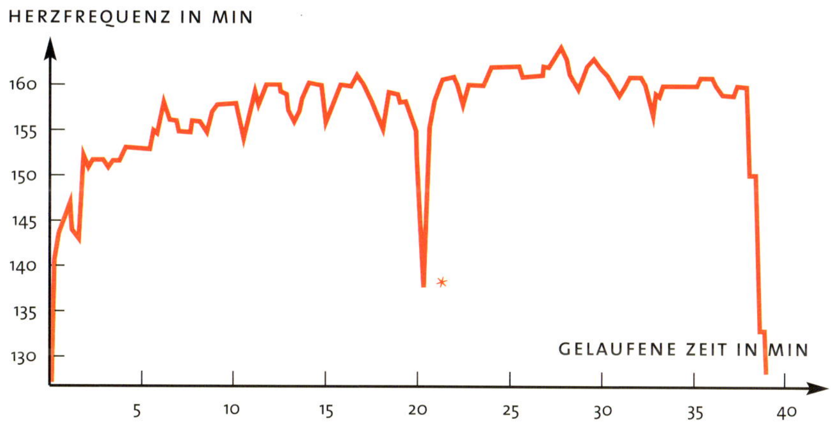

Meine Herzfrequenzkurve bei einem Tempodauerlauf während eines Höhentrainingslagers in Flagstaff, Arizona. *Dieser Einbruch kennzeichnet keinen „Herzstillstand", sondern lediglich eine „Pinkelpause".

und absolvieren Sie 2–3 lockere Steigerungsläufe. Nun beginnen Sie mit der eigentlichen Trainingseinheit, beispielsweise 10 x 400 m im 5-km-Renntempo mit 400 m Trabpause oder 5 x 1 km im 10-km-Renntempo mit 400 m Trabpause. Laufen Sie sich 10 Minuten locker aus.

7. Fahrtspiel

Kommt ursprünglich aus Skandinavien. Beim Fahrtspiel wird das Tempo und die Länge der Belastung spielerisch, auch an das Gelände angepasst, gestaltet. Ein Beispiel dafür finden Sie bei den Schwellenläufen.

8. Kraftausdauerläufe

Durch Intervalle am Berg trainieren Sie Kraft und Ausdauer zugleich.

Die Belastungsintensität variiert je nach Länge des Berges im Bereich TDL und Schwellenläufen. Hier gilt wieder das Prinzip: Je länger (der Berg), umso niedriger die Intensität. Wohnen Sie in einer bergigen Gegend, werden Sie Ihre Dauerläufe zwangsläufig „mit Bergeinlage“ bestreiten. Achten Sie dann aber gerade bei den lockeren, langen Dauerläufen darauf, nicht zu intensiv zu belasten, und scheuen Sie sich nicht, auch einmal zu gehen.

Meine Athleten und ich haben diese Form des Trainings vor allem in den Wintermonaten genutzt und sind im Schwellentempo auf einen rund 600 m langen Hügel mit moderater Steigung gelaufen. Oben angekommen, haben wir sofort umgedreht und liefen im normalen Dauerlauftempo wieder bergab. Mit Ein- und Auslaufen kamen wir auf eine Gesamtzeit von etwa 50 min.

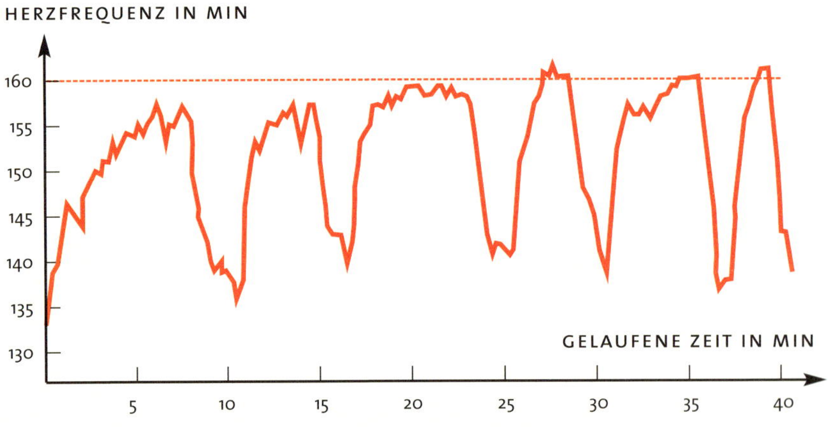

Meine Herzfrequenzkurve bei einem Fahrtspiel während eines Höhentrainingslagers in Flagstaff, Arizona

TRAININGSPLÄNE FÜR JEDEN BEDARF

Die nachfolgenden Trainingspläne können und sollen nur Vorschläge und Anregungen bieten. Ihren persönlichen Trainingsplan müssen Sie natürlich auf Ihr Zeitbudget, aber auch auf Ihr persönliches und berufliches Umfeld abstimmen. Und noch etwas: Trainingspläne sollen Ihnen als Hilfsmittel und Orientierung dienen. Fühlen Sie sich bitte nicht als Sklave Ihres wöchentlichen Laufkonzepts. Können Sie die Vorgaben aus privaten und beruflichen Gründen oder infolge gesundheitlicher Probleme einmal nicht einhalten, sollte Sie das weder ärgern noch bedrücken: Machen Sie einfach dort weiter, wo Sie aufgehört haben.

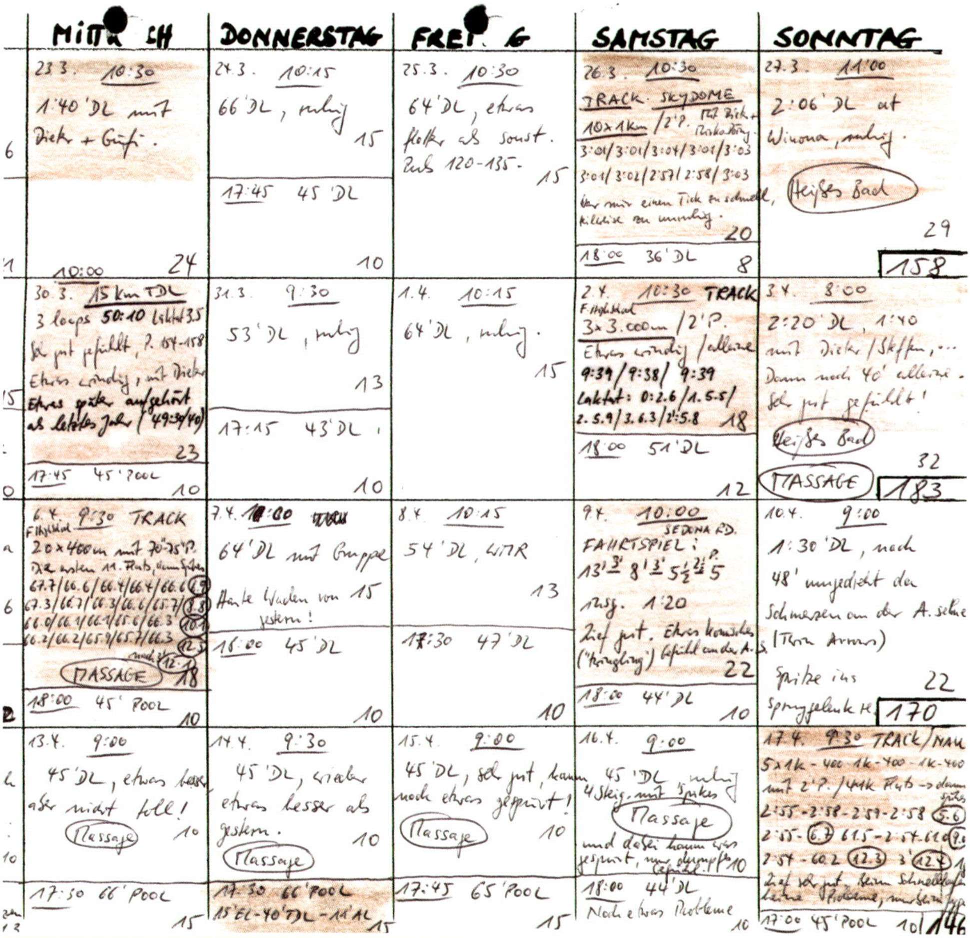

Auszug aus meinem Trainingstagebuch 1993/94

Wie im Berufsleben Termine schriftlich fixiert werden, so ist es auch hilfreich, die Trainingseinheiten als Weg zum sportlichen Ziel zu notieren. Damit räumen Sie Ihrem täglichen Training bewusst einen festen Platz in Ihrer Tagesplanung ein, und es fällt Ihnen ganz sicher nicht so leicht zu kneifen. Ich empfehle Ihnen, in einem Taschen- oder Handwerkerkalender ein Trainingstagebuch zu führen. Darin sollten Sie nicht nur die Dauer und Art des Trainings verzeichnen, sondern auch aufschreiben, wie Sie sich während dieser Trainingseinheit gefühlt haben. Wenn sich im Verlauf einer Trainingsphase oder im Wettkampf Probleme ergeben, können Ihnen die Tagebucheintragungen dabei helfen, die Gründe zu finden. Ich bin ein besonders eifriger Buchhalter und habe seit 1978 jede Trainingseinheit akribisch notiert. Die Lektüre vergilbter Heftchen aus meiner Jugendzeit ist äußerst amüsant, enthalten die Aufzeichnungen des jungen Franke doch ausschweifende Schilderungen seines damaligen Gemütszustands und exquisite Jammereien über diverse Wehwehchen.

› TIPP ‹

Um langfristig Freude am Laufen zu haben, müssen Sie nicht nur physisch, sondern auch mental locker bleiben. Anflüge von übertriebenem Ehrgeiz und Unnachgiebigkeit gegenüber sich selbst sollten Sie mit Humor begegnen.

ZIELSETZUNG FÜR MARATHONLÄUFE

Sie können Ihren Marathon sehr gut mit Ihrer Herzfrequenz steuern, aber warum nicht zusätzlich auch noch die Zwischenzeiten an den einzelnen Kilometer-Abschnitten kontrollieren? Mithilfe von bewährten Umrechnungsformeln lassen sich aufgrund von Zeiten, die Sie im Wettkampf auf kürzeren Distanzen erzielt haben, realistische Zeitziele für Ihren Marathon setzen. Testläufe über eine kürzere Distanz sind als Vorbereitung für Ihren Marathon auch in meinen Trainingsplänen vorgesehen.

› INFO ‹

Und so berechnen Sie mit folgendem Faktor Ihre wahrscheinliche Marathonzeit:

5-km-Zeit	x 9,798
10-km-Zeit	x 4,667
Halbmarathonzeit	x 2,11

Entscheidend ist, dass Sie auch ein spezielles Marathontraining durchführen. Wenn Sie sich gezielt auf 5- und 10-km-Rennen vorbereiten, erreichen Sie die angestrebte Marathonzeit möglicherweise nicht. Das liegt meist daran, dass Sie zwar Tempohärte haben, Ihnen aber die besondere Ausdauer für die ganz langen Strecken fehlt. Wichtig ist außerdem, dass die Zeiten, die Sie zur Umrechnung heranziehen, in den letzten Wochen bzw. höchstens vor 2–3 Monaten erzielt wurden. Es ist unsinnig, Zeiten zu verwenden, die vor einem oder mehreren Jahren erzielt wurden.

VORBEREITUNG AUF EINEN MARATHON

Mit Trainingsplänen für die 10-km-Distanz können Sie auch einen Halbmarathon bestreiten, für einen Marathon benötigen Sie jedoch eine ganz spezielle Vorbereitung. Da Ihre Glykogenvorräte auf dieser langen Strecke nur für etwa 90 bis max. 120 Minuten reichen, müssen Sie insbesondere Ihren Fettstoffwechsel trainieren, dessen Optimierung ein erhöhtes Speichervermögen bewirkt. Lange und ganz langsame Läufe zur Fettverbrennung und Kräftigung der Beinmuskulatur stehen daher ebenso auf Ihrem Wochenplan wie intensive Dauerläufe im aeroben Bereich, die auf eine Kapazitätserweiterung der Glykogendepots abzielen.

„Nach 30 Kilometern hatte ich das Gefühl gegen eine Mauer zu laufen", ist die häufigste Bemerkung von Marathonläufern, die sich auf ein zu hohes Anfangstempo im Rennen eingelassen oder bereits im Training überzogen haben. Ihr Wettkampf wird zum Alptraum: Die Muskeln „machen dicht", Krämpfe zwingen den Wettkämpfer meist zur Aufgabe des Rennens. An dieser Stelle möchte ich Sie noch einmal nachdrücklich darauf hinweisen, dass Sie der Einsatz eines Pulsmessers vor Erlebnissen dieser Art bewahren kann. Mit unbestechlichen Signalen schützt er Sie vor Überlastung und ist Ihr Navigator für einen gelungenen Wettkampf. Wie schnell darf nun „schnell" sein? Ich antworte Ihnen: Schnell darf nicht zu schnell sein, damit Sie die bestmögliche Leistung erreichen können.

Es ist verständlich, wenn Sie vor Ihrem ersten Marathon an Ihren Fähigkeiten zweifeln. Wie können Sie 42,195 km bewältigen, wenn Sie die Strecke im Training noch nie in der Wettkampfgeschwindigkeit absolviert haben? Sorgen Sie sich nicht – kein Weltklasseathlet läuft die Marathondistanz im Training in Wettkampfgeschwindigkeit, sondern – wie Sie – jeweils nur Teilabschnitte. Die große Mehrheit der Topathleten ist bei ihrer Vorbereitung höchstens 35 km und nicht länger als knapp über 3 Stunden unterwegs.

Eine Ausnahme machen die Japaner, bei denen der Marathonlauf absoluten Kultstatus genießt. Erfolgreiche Marathonläufer sind daher Mega-Stars und werden wie Halbgötter verehrt. Die wichtigsten Marathonläufe sind Topläufern vorbehalten und das Fernsehen überträgt sie live. In Tokyo (November), Nagoya und Osaka laufen nur Frauen, in Fukuoka, Tokyo (Februar) und Lake Biwa ausschließlich Männer. Aber natürlich werden im Land der aufgehenden Sonne auch große Volksmarathons für die breite Masse veranstaltet.

Die Japaner sind berüchtigt für ihr brutales Training nach dem Motto „Der Härteste kommt durch". Ein Wochenpensum von 300–400 Laufkilometern und Streckenlängen von bis zu 60 km sind nichts Ungewöhnliches. Die extreme japanische Arbeitsethik – Arbeit stärkt Körper und Geist – ist auch der Grund für die große Zahl von Spitzenläufern: Etliche männliche Athleten laufen Zeiten zwischen 2:06–2:09 Std., die Frauen 2:18–2:22 Std.

Noch einmal zurück zum Marathontempo im Wettkampf: Gerade während des Rennens ist es wichtig, nicht nur nach Gefühl zu laufen, denn am Anfang überschätzt man sich zu oft. Auch mir ist das einmal passiert, beim London Marathon 1997: Obwohl ich bei diesem Lauf schließlich persönliche Bestzeit lief, war es kein angenehmes Gefühl, zwischen Kilometer 30 und 31 einzubrechen.

Was war passiert? Da es nur für die Spitze Tempomacher gab und ich nicht im so genannten „Niemandsland" allein laufen wollte, entschloss ich mich, vorn in der großen Spitzengruppe mitzumischen. Ich fühlte mich blendend, lief fast jeden Kilometer in 3:00 min und den Halbmarathon in 1:03:27 Std. Doch an der 30-km-Marke stand der „Mann mit dem Hammer": Die Beine wurden immer schwerer, ich wurde von Krämpfen geplagt und dachte nur noch an Aufgeben. Meine allgemeine Befindlichkeit verbesserte sich keineswegs durch den Anblick meines Hotels, das ich exakt bei km 35 erreichte. Sie können sich ausmalen, dass mein Verlangen nach einer schönen Dusche und einem weichen Bett unermesslich groß war. Doch ich dachte auch daran, dass ich mich auf dieses Rennen viele Monate vorbereitet hatte. Hinter mir lagen schon etliche Kilometer und es bestand immer noch die Aussicht, eine gute Zeit zu erzielen. Um es auf den Punkt zu bringen: Ich leistete in diesen Momenten mentale Schwerstarbeit und führte Selbstgespräche: „Komm, das wird noch eine gute Zeit!", „Den nächsten Kilometer schaffst Du noch!" oder „Bei 35 gibt's Cola und bei 40 auch!" Das erstaunliche Resultat meiner Disziplin war eine persönliche Bestzeit von 2:11:26 Std. (Halbmarathon in 1:03:27 und 1:07:59). Natürlich hätte ich – ohne das verrückt hohe Tempo zu Beginn des Wettkampfs mitzugehen – einen wesentlich angenehmeren Ausflug ohne Dauergeplapper meines Alter Ego erleben können. Die ganze Aktion ist für Sie, liebe Leserinnen und Leser, also absolut nicht zur Nachahmung zu empfehlen, sondern soll Ihnen als Warnung dienen.

Denn wie äußerte sich Frank Shorter (Marathon-Olympiasieger 1972 und Silbermedaillengewinner 1976) zu diesem Thema einmal sehr treffend? „Bis 20 Meilen (32 km) kommen alle, es sind die letzten 6 Meilen (10 km), die zählen!"

Wie zuvor beschrieben, können Sie mit Hilfe Ihrer 10-km- und/oder Halbmarathon-Wettkampfzeiten Ihre wahrscheinliche Marathon-Zielzeit errechnen. Ihren Herzfre-

Naoko Takahashi, die erste Frau, die im Marathon-Lauf unter 2:20 Std. blieb (2:19:46 Std. in 2001)

quenz-Wert entnehmen Sie der Tabelle auf Seite 37. Haben Sie bereits eine Laktat-Leistungsdiagnostik durchführen lassen, verwenden Sie die Herzfrequenz bei Laktat 2,5 bis max. 3,0 mmol/l, wobei die Stufen mindestens 5 Minuten lang sein sollten, um genaue Werte zu erhalten.

Die Herzfrequenz für einen Halbmarathon liegt im Bereich der anaeroben Schwelle und eventuell auch 2–4 Schläge darüber. Bei 10-km-Läufen kann die Herzfrequenz sogar 5–10 Schläge über der anaeroben Schwelle liegen.

Spurten Sie nicht gleich nach dem Start los, um auf die angestrebte Herzfrequenz zu kommen. Bleiben Sie auf den ersten Kilometern mehrere Schläge darunter. Durch schnellere Dauerläufe haben Sie ja bereits Tempogefühl erworben. Sie sollten sich nach dem Start ruhig 20–30 Minuten Zeit lassen, bis Sie Ihre Herzfrequenz-Zielzone, mit der Sie den Marathon laufen sollen, erreichen. Bei der 35-km-Marke dürfen Sie die Pulsuhr „beiseite“ legen und „es laufen lassen“.

Bei Wärme – das heißt bei Temperaturen über 20 Grad – werden Sie den angepeilten

Kilometerschnitt natürlich nicht einhalten können, denn Hitze schränkt die Leistungsfähigkeit ein. Sie sollten sich an Tagen mit extremen Temperaturen von Ihrer Herzfrequenz leiten lassen. Sie zeigt Ihnen – völlig losgelöst von Ihren persönlichen Gefühlen und damit objektiv – wie intensiv Ihr Körper arbeitet. Eine Kombination aus Herzfrequenzmessung und Kilometer-Zwischenzeiten ist sicher eine sinnvolle Variante.

TRAININGSPLAN FÜR HALBMARATHON

Sie können je nach Zeitbudget die Marathon Trainingepläne ab Seite 64 verwenden und ziehen nur von den langen Läufen (LDL) folgende Zeiten ab:

LDL bis 90 min minus 30 min
LDL bis 130 min minus 45 min
LDL bis 200 min minus 60 min

TRAININGSPLAN FÜR MARATHONLÄUFER

Die folgenden Trainingspläne richten sich an Läufer mit unterschiedlichen Zeitbudgets. Ob Sie also fünf- oder zehnmal pro Woche trainieren, spielt keine Rolle: Die Steuerung Ihrer Intensitäten erfolgt ausschließlich über Ihre persönlichen Herzfrequenzbereiche, die Sie durch eine der zuvor vorgestellten Testmethoden ermittelt haben. Aus diesem Grund finden Sie in meinen Trainingsempfehlungen für Marathonläufer auch keine Zeit- oder Geschwindigkeitsangaben. Nun können Sie – unabhängig von Kilometer-Angaben – überall auf der Welt effektiv trainieren und Ihre Ausdauer verbessern. Es spielt also keine Rolle, ob Sie in New York, Moskau oder Paris die Laufschuhe schnüren und es heiß, regnerisch oder windig ist – Ihre persönliche Herzfrequenz zeigt Ihnen die Laufintensität.

Noch ein Hinweis: da die meisten von Ihnen nicht viel Freizeit haben, gilt es, die Trainingszeit optimal zu nutzen und so effektiv wie möglich zu trainieren. Unser gemeinsames Ziel ist es, dass Sie Ihre Ausdauer durch ein Minimum an Aufwand verbessern – mit Abwechslung und Spaß!

› INFO ‹

Das Konzept für ein effektives Marathontraining besteht aus nur drei Komponenten:

- Lange und ruhige Dauerläufe
- Intensive Dauerläufe
- Regenerative Dauerläufe

DETAILLIERTE TRAININGSPLÄNE

Sie laufen seit mindestens einem Jahr regelmäßig und wollen mit einem Minimum an Aufwand einen Marathon problemlos und mit Freude absolvieren? Das folgende Programm legt den Trainingsschwerpunkt auf das Wochenende, weil die meisten von Ihnen dann mehr Zeit haben. Unter Beachtung der Erholungszeiten und des Belastungsschemas können Sie natürlich auch andere Wochentage wählen. Für DL 2, TDL und SL gilt: Die angegebenen Zeiten sind reine Laufzeiten. Das obligatorische Ein- und Auslaufen, wie auf Seite 53ff beschrieben, wurde nicht berücksichtigt.

3 x Training pro Woche (Trainingsplan für 12 Wochen)

WOCHE	MONTAG	DIENSTAG	MITTWOCH	DONNERSTAG	FREITAG	SAMSTAG	SONNTAG
1	Ruhetag	Ruhetag	DL2, 30 min	Ruhetag	Ruhetag	DL1, 40 min	LDL, 90 min
2	Ruhetag	Ruhetag	DL2, 40 min	Ruhetag	Ruhetag	DL1, 45 min	LDL, 120 min
3	Ruhetag	Ruhetag	DL2, 50 min	Ruhetag	Ruhetag	DL1, 50 min	LDL, 150 min
4	Ruhetag	Ruhetag	DL2, 30 min	Ruhetag	Ruhetag	DL1, 40 min oder 10-km-Volkslauf[1]	LDL, 90 min[1]
5	Ruhetag	Ruhetag	TDL, 20 min	Ruhetag	Ruhetag	DL1, 50 min	LDL, 160-170 min
6	Ruhetag	Ruhetag	TDL, 25 min	Ruhetag	Ruhetag	DL1, 60 min	LDL, 120-130 min
7	Ruhetag	Ruhetag	TDL, 30 min	Ruhetag	Ruhetag	DL1, 70 min	LDL, 180 min
8	Ruhetag	Ruhetag	DL2, 40 min	Ruhetag	Ruhetag	R, 30 min	Halbmarathon-Wettkampf
9	Ruhetag	Ruhetag	DL2, 30-40 min[2]	Ruhetag	Ruhetag	DL1, 60 min	LDL, 180-200 min
10	Ruhetag	Ruhetag	TDL, 30 min	Ruhetag	Ruhetag	R, 40 min[1]	10-km-Volkslauf o. Testlauf[1]
11	Ruhetag	Ruhetag	TDL, 30 min	Ruhetag	Ruhetag	DL1, 60 min	LDL, 80 min
12	Ruhetag	Ruhetag	DL2, 15 min	Ruhetag	Ruhetag	R, 20 min	MARATHON

[1] Samstag und Sonntag können getauscht werden; [2] Den DL2 nach dem Halbmarathon-Wettkampf nach Gefühl laufen

4 x Training pro Woche (Trainingsplan für 12 Wochen)

Die Länge der Läufe entspricht den Vorgaben des Plans „3 x Training pro Woche"

WOCHE	MONTAG	DIENSTAG	MITTWOCH	DONNERSTAG	FREITAG	SAMSTAG	SONNTAG
1	Ruhetag	DL1, 40 min	Ruhetag	DL2, 30 min	Ruhetag	DL1, 50 min	90 min
2	Ruhetag	DL1, 50 min	Ruhetag	DL2, 40 min	Ruhetag	DL1, 50 min	120 min
3	Ruhetag	DL1, 60 min	Ruhetag	DL2, 50 min	Ruhetag	DL1, 50 min	150 min
4	Ruhetag	DL1, 50 min	Ruhetag	DL2, 30 min	Ruhetag	R, 45 min	90 min, evtl. 10 km WK
5	Ruhetag	DL1, 60 min	Ruhetag	TDL, 30 min	Ruhetag	DL1, 60 min	160-170 min
6	Ruhetag	DL1, 50 min	Ruhetag	TDL, 35 min	Ruhetag	DL1, 60 min	120-130 min
7	Ruhetag	DL1, 50 min	Ruhetag	TDL, 40 min	Ruhetag	DL1, 50 min	180 min
8	Ruhetag	R, 40 min	Ruhetag	DL2, 30 min	Ruhetag	R, 30 min[1]	Halbmarathon[1]
9	Ruhetag	R, 40 min	Ruhetag	DL2, 30-40 min	Ruhetag	DL1, 40 min	180-200 min
10	Ruhetag	DL1, 40 min	Ruhetag	DL1, 40 min	Ruhetag	R, 40 min[1]	10-km WK[1]
11	Ruhetag	DL1, 50 min	Ruhetag	TDL, 40 min	Ruhetag	DL1, 40 min	80 min
12	Ruhetag	R, 40 min	DL2, 15 min	Ruhetag	Ruhetag	R, 20 min	MARATHON

1 Samstag und Sonntag können getauscht werden

5-6 x Training pro Woche (Trainingsplan für 12 Wochen)

Bitte erhöhen Sie Ihr Wochenpensum vorsichtig und schrittweise! Beginnen Sie als Laufanfänger also nicht gleich mit dem Plan für 5 Trainingstage. Überschätzen Sie Ihre Kräfte nicht – ein höherer Trainingsumfang setzt auch eine solide Basis voraus.

WOCHE	MONTAG	DIENSTAG	MITTWOCH	DONNERSTAG	FREITAG	SAMSTAG	SONNTAG
1	Ruhetag	DL2, 30 min	Ruhetag	TDL, 30 min	R, 40-45 min	DL1, 50 min	90 min
2	Ruhetag	L2, 40 min	R, 50 min	TDL, 40 min	R, 45-50 min	DL 1, 60 min	120 min
3	Ruhetag	DL2, 50 min	R, 50 min	SL 5 x 5 min, 3 min Pause	R, 45-50 min	DL1, 70 min	150 min
4	Ruhetag	TDL, 30 min	R, 40-50 min	DL1, 50 min	Ruhetag	R, 45-50 min[1]	10-km-Wettkampf oder 90 min[1]
5	Ruhetag	DL2, 40 min	Ruhetag	SL 3 x 10 min, 3 min Pause	R, 40-45 min	DL1, 50 min	160-170 min
6	Ruhetag	DL2, 50 min	Ruhetag	SL 7 x 5 min, 3 min Pause	R, 40-45 min	DL1, 60 min	120-130 min
7	Ruhetag	SL 4 x 10 min, 3 min Pause	R, 45 min	DL2, 60 min	R, 40-45 min	DL 1, 50 min	180 min
8	Ruhetag	DL1, 50 min	R, 50 min	TDL, 30 min	Ruhetag	R, 40 min[1]	Halbmarathon-Wettkampf[1]
9	Ruhetag	DL2, 60 min	R, 50 min	SL 3 x 15 min, 4 min Pause	R, 40-45 min	DL1, 60 min	180-200 min
10	Ruhetag	SL 8 x 5 min, 3 min Pause	R, 40-50 min	DL2, 30 min	Ruhetag	R, 40-50 min[1]	10-km-WK[1]
11	R, 40-50 min	DL 1, 70 min	Ruhetag	SL 4 x 10 min, 3 min Pause	R, 40-50 min	Ruhetag	80 min
12	Ruhetag	R, 30 min	3 x 5 min HF-Renntempo	R, 30 min	Ruhetag	R, 30 min	MARATHON

[1] Samstag und Sonntag können getauscht werden

Nichtsdestotrotz werde ich oft danach gefragt, was man trainieren soll um wichtige „Marathon-Schallmauern" zu knacken. Deshalb habe ich auf den folgenden Seiten meine 12-Wochen Empfehlungen für einige Zeitziele zusammengefasst. Wer „nur" ankommen möchte, also häufig die Bereiche um 4:30 Stunden bis 5 Stunden, der sollte sich am 12-Wochenplan 3x die Woche halten. Wer Richtung 4 Stunden Marathonzeit anvisiert, der kommt mit dem 4x Training-die-Woche-Plan gut zurecht.

Für Zeiten unter 4:00 Stunden, 3:30 Stunden sowie 3:00 Stunden habe ich drei unterschiedliche Trainingspläne ausgearbeitet:

Marathon-Trainingsplan für 3:59:59 Stunden

WOCHE	MONTAG	DIENSTAG	MITTWOCH	DONNERSTAG	FREITAG	SAMSTAG	SONNTAG
1	Ruhetag	DL2, 30 min	DL1, 50 min	SL 5x5 min, 3 min Pause	R 40-45 min	DL1, 50 min	LDL, 120 min
2	Ruhetag	DL2, 40 min	DL1, 60 min	SL 10x3 min, 2 min Pause	R 40-45 min	DL1, 60 min	10-km-Wettkampf [1]
3	Ruhetag	DL1, 60 min	DL1, 60 min	SL 6x5 min, 3 min Pause	R 40-45 min	DL1, 60 min	LDL, 150 min
4	Ruhetag	TDL, 30 min	DL1, 60 min	15x400 m im 10-km-Renntempo, 90 sek Trabpause	R 40-45 min	DL1, 50 min	LDL, 160-170 min
5	Ruhetag	DL2, 30 min	DL1, 60 min	SL 5x8 min, 3 min Pause	R 40-45 min	DL1, 50 min	LDL, 120-130 min
6	Ruhetag	TDL, 30 min	DL1, 60 min	SL 4x10 min, 3 min Pause	R 40-45 min	DL1, 50 min	LDL, 180 min
7	Ruhetag	DL2, 40 min	DL1, 50 min	15x400 m im 10-km-Renntempo, 90 sek Trabpause	R 40-45 min	DL1, 50 min	Halbmarathon [1]
8	Ruhetag	DL2, 40 min	DL1, 60 min	SL 4x10 min, 3 min Pause	R 40-45 min	DL1, 50 min	LDL, 180-200 min
9	Ruhetag	DL2, 40 min	DL1, 60 min	SL 3x15 min, 4 min Pause	R 40-45 min	DL1, 50 min	LDL, 180 min
10	Ruhetag	DL 2, 40 min	DL1, 50 min	SL 4x10 min, 3 min Pause	R 40-45 min	DL1, 50 min	10-km-Wettkampf [1]
11	Ruhetag	R 30 min	SL 5x6 min, 3 min Pause	R 30 min	Ruhetag	DL1, 50 min	LDL, 90 min
12	Ruhetag	R 30 min	5 km im Marathon-Renntempo	R 30 min	Ruhetag/ Startnummer abholen	R 30 min	MARATHON

[1] Samstag und Sonntag können getauscht werden

Marathon-Trainingsplan für 3:29:59 Stunden

WOCHE	MONTAG	DIENSTAG	MITTWOCH	DONNERSTAG	FREITAG	SAMSTAG	SONNTAG
1	Ruhetag	DL2, 30 min	DL1, 50 min	SL 5x5 min, 3 min Pause	R 40-45 min	Ruhetag	LDL, 120 min
2	Ruhetag	DL2, 40 min	DL1, 60 min	SL 10x3 min, 2 min Pause	R 40-45 min	Ruhetag	10-km-Wettkampf [1]
3	Ruhetag	DL2, 50 min	DL1, 60 min	SL 6x5 min, 3 min Pause	R 40-45 min	Ruhetag	LDL 150 min
4	Ruhetag	DL2 , 50 min	DL1, 60 min	10x400m im 10-km-Renntempo, 90 sek Trabpause	R 40-45 min	Ruhetag	LDL, 160-170 min
5	Ruhetag	DL2, 30 min	DL1, 60 min	SL 5x8 min, 3 min Pause	R 40-45 min	Ruhetag	LDL, 120-130 min
6	Ruhetag	DL2, 40 min	DL1, 60 min	SL 4x10 min, 3 min Pause	R 40-45 min	Ruhetag	LDL, 180 min
7	Ruhetag	DL2, 40 min	DL1, 50 min	12x 400m im 10-km-Renntempo, 90 sek Trabpause	R 40-45 min	Ruhetag	Halbmarathon [1]
8	Ruhetag	DL2, 45 min	DL1, 60 min	SL 4x10 min, 3 min Pause	R 40-45 min	Ruhetag	LDL, 180-200 min
9	Ruhetag	DL2, 50 min	DL1, 60 min	SL 3x15 min, 4 min Pause	R 40-45 min	Ruhetag	LDL, 180 min
10	Ruhetag	DL2, 40 min	DL1, 50 min	SL 5x6 min, 3 min Pause	R 40-45 min	Ruhetag	10-km-Wettkampf [1]
11	Ruhetag	R 30 min	SL 8x3 min, 3 min Pause	R 30 min	Ruhetag	Ruhetag	Ruhetag
12	Ruhetag	R 30 min	5 km im Marathon-Renntempo		Ruhetag/Start nr. abholen	R 30 min	MARATHON

[1] Samstag und Sonntag können getauscht werden

Marathon-Trainingsplan für 2:59:59 Stunden

WOCHE	MONTAG	DIENSTAG	MITTWOCH	DONNERSTAG	FREITAG	SAMSTAG	SONNTAG
1	Ruhetag	DL2, 30 min	DL1, 50 min	SL 5x5 min, 3 min Pause	R 40-45 min	DL1, 50 min	LDL, 120 min
2	Ruhetag	DL2, 40 min	DL1, 60 min	SL 10x3 min, 2 min Pause	Fr R 40-45 min	Sa DL 1, 60 min	10-km-Wettkampf [1]
3	Ruhetag	DL2, 50 min	DL1, 60 min	SL 6x5 min, 3 min Pause	R 40-45 min	DL1, 60 min	LDL 150 min
4	Ruhetag	TDL , 30 min	DL1, 60 min	15x400m im 10-km-Renntempo, 90 sek Trabpause	R 40-45 min	DL1 50 min	LDL 160-170 min
5	Ruhetag	DL2, 30 min	DL1, 60 min	SL 5x8 min, 3 min Pause	R 40-45 min	DL1, 50 min	LDL, 120-130 min
6	Ruhetag	TDL, 30 min	DL1, 60 min	SL 4x10 min, 3 min Pause	R 40-45 min	DL1, 50 min	LDL, 180 min
7	Ruhetag	DL2, 40 min	DL1, 50 min	15x400m im 10-km-Renntempo, 90 sek Trabpause	R 40-45 min	DL1, 50 min	Halbmarathon [1]
8	Ruhetag	DL2, 40 min	DL1, 60 min	SL 4x10 min, 3 min Pause	R 40-45 min	DL1, 50 min	LDL, 180-200min
9	Ruhetag	DL2, 40 min	DL1, 60 min	SL 3x15 min, 4 min Pause	R 40-45 min	DL 1, 50 min	LDL, 180 min
10	Ruhetag	DL2, 40 min	DL1, 50 min	SL 4x10 min, 3 min Pause	R 40-45 min	DL1, 50 min	10-km-Wettkampf [1]
11	Ruhetag	R 30 min	SL 5x6 min, 3 min Pause	R 30 min	Ruhetag	DL1, 50 min	LDL, 90 min
12	Ruhetag	R 30 min	5 km im Marathon-Renntempo	R 30 min	Ruhetag/Start nr. abholen	R 30 min	MARATHON

[1] Samstag und Sonntag können getauscht werden

Stéphane Frankes Trainingsplan der letzten 12 Wochen vor dem London-Marathon 1997

Machen Sie es sich bequem – dieser Trainingsplan ist nicht unbedingt zur Nachahmung empfohlen, es sei denn Sie beabsichtigen, Ihre Marathon-Zeit auf 2:10 h zu verbessern... Das Training in dieser Zeit habe ich in Flagstaff, Arizona (USA) in 2100 m Höhe oder in Deutschland (D) absolviert. Die Trainingstage teilen sich in Training am Vormittag (vm) und am Nachmittag (nm):

WOCHE	MONTAG	DIENSTAG	MITTWOCH	DONNERSTAG	FREITAG	SAMSTAG	SONNTAG
1 USA 201 km	vm: 65 min DL1 = 17 km	vm: 2x5 km SL 15:06+15:04, 3 min Pause = 19 km	vm: 60 min Aquajogging	vm: 6x2 km SL 3:00 min/km, 2 min Pause = 21 km	vm: 68 min DL1 = 18 km	vm: 45 min TDL = 22 km	vm: LDL 2:25 std. = 34 km
	nm: 45 min DL1 = 12 km	nm: 45 min R = 11 km	nm: 66 min DL1 = 17 km	nm: 44 min R = 11 km	nm: 45 min DL1 = 11 km	nm: 42 min R = 10 km	nm: Ruhe
2 USA 208 km	vm: 64 min DL 1 = 17 km	vm: 2x6 km SL 18:15+18:20, 3 min Pause = 21 km	vm: 60 min Aquajogging	vm: 12x1 km SL 3:00 min/km, 2 min Pause = 21 km	vm: 68 min DL 1 = 18 km	vm: 51 min TDL = 24 km	vm: LDL 2:40 std. = 37 km
	nm: 45 min DL 1 = 12 km	nm: 45 min R = 11 km	nm: 66 min DL 1 = 17 km	nm: 45 min R = 11 km	nm: 45 min DL 1 = 11 km	nm: 44 min R = 10 km	nm: Ruhe
3 D 175 km	vm: 65 min DL1 = 17 km	vm: 45 min R = 11 km	vm: Ankunft in Deutschland	vm: 64 min DL1 = 17 km	vm: 68 min DL1 = 18 km	vm: 70 min DL1 = 18 km	vm: LDL2:05 std. = 29 km
	nm: 60 min DL1 = 15 km	Flug nach Deutschland	nm: 70 min DL 1 = 18 km	nm: 44 min DL1 = 11 km	nm: 45 min DL1 = 11 km	nm: 42 min R = 10 km	nm: Ruhe
4 D 210 km	vm: 64 min DL1 = 17 km	vm: 12x1 km SL 2:58/km, 1:30 min Pause = 21 km	vm: 60 min DL1 = 16 km	vm: 5x2 km SL 3:02 min/km, 2 min Pause = 19 km	vm: 68 min DL1 = 18 km	vm: 60 min DL2 = 27 km	vm: LDL 2:06 std. = 31 km
	nm: 45 min DL1 = 12 km	nm: 45 min R = 11 km	nm: 64 min DL1 = 17 km	nm: 45 min R = 11 km	nm: Ruhe	nm: 44 min R = 10 km	nm: Ruhe
5 USA 182 km	vm: 64 min DL1 = 17 km	vm: Flug nach USA	vm: 44 min R = 10 km	vm: 42 min R = 10 km	vm: 69 min DL1 = 18 km	vm: 40 min TDL = 21 km	vm: LDL 2:05 std. = 30 km
	nm: 60 min DL1 = 16 km	nm: Ankunft USA	nm: 70 min DL1 = 18 km	nm: 66 min DL1 = 17 km	nm: 60 min DL 1 = 15 km	nm: 42 min R = 10 km	nm: Ruhe
6 USA 198 km	vm: 70 min DL1 = 17 km	vm: 2x5 km SL 15:12+15:03, 3 min Pause = 19 km	vm: 50 min Aquajogging	vm: 15x400m ca. 68 sek, 2 min Pause = 15 km	vm: 68 min DL1 = 18 km	vm: 3x5 km SL 15:14/15:15/15:12, 3 min Pause = 24 km	vm: LDL 2:15 std. = 32 km
	nm: 45 min DL1 = 12 km	nm: 45 min R = 11 km	nm: 64 min DL1 = 16 km	nm: 54 min R = 13 km	nm: 45 min DL1 = 11 km	nm: 44 min R = 10 km	nm: Ruhe

In diesen 12 Wochen Vorbereitung sind Massagen und regelmäßiges Stretching nicht explizit festgehalten. Ohne diese Bestandteile sind solche Trainingsumfänge und -intensitäten jedoch gar nicht zu bewältigen. Das bedeutet zwei Mal in der Woche 30-45 Minuten Massage und 15 Minuten Stretching nach jeder Einheit.

WOCHE	MONTAG	DIENSTAG	MITTWOCH	DONNERSTAG	FREITAG	SAMSTAG	SONNTAG
7 USA 205 km	vm: 56 min DL1 = 14 km	vm: 70 min DL1 = 17 km	vm: 20x400m ca. 67 sek, 2 min Pause = 17 km	vm: 69 min DL1 = 17 km	vm: 50 min TDL = 24 km	vm: 69 min DL1 = 17 km	vm: LDL 2:30 std. = 36 km
	nm: 60 min Aquajogging	nm: 60 min DL1 = 15 km	nm: 45 min R = 10 km	nm: 53 min R = 13 km	nm: 46 min R = 11 km	nm: 57 min R = 14 km	nm: Ruhe
8 USA 219 km	vm: 59 min DL1 = 15 km	vm: 70 min DL1 = 17 km	vm: 3x5 km SL 15:09+15:10+15:03, 3 min Pause = 24 km	vm: 71 min DL1 = 17 km	vm: 57 min TDL = 26 km	vm: 70 min DL1 = 17 km	vm: LDL 2:34 std. = 37 km
	nm: 60 min Aquajogging	nm: 60 min DL1 = 15 km	nm: 45 min R = 10 km	nm: 57 min R = 14 km	nm: 50 min R = 12 km	nm: 61 min R = 15 km	nm: Ruhe
9 D 196 km	vm: 65 min DL1 = 17 km	vm: 45 min R = 11 km	vm: Ankunft in Deutschland	vm: 81 min DL1 = 21 km	vm: 68 min DL1 = 18 km	vm: 50 min DL2 = 23 km	vm: LDL 2:24 std. (letzte 60 min TDL) = 38 km
	nm: 62 min DL1 = 15 km	nm: Flug nach Deutschland	nm: 73 min DL 1 = 19 km	nm: 44 min DL 1 = 11 km	nm: 53 min DL 1 = 13 km	nm: 42 min R = 10 km	nm: Ruhe
10 D 159 km	vm: 63 min DL1 = 16 km	vm: 45 min R = 11 km	vm: 60 min Aquajogging	vm: 48 min DL2 = 23 km	vm: 68 min DL1 = 18 km	vm: 30 min R = 7 km	vm: 61 min DL1 = 15 km
	nm: 62 min DL1 = 15 km	nm: Ruhe	nm: 57 min DL1 = 15 km	nm: 44 min DL1 = 11 km	nm: Zugfahrt nach Paderborn	nm: 10 km Strassenlauf in Paderborn, 28:23 min Platz 1 = 18 km	nm: 41 min DL1 = 10 km
11 D 126 km	vm: 98 min LDL (inkl. 10 km Marathontempo) = 30 km	vm: 60 min Aquajogging	vm: 60 min DL1 = 16 km	vm: 54 min DL1 = 14 km	vm: 4x2 km SL 2:54 min/km, 2 min Pause = 18 km	vm: Ruhe	vm: 66 min DL1 = 17 km
	nm: Ruhe	nm: Ruhe	nm: Ruhe	nm: 45 min R = 11 km	nm: 42 min R = 10 km	nm: 44 min R = 10 km	nm: Ruhe
12 D 98 km	vm: 54 min DL 1 = 14 km	vm: 5x1 km Marathontempo 3:02 min/km, 2 min Pause = 12 km	vm: 42 min R = 10 km	vm: 3x1 km Marathontempo 3:00 min/km, 2 min Pause = 10 km	vm: Flug nach London	vm: 34 min R = 8 km	London Marathon: 5:30 Uhr Aufstehen, 9:30 Uhr Start, 2:11:26 std. = 44 km
	nm: Ruhe	nm: Ruhe	nm: Ruhe	nm: Ruhe	nm: Ruhe	nm: Ruhe	

ERFOLGREICH MARATHON LAUFEN: 42,195 TIPPS UND TRICKS FÜR DIE VORBEREITUNG UND DEN WETTKAMPF

Vor dem Start:

1. Der letzte lange Dauerlauf über 90 Minuten sollte spätestens 14 Tage vor dem Marathon stattfinden.

2. Die letzte intensive Einheit darf nicht später als 9–10 Tage vor dem Marathon absolviert werden.

3. Am Mittwoch vor dem Marathon sollten Sie nicht mehr als 5 km im Marathon-Renntempo laufen.

4. Ernähren Sie sich in den letzten Wochen vor dem Marathon besonders kohlenhydratreich. Der Anteil der Kohlenhydrate sollte bei 60 bis 70 % der Gesamtenergiebilanz liegen.

Pasta, Pasta...!

5. Achten Sie auch auf eine ausreichende Wasserzufuhr, die bei mindestens 3 Litern pro Tag liegt.

6. Setzen Sie sich ein realistisches Zeit-Ziel, das sich an Ihrem möglichen Trainingsaufwand und Ihrem aktuellen Leistungsstand orientiert.

7. Benutzen Sie beim Marathon keine neuen Schuhe. Die Schuhe, die Sie beim Wettkampf tragen, sollten ein-, aber nicht abgelaufen sein. Drei bis vier Wochen müssen Sie schon in diesen Schuhen gelaufen sein.

8. Verzichten Sie auf ultraleichte Wettkampfschuhe. Sie haben nur geringe Dämpfungseigenschaften, was gerade beim Marathon früher oder später zu Muskelkrämpfen, besonders im Wadenbereich, führen kann.

9. Auch wenn Sie im Training immer ohne Socken laufen – im langen Wettkampf werden Ihre Füße anschwellen und schwitzen oder durch Regengüsse nass werden. Schmerzhafte Blasen sind Infektionsherde und haben schon viele Läufer zum Aufgeben gezwungen. „Offene" Füße heilen meist sehr langsam und setzen Läufer auch nach dem Rennen für etliche Tage außer Gefecht.

10. Passen Sie Ihre Wettkampfkleidung dem Wetter an: Reicht an warmen Tagen ein Trikot oder Netzhemd, sollten Sie an kühleren auf ein angenehmes Funktionsshirt mit langen oder kurzen Ärmeln zurückgreifen. Mütze und Handschuhe können bei kalter

Witterung nützlich sein. Ein Plastikumhang oder eine Plastiktüte, die Sie beim Start wegwerfen, hält Sie an Regentagen vor dem Start trocken.

11. Pasta-Partys am Vortag eines Marathons sind „in", aber kein „Muss". Wichtig ist die angemessene Kohlenhydratzufuhr, die aber auch in Form von Kartoffeln und Reis erfolgen kann. Verzichten Sie auf fettige Soßen.

12. Laufen Sie am Vortag des Marathons nicht zu lange auf der Marathonmesse herum. Das erspart Ihnen schwere Beine.

13. Lesen Sie den Wetterbericht für den Wettkampftag.

14. Damit Sie gut hydriert an den Start gehen, sollten Sie besonders am Vortag des Rennens viel trinken, 2,5-3 Liter.

15. Kleben Sie Ihre Brustwarzen vor dem Lauf mit einem Stück Pflaster ab, um lästiges Aufscheuern zu vermeiden.

16. Keine Angst, wenn Sie in der Nacht vor dem Marathon unruhig schlafen, entscheidend ist, dass Sie in der Woche davor genügend schlafen. Ein Bier kann beim Einschlafen helfen.

17. Die meisten Marathonläufe werden morgens gestartet. Stehen Sie mindestens drei bis vier Stunden vor dem Start auf, um den Kreislauf in Schwung zu bringen. Stellen Sie Ihren Wecker und organisieren Sie Ihren persönlichen „Sicherheits"-Weckdienst.

18. Frühstücken Sie morgens vor dem Wettkampf leicht Verdauliches wie Weißbrot mit Honig oder Bananen. Testen Sie die Art und Menge der Vorwettkampfnahrung unbedingt schon im Training, damit Sie sich sicher sein können, dass Sie die Nahrung vertragen.

19. Manche Läufer nehmen zum Frühstück auch nur noch leicht verdauliche Energiegels oder Energieriegel zu sich. Verlassen Sie sich bei der Vor-Wettkampf-Ernährung aber nie blind auf Tipps von anderen: Was 99 % Ihrer Mitläufer vertragen, kann bei Ihnen Durchfall oder Magenkrämpfe verursachen!

20. Auf Müsli, Milch und Orangen sollten Sie ein paar Stunden vor dem Start verzichten.

21. Suchen Sie am Wettkampftag rechtzeitig vor dem Start eine Toilette auf. Endlose Warteschlangen vor den mobilen „Häuschen" im Startbereich verursachen Hektik und unnötige Nervosität.

22. Wärmen Sie sich vor dem Start durch lockeres Traben (maximal 10 Minuten) und etwas Stretching auf.

23. Überprüfen Sie rechtzeitig vor dem Startschuss, ob Ihre Socken keine Falten schlagen. Ihre Schuhe sollten korrekt sitzen, nicht zu eng und mit einem Doppelknoten gut verschnürt sein.

Während des Wettkampfs:

24. Vergessen Sie beim Überlaufen der Startlinie nicht, Ihre Uhr einzustoppen, was Sie von Zeitanzeigen auf der Rennstrecke unabhängig macht.

25. Überprüfen Sie das Tempo auf dem ersten Teil der Strecke konsequent jeden Kilometer. Kontrollieren Sie zusätzlich Ihre Herzfrequenz.

26. Halten Sie sich unbedingt an den vor dem Rennen erstellten „Marschplan“! Laufen Sie in der allgemeinen „Startschuss-Euphorie“ keinesfalls schneller, auch wenn Sie sich noch so gut fühlen. Sie haben noch viele Kilometer Zeit, zu zeigen, was in Ihnen steckt! Erst auf den letzten zwei bis drei Kilometern können Sie bei gutem Gefühl noch einmal „Gas“ geben.

27. Tasten Sie sich auf den ersten Kilometern langsam an Ihre Ziel-Herzfrequenz heran.

28. Bei vielen Marathonläufen zeigt eine farbige Linie den schnellsten Weg ins Ziel an. Versuchen Sie, dieser Ideallinie zu folgen, aber laufen Sie nicht Ihren Mitläufern in die Beine, nur um einige Zentimeter zu gewinnen.

29. Spüren Sie Schmerzen in der Muskulatur, reduzieren Sie das Tempo deutlich und versuchen Sie, die Beine zu lockern. Werden die Schmerzen nicht besser und fangen die Muskeln an zu krampfen, dann bleiben Sie stehen. Lockern Sie die betroffenen Muskeln auf, massieren und dehnen Sie die schmerzhaften Bereiche vorsichtig. Gehen oder traben Sie vorsichtig bis zur nächsten medizinischen Versorgungsstelle. Versuchen Sie nicht, mit großen Schmerzen einfach weiterzulaufen.

30. Vorsicht vor zu viel Ehrgeiz! Ist Ihnen übel und/oder haben Sie Herzschmerzen oder Herzstechen, dann signalisieren Sie den Helfern, dass Sie Hilfe brauchen.

31. Seitenstechen ist nicht der Anfang vom Ende eines Marathonlaufes. Verlangsamen Sie das Tempo, drücken Sie die Hand in die schmerzhafte Stelle und lassen Sie beim Ausatmen wieder los. Atmen Sie bewusst aus und versuchen Sie, sich abzulenken. Wenn dies alles nicht hilft, gehen Sie ein Stück und atmen bewusst langsam, tief und rhythmisch.

32. Denken Sie positiv! Regnet es irgendwann, freuen Sie sich über die überraschende Erfrischung und genießen sie. Auch Seitenstechen sollte Sie nicht beunruhigen. Sprechen Sie sich selbst Mut zu („Jetzt ganz locker bleiben, das geht vorbei!“). Und wenn Sie gegen Ende des Laufs Muskelschmerzen plagen, denken Sie daran, dass Sie es schon bald geschafft haben.

33. Sehen Sie den Marathon als Herausforderung, als Abenteuer und keinesfalls als Bedrohung. Sie werden unterwegs sicherlich äußere Unwägbarkeiten, aber auch interne Diskussionen mit sich erleben. Sie können alles meistern, Sie sind gut vorbereitet, Sie können improvisieren, Sie haben Durchhaltevermögen! Vertrauen Sie sich!

34. Mobilisieren Sie mit dem Ziel vor Augen auf dem letzten Kilometer Ihre restlichen Energiereserven. Genießen Sie den Einlauf ins Ziel. Sie können stolz auf sich sein, denn Sie haben es geschafft!

Zu guter Letzt

35. Vergessen Sie im Ziel nicht, Ihre Energiespeicher wieder aufzufüllen. Bananen und andere Früchte sind gut geeignete Snacks für erschöpfte Läufer. Trinken Sie so viel Sie mögen.

36. Wenn Sie die Ziellinie überqueren, sollten Sie zunächst ein paar Schritte gehen und sich nicht sofort hinsetzen. Ihre Muskulatur dürfen Sie sehr vorsichtig dehnen. Achten Sie aber unbedingt auf etwaige Schmerzen und gehen Sie der Ursache mit professioneller Hilfe (Arzt, Physiotherapeut) auf den Grund.

37. Bleiben Sie in der allgemeinen Euphorie nicht allzu lange ungeschützt im Zieleinlauf stehen. Sie sollten unverzüglich trockene Kleidung anziehen.

38. Wenn Sie sich etwas Gutes tun wollen, nutzen Sie die Massagemöglichkeiten im Zielbereich.

39. Am Abend nach Ihrem Wettkampf ist Entspannung wichtig: Ein heißes Bad hilft Ihnen dabei, die Muskulatur zu lockern und den Wettkampf mental „loszulassen". Die Erlebnisse des Tages können Sie jetzt genüsslich Revue passieren lassen.

40. Nach dem Rennen müssen Sie ausreichend regenerieren, damit sich Ihre Muskulatur erholt. Am besten genießen Sie eine lauffreie Woche oder entspannen sich beim

Geschafft! - Erschöpft, aber glücklich...

lockeren, spaßbetonten Schwimmen, Aquajoggen oder Radfahren.

41. Ihr Training nach dem Marathon sollte zwei bis vier Wochen lang lediglich 30–50 % des normalen Umfangs betragen.

42,195. Bremsen Sie Ihre Wettkampfeuphorie: Zwischen zwei Marathonläufen sollten mindestens 3–4 Monate liegen.
Eine optimale Leistung kann höchstens zwei- bis dreimal im Jahr erbracht werden.

MARATHON-REISEN

Attraktive Ziele gibt es ja auf der Marathon-Weltkarte genügend, meine Favoriten finden Sie ab Seite 170. Wenn Sie eine Flugreise unternehmen müssen, um an den Start Ihres Marathons zu gelangen, dann sollten Sie einige wichtige Tipps beachten:

Sollte Ihr Gepäck bei der Ankunft fehlen, ersparen Sie sich einigen Ärger, wenn Sie wichtige Dinge im Handgepäck mit sich führen. Stellen Sie sich vor: Sie haben sich lange auf Ihren Auslandsmarathon vorbereitet, viel Geld für die Reise bezahlt und müssen nun auf Ihre eingelaufenen Laufschuhe oder die orthopädischen Einlagen verzichten. 1990, auf einer Reise zu einem Lauf auf Barbados, hat sich mein Koffer irgendwo über dem blauen Ozean in Luft aufgelöst. Ich musste ohne meine gewohnten Einlagen in eilig erworbenen, neuen Schuhen an den Start gehen, was mir schmerzende Füße und viele Blasen bescherte. Der Koffer? Den habe ich nie wieder gesehen. Seitdem trage ich einige wichtige Utensilien immer in meinem Rucksack/ Handgepäck!

> TIPP <

Gedankenstütze für Flugreisende

Ins Handgepäck gehören:

- Laufschuhe oder Wettkampfschuhe
- Evtl. Einlagen
- Socken
- Laufshorts, T-Shirt, knielange Tight
- Zeitmess-Chip
- Pulsuhr
- Bestätigung der Wettkampf-Anmeldung

Bei Fernflügen nach Übersee müssen Sie ferner folgende Dinge berücksichtigen:

- sind Impfungen erforderlich?
- sind klimatische Umstellungen nötig?
- wie lange dauert die Zeitumstellung?

Wenn Sie nach Afrika, Asien oder Südamerika fliegen, sind eigentlich immer verschiedene Impfungen angebracht. Informieren Sie sich drei Monate vor Reisebeginn bei Ihrem Arzt, gegebenenfalls bei einem Tropeninstitut. Einige Impfungen, z. B. gegen Hepatitis A, müssen mehrfach durchgeführt werden, damit sie ihre volle Wirkung erreichen.

Die hohen Temperaturen in exotischen Ländern sind für uns Westeuropäer auch deshalb schwer zu ertragen, weil sie ja fast rund um die Uhr herrschen und es kaum abkühlt. In Verbindung mit hoher Luftfeuchtigkeit (bis zu 90 Prozent) sind sie aber absolut lähmend. Eine Woche brauchen Sie zur Akklimatisierung in einem tropischen Land. Bei der Zeitverschiebung, die Sie bei längerem

Fliegen erleben, ist die Einstellung der „local time“ am Zielort das geringste Problem. Wieviel Stunden Sie vor- oder zurück-stellen müssen, sagt Ihnen Ihr Flugkapitän. Schwierigkeiten macht aber Ihre innere Uhr!

Wenn Sie Richtung Westen fliegen, also z.B. an die Ostküste der USA, geht die Sonne für Sie später unter bzw. Sie haben einen sehr langen Tag. Ein Zeitunterschied von sechs Stunden. Wenn Sie sich nun jedoch, gerade in New York gelandet, Ihrer natürlichen Müdigkeit entsprechend nach einem 16-Stunden-Tag zur Ruhe legen, ist draußen immer noch Tagesgeschehen. Und wenn Sie nach acht Stunden wieder aufwachen, ist die Nacht erst halb herum und Sie werden stundenlang „senkrecht im Bett stehen“ und auf die Morgenröte warten. Sie müssen Ihrem gestörten Biorhythmus, auch Jetlag genannt, deshalb mit ein paar Kniffen und eisernem Willen ein Schnippchen schlagen. Bitte keinesfalls mit Medikamenten, Schlaf- oder Aufputschmitteln! Bleiben Sie einfach ein paar Stunden länger wach. Gehen Sie auf dem Broadway oder in der Fashion Avenue bummeln, das ist immer spannend. So lange bis es an Ihrem neuen Aufenthaltsort Schlafenszeit ist. Morgens um acht lassen Sie sich wecken und versuchen erneut, den neuen Tag-Nacht-Rhythmus mitzumachen. Ganz wichtig ist die Licht-Einwirkung. Gehen Sie raus, wenn es Tag ist. Nach zwei, drei Tagen sind sie im Rhythmus!

Umgekehrt fängt der Tag, wenn Sie nach Osten fliegen, für Sie früher an. Sie sind dann abends vor Ort nachtaktiv, weil es Ihrer inneren Uhr nach ja erst Nachmittag ist. Bis Sie endlich müde werden und ins Bett wollen, ist es an Ihrem asiatischen Zielort schon wieder Morgen. Versuchen Sie deshalb am Abend vorher möglichst vor Mitternacht einzuschlafen, lassen Sie sich morgens wecken, schlafen Sie nicht in den Vormittag hinein.

› TIPP ‹

Am besten gehen Sie stets so vor:

- Stellen Sie bei Flugbeginn Ihre Uhr sofort auf die Zeit am Ankunftsort ein.
- Versuchen Sie sofort Ihren Tag-Nacht-Rhythmus dieser neuen Zeit anzupassen.
- Bei Flügen nach Westen müssen Sie so lange es geht wach bleiben. Dabei helfen Ablenkung wie Filme, Unterhaltung oder auch Kreuzworträtsel und viel Licht.
- Bei Flügen nach Osten versuchen Sie frühstmöglich zu schlafen. Dabei helfen ein, zwei Bierchen, Schlafbrille und Ohropax (die ich immer dabeihabe, weil ich manchmal nicht weiß, welches Hotel auf mich wartet oder dass eine Hochzeitsfeier unter meinem Zimmer stattfindet).

Checkliste für die Wettkampftasche

Haben Sie auch nichts vergessen? Die nachfolgende Liste hilft Ihnen beim Packen:

- Laufschuhe und/oder Wettkampfschuhe
- 2 Paar Socken
- Schirmmütze/Ohrenschützer/Handschuhe (je nach Temperatur)
- Laufshorts
- Lauftrikot
- 2 T-Shirts
- Kurze Tight
- Lange Tight
- Trainingsanzug
- Tape oder Pflaster (u.a. zum Abkleben der Brustwarzen)
- Vaseline, Hirschtalg
- Regenjacke
- 4 Sicherheitsnadeln
- Duschutensilien
- Wettkampfausschreibung
- Bestätigung der Anmeldung
- Personalausweis
- 10 Euro oder jeweilige Landeswährung
- Individuelle Mixturen für Ihr Wettkampfgetränk
- Trinkflaschen
- Energieriegel und Energiegels
- Pulsuhr und Gurt
- Persönlicher Zeitmess-Chip (falls vorhanden)
- Leichte, wärmende Decke
- Plastiksack (z.B. eine Mülltüte) als Kälte- oder Regenschutz
- Ersatzschnürsenkel

2. Mercure Frauenlauf
61
SC Potsdam / Lauftreff 2000

4 KRAFTFUTTER...

Ernährung nach Training und Wettkampf · Mein täglicher Speiseplan · Essen und Trinken vor und während des Wettkampfes · Der Flüssigkeitshaushalt eines Läufers · Glycerin als Nahrungszusatz vor dem Wettkampf · Mein Experiment mit der Saltin-Diät

...UND ZAUBERTRANK

KRAFTFUTTER UND ZAUBERTRANK

ERNÄHRUNG NACH TRAINING UND WETTKAMPF

Nach einem anstrengenden Training oder Wettkampf sind unsere Glykogen-Speicher in den Muskeln zu 60 bis 80 % entleert. Um wieder neue Vorräte anzulegen, müssen wir kohlenhydratreiche Nahrung aufnehmen. Wer seine Kraftstoffdepots möglichst schnell wieder füllen will, sollte bei seiner ersten Mahlzeit auf Kohlenhydratarten wie Maltodextrin zurückgreifen, die schnell im Darm aufgenommen und von dort in die Blutbahn transportiert werden.

Regeneration ist einer der wichtigsten Aspekte im Training. Regeneration fängt sofort nach dem Training an, denn die leeren Speicher müssen rasch gefüllt werden. Das funktioniert am besten mit flüssiger Nahrung, denn bis man nach Hause kommt, geduscht und gekocht hat – vielleicht steht das Essen ja schon auf dem Tisch – ist zu viel Zeit vergangen. Das so genannte Kohlenhydratfenster ist in der ersten halben Stunde nach der letzten Belastung am weitesten geöffnet: Untersuchungen haben ergeben, dass die Muskulatur Nährstoffe in diesem Zeitraum
am besten aufnehmen kann.

MEIN TÄGLICHER SPEISEPLAN

- Frühstück: Vollkornbrot mit Honig, Müsli mit Früchten
- Zwischenmahlzeit: Banane, Apfel, Brot mit Käse oder Honig
- Mittagessen mit kohlenhydrat- und proteinreichen Speisen
- Zwischenmahlzeit: z.B. Banane, Vollkornkekse
- Training am Nachmittag oder frühen Abend
- Nach einem intensiven Training (außer R-DL1) nehme ich in der ersten halben Stunde flüssige Kohlenhydrate zu mir, danach bereite ich mein Abendessen in aller Ruhe zu.

› INFO ‹

Finger weg von den handelsüblichen Billig-Energieriegeln! Sie bestehen meist nur aus Haferflocken und Rosinen, die mit Einfachzucker verkleistert sind. Ein guter Riegel enthält Maltodextrin, wie z.B. von PowerBar.

Mein Tipp: Mischen Sie Ihren Kohlenhydrattrunk schon morgens, nehmen Sie die Flasche mit und lagern sie im Auto. Nach dem Training können Sie dann sofort danach greifen. Wie sieht ein perfektes Kohlenhydratgetränk aus? Es enthält Maltodextrin (erhältlich in der Apotheke) in der Konzentration von 6 g/100 ml oder mehr. Ich verwende rund 60 g Maltodextrin auf einem Liter Wasser und füge eine Prise Salz (fördert die Wasseraufnahme) sowie einen Schuss Saft für den guten Geschmack hinzu. Sie können auch zwei PowerGel-Packungen in eine 0,5-l-Wasserflasche drücken, schütteln – fertig!

Bei weniger intensiven Einheiten genügt eine Saftschorle vor dem Abendessen. Eine exotische Variante der beliebten, aber etwas sauren Apfelsaftschorle, ist der Ananas-Wasser-Basica-Mix: Mischen Sie Wasser mit Ananassaft im Verhältnis 2:1 und rühren Sie 1–2 Löffel Basica Granulat unter.

ESSEN UND TRINKEN VOR UND WÄHREND DES WETTKAMPFS

In den Tagen vor einem Rennen sollten Sie besonders kohlenhydratreich essen. Vorsicht vor Exzessen! Nicht wenige Athleten haben sich an üppig bestückten Büffets schon „überfressen" und ihren Magen außer Gefecht gesetzt. Entscheidend ist nicht, was Sie am Abend vor dem Wettkampf zu sich nehmen, sondern die Ernährungszusammenstellung der gesamten Woche. Alkohol sollten Sie wegen seines entwässernden Effekts vor einem Wettkampf meiden, doch gegen ein

Bierchen ist nichts einzuwenden, wenn Sie dadurch besser einschlafen können.

Generell gilt: Verzehren Sie am Tag vor dem Rennen nur leicht Verdauliches (z.B. auch Kartoffeln) und verzichten Sie auf kulinarische Experimente. Ruhe und ausreichender Schlaf sind wesentliche Bestandteile der Wettkampfvorbereitung.

Wichtig ist die Aufnahme einer möglichst großen Menge klaren, kohlensäurefreien und schwach mineralisierten Wassers (z.B. Leitungswasser in guter Qualität oder „stilles" Wasser wie Volvic, Vittel oder eine gute Quelle aus Ihrer Nähe).

Noch einmal möchte ich darauf hinweisen, dass es während des Rennens keine „Unbekannten" geben sollte: Ihr Wettkampfgetränk – und gegebenenfalls Ihre feste Wettkampfnahrung – muss gut schmecken und auch gut von Ihnen vertragen werden. Die Probephase für die Akzeptanz eines neuen Sportgetränks, Gels oder Riegels ist das Training. Greifen Sie während des Rennens nicht zu unbekannten Getränken. Überraschungen erleben Läufer, die im Wettkampf mit Salzen und Mineraltabletten experimentieren. Steigt die Salzkonzentration im Darm übermäßig, leidet ein Läufer schnell unter Durchfall, da das während des Rennens konsumierte Wasser nun direkt in den Verdauungstrakt strömt.

Bei Marathonläufen habe ich an Verpflegungsständen schon die verrücktesten Dinge beobachtet: Oft verlieren Läufer beim Greifen nach einem Getränk ihren Rhythmus, trudeln, stolpern und müssen sogar anhalten, um einen Becher vom Tisch fischen zu können. Manchmal hasten Athleten auch an der eigenen Trinkflasche mit ihrer Spezialmischung vorbei und sind dann sehr verunsichert. Haben Sie schon einmal daran gedacht, die Aufnahme von Getränken spielerisch im Training zu üben? Stellen Sie am Rand Ihrer Laufstrecke ein paar Becher mit Wasser und einige Trinkflaschen auf einen kleinen Campingtisch. Nun versuchen Sie, im Renntempo ein Behältnis zu greifen. Wenn Sie das „Abräumen" des Büffets einige Male ausprobiert haben, können Sie im nächsten Wettkampf routiniert ans Werk gehen, ohne dass die Flaschen Ihrer Mitläufer zu Boden gehen.

Bei Wettkämpfen bis zu einer Dauer von etwa 45 Minuten ist normalerweise keine Zwischenverpflegung notwendig. Die Energiedepots des Menschen reichen bei einem guten Trainingszustand für diese Belastungen aus. Dauert ein Wettkampf jedoch länger, und handelt es sich beispielsweise um ei-

nen Marathonlauf, sollten Sie frühzeitig damit beginnen, Flüssigkeit zu sich zu nehmen. Trinken Sie in jedem Fall lange, bevor ein Durstgefühl oder gar ein Leistungsabfall Mangelerscheinungen signalisiert. Verspüren Sie tatsächlich Durst, ist es fast schon zu spät! Nehmen Sie am besten eine Flasche mit zum Start, denn oft müssen Sie bei großen Stadtmarathons bis zu einer Stunde in Ihrer „Startnummernbox" warten, bis es endlich losgeht. Dann dauert es noch eine ganze Weile, bis Sie nach fünf Kilometern die erste Verpflegungsstation erreichen. Kleine Schlucke (z.B. Mineralwasser ohne Kohlensäure) reichen.

> TIPP <

Stärkung der Immunabwehr

In den zwei Wochen vor und nach dem Marathon ist Ihr Immunsystem besonders anfällig für Infektionen. Ich habe immer Vitamin C und Zink genommen, um meine Abwehrkraft zu stärken. Es gibt zahlreiche Präparate und ich empfehle ein Depot-Kombipräparat, das dem Körper die Wirkstoffe über mehrere Stunden zuführt.

Sie möchten wissen, was ich auf langen Wettkampfstrecken getrunken habe? Am Abend vor einem Marathon habe ich mir ein Kohlenhydratgetränk mit einem Anteil von 40–50 g Kohlenhydraten in Form von Maltodextrin (160–200 Kcal) gemixt, das ich nachts, wenn ich aufgewacht bin, zu mir nahm. Das klingt ungewöhnlich, war für mich aber leicht zu bewerkstelligen, da ich vor Wettkämpfen sowieso unruhig schlafe. Mein Motto: Wer nicht in anderen Sphären herumturnt, kann sich ebenso gut damit beschäftigen, seinen Kalorien-Grundumsatz auszugleichen. Schließlich verbrauchen wir auch beim Nichtstun Energie! Auf flüssige Nahrung griff ich auch morgens vor dem Lauf zurück, da ich meinen Magen nicht unnötig belasten wollte. Auch nach vielen Leistungssportjahren war ich jedes Mal sehr nervös.

Ich werde oft gefragt, was Spitzenläufer in ihren Getränkeflaschen haben, aus denen sie alle 5 km einen Schluck nehmen. Bei den meisten ist es eine Kohlenhydratmischung, deren Zusammensetzung sich nach der Temperatur der Umgebung richtet. Bei Temperaturen über 20 Grad reduzieren sie die Konzentration der Mixtur auf 4–5 %, ist es kühl und unter 10 Grad, kann sie bis zu 8 % betragen. Wie errechnen Sie nun die ideale Mischung? Für die Grundmixtur lösen Sie in einem Liter Wasser beispielsweise 70 Gramm Maltodextrin auf und erreichen damit eine 7-prozentige Kohlenhydratlösung. Diese verteilen Sie auf fünf Trinkflaschen, in die Sie jeweils 200 ml fullen. Nun brauchen Sie die Flaschen nur noch an den Verpflegungsstellen bei Kilometer 5, 10, 15, 20 und 25 deponieren und ihren Inhalt nach jeweils fünf Kilometern auch gewissenhaft konsumieren. Für die restlichen Verpflegungspunkte bei 30, 35 und 40 km können Sie die Prozedur wiederholen oder es einmal mit der nachfolgend beschriebenen Cola-Rezeptur versuchen. Vergessen Sie bitte nicht, in jede Flasche eine Prise Salz zu streuen, um die Resorption des Getränks zu verbessern.

› INFO ‹

Ein Beispiel für meine Marathon-Verpflegung:
Als ich 1997 beim London-Marathon mit 2:11:26 Std. Bestzeit gelaufen bin, habe ich auf den ersten 25 Kilometern eine 6-prozentige Kohlenhydratmischung zu mir genommen (60 g Maltodextrin auf einen Liter Wasser – 200 ml in fünf Flaschen, die alle 5 km auf mich warteten), der ich in jeder Flasche auch eine Prise Salz hinzufügte.
Ab km 30 trank ich aus Flaschen, die je zur Hälfte Maltodextrin und Cola enthielten, um mir noch einen „Kick" zu geben.
Bitte verwenden Sie die klassische Cola mit Zucker und lassen Sie die Kohlensäure zuvor restlos entweichen.

DER FLÜSSIGKEITSHAUSHALT EINES LÄUFERS

Wieviel trinken Sie an einem ganz normalen Tag? Wenn ich mich bei dieser Frage auf klares Wasser beziehe, so wie es aus dem Wasserhahn fließt, werden die meisten von Ihnen eine Weile überlegen müssen. Bei den meisten Menschen ist der Anteil an reinem Wasser beim Flüssigkeitskonsum erschreckend niedrig. Mixgetränke, Fruchtsäfte oder Teezubereitungen hingegen machen den größten Anteil der Gesamt-Flüssigkeitsmenge aus. Dabei sollten gerade wir Läufer genau darauf achten, unserem Körper – der ja zu 60 % aus Wasser besteht – auch in ausreichender Menge reines Wasser zuzuführen.

Ist die Menge zu gering, spart der Organismus es bei der Entgiftung und Entsäuerung des Körpers, bei der Verdauung im zentralen Nervensystem oder durch Entzug von Wasser aus den Bandscheiben ein. Wer also konstant zu wenig trinkt, gefährdet damit seine Gesundheit.

Bei Sportlern wird in den Flüssigkeitshaushalt durch das mit der körperlichen Bela-

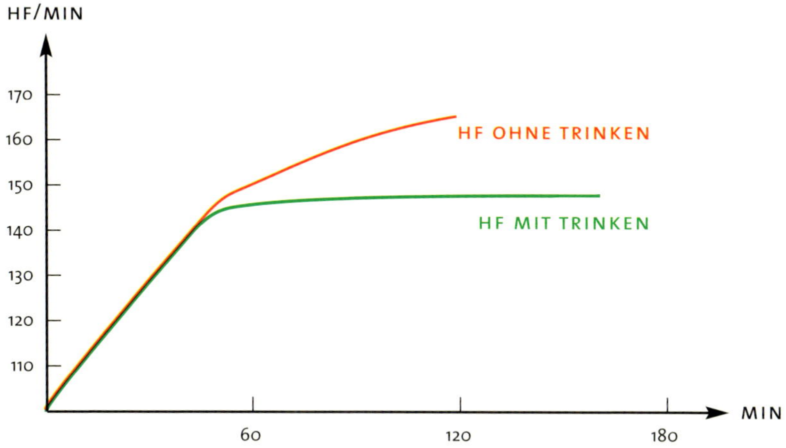

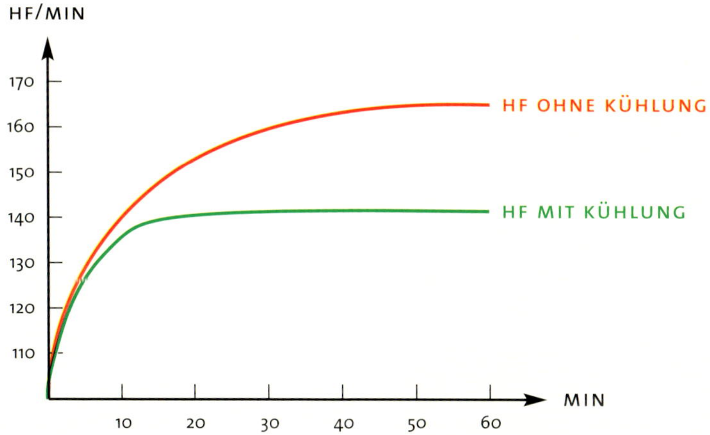

Verschaffen Sie sich auch während des Wettkampfes regelmäßig Kühlung. Trinken Sie so viel wie möglich und greifen Sie – wann immer die Gelegenheit besteht – zu feuchten Schwämmen, mit denen Sie Kopf, Arme und Beine erfrischen. Die beiden Grafiken veranschaulichen den Zusammenhang zwischen Herzfrequenz und Flüssigkeitszufuhr bzw. Kühlung.

stung verbundene Schwitzen massiv eingegriffen. Die Leistungsfähigkeit eines Athleten nimmt rapide ab, wenn das ausgeschwitzte Wasser nicht sofort bzw. noch während des Wettkampfs wieder ersetzt wird. Wassermangel führt zu Leistungsabfall und kann schlimmstenfalls einen Kollaps auslösen. Durch eine verringerte Durchblutung des Organismus gelangen auch weniger Nährstoffe und Sauerstoff in Muskulatur und Zellen. Das merken Sie als Läufer sehr deutlich, wenn Ihre Muskeln erlahmen oder Sie von Krämpfen geplagt werden. Für Ihren Alltag gilt: Trinken Sie, bevor Sie Durst verspüren, und trinken Sie, so viel Sie können – auf jeden Fall deutlich mehr als die allgemein empfohlenen 1,5 Liter pro Tag. Ihre individuelle Dosis wird nicht nur von Tag zu Tag schwanken, sondern auch von Ihrer speziellen Arbeits- und Trainingssituation, dem Klima Ihrer Umgebung und Ihrer Ernährung abhängen.

Noch ein Hinweis für alle, die warme Getränke kalorienbewusst mit Süßstoff veredeln oder „Light"-Produkte großer Getränkekonzerne konsumieren: Sie sollten wissen, dass Süßstoffe dick machen und größtenteils unangenehme Nebenwirkungen haben. Beim Süßen mit künstlichen Produkten reduziert die Leber in Erwartung von Energie in Form von „echtem" Zucker die Zuckerbildung, speichert den vorhandenen Blutzucker und füllt Depots. Der Blutzuckerspiegel sinkt, der Hunger nimmt zu. Studien haben ergeben, dass Testpersonen nach dem Genuss von Aspartam mehr aßen als die Kontrollgruppe. Das Nachfolgeprodukt von Saccharin (enthalten in über 9000 Lebensmitteln) sollten Sie übrigens meiden, denn es zerfällt bei Temperaturen über 30 Grad – also in Ihrem Magen – in die Aminosäuren Aspartat und Pheylalanin, aber auch das giftige Methanol, das unter anderem Kopfschmerzen, Schwindel und Krämpfe verursachen kann.

GLYCERIN ALS NAHRUNGSZUSATZ VOR DEM WETTKAMPF

Einige Studien aus den achtziger und neunziger Jahren belegen die positive Wirkung von Glycerin auf die Wettkampfleistung von Marathonläufern. Es wurde festgestellt, dass die Einnahme von Glycerin vor allem bei Temperaturen über 20 Grad Celsius den Wasserverlust durch die Nieren reduziert. Durch Osmose wird Wasser mit Hilfe von Glycerin in und zwischen die Körperzellen eingeschleust. Das auf diese Weise zusätzlich gebildete Wasserreservoir hilft dabei, die an-

Die „Eiswanne“ von Atlanta 1996

steigende Körpertemperatur zu bremsen, stützt den Kreislauf und hält die Herzfrequenz niedrig. Der Körper wird quasi „innerlich" mit Wasser gekühlt, und der Athlet kann über längere Zeit ein hohes Tempo laufen. Ich habe Glycerin in zahlreichen Wettkämpfen verwendet – z.B. bei den Olympischen Spielen in Atlanta, die 1996 bei sehr hohen Temperaturen stattfanden – und gute Ergebnisse erzielt. Ich begann zwei Stunden vor dem Start zu jeder Viertelstunde 150–200 ml der Lösung zu trinken. Die exakte Mischung berechnete ich mit folgender Formel:

> INFO <

0,8 ml Glycerin pro kg Körpergewicht
x 21 ml Wasser pro kg Körpergewicht

Für einen 60 kg schweren Läufer bedeutet das: 60 x 21 ml = 1260 ml Wasser plus 60 x 0,8 ml = 48 ml Glycerin. Glycerin ist eine natürliche Substanz, die Sie in jeder Apotheke erwerben können. Sie kann ausschließlich mit Wasser vermischt aufgenommen werden. Wissenschaftler haben herausgefunden, dass ein Anstieg der Körper-Grundtemperatur eine Verminderung der Leistungsfähigkeit bewirkt. Daraus schließen sie, dass die Leistungsfähigkeit eines Athleten über längere Zeit erhalten bleibt, wenn die Körper-Grundtemperatur möglichst niedrig gehalten wird. Aus diesem Grund habe ich mich bei den Olympischen Spielen in Atlanta entschlossen, 90 Minuten vor meinen Wettkämpfen ein 10-minütiges Eisbad zu nehmen. Ich erinnere mich noch gut, dass ich damals Damian Kallabis zu einer Tankstelle schickte, um mir mehrere Kilo in Plastik verpackte Eiswürfel zu besorgen. Die ersten zwei Minuten in der antiken Wanne meiner angemieteten Villa waren die Hölle – dann habe ich nicht mehr viel gespürt. Weitgehend tiefgekühlt joggte ich die 400 m zum Einlaufplatz und fühlte mich wie der Entdecker einer Wunderformel ... bis ich meine australischen Laufkollegen sah: Sie liefen sich in klobigen Westen warm, in denen keine Gewichte steckten, sondern mit Eis gefüllte Akkus! Diese Idee hatte ich eigentlich auch gehabt, entschied mich aber letztlich für die schneller umsetzbare und etwas „härtere" Variante in der Wanne.

MEIN EXPERIMENT MIT DER SALTIN-DIÄT

In der Woche vor einem Marathon gilt es, die Kohlenhydratspeicher so gut wie möglich zu füllen. Um die effektivste Methode zu finden, habe ich einige Experimente gewagt. Die für Körper und Geist härteste Prozedur ist die so genannte Saltin-Diät, die der schwedische Wissenschaftler Bengt Saltin wohl in einem Moment der Berufsverdrossenheit erfand. Mit einem längeren, intensiven Lauf am Sonntag werden die Kohlenhydratspeicher des Athleten fast vollständig entleert. Bis Mittwochvormittag steht eine

kohlenhydratlose Ernährung mit viel Eiweiß und etwas Fett auf dem Programm. Am Mittwochvormittag erfolgt eine letzte Trainingsbelastung (4–5 km im Marathon-Renntempo) und gleich anschließend werden fast ausschließlich Kohlenhydrate gegessen (Reis, Pasta, Bananen und flüssige Kohlenhydrate, direkt nach dem Training). Der Körper „lechzt" dann regelrecht nach Kohlenhydraten und saugt sie wie ein trockener Schwamm auf. Läufer nehmen hierbei auch ein paar Pfunde zu, denn zusammen mit den Kohlenhydraten wird ja auch Wasser eingelagert. Nach dem Prinzip der Superkompensation soll der Körper so mehr Kohlenhydrate einlagern können.

Die Saltin-Diät war für mich eine unbeschreibliche Tortur, weshalb ich sie auch nur einmal vor dem Fukuoka-Marathon in Japan durchgeführt habe (1995, 2:14:54 Std.).Von Sonntag bis Mittwochvormittag wurde ich ohne Kohlenhydrate fast wahnsinnig, fühlte mich schlapp, kraftlos und unfähig, den anstehenden Marathon zu bewältigen. Die „skandinavische Foltermethode für Masochisten" hat mich auch psychisch angeschlagen und kostete sehr viel Überwindung. Zu guter Letzt lässt Ihnen auch mein Magen ausrichten, dass er die extremen Eiweiß- und Fettmengen als größte Zumutung seines Lebens empfand und im Falle einer Wiederholung in den Streik treten wird.

Hat Sie mein Beispiel abgeschreckt? Natürlich können Sie die Saltin-Diät auch selbst einmal ausprobieren. Kommen Sie nicht damit zurecht, wählen Sie vor dem nächsten Wettkampf eine verträglichere Variante. Ich zog es während meiner Wettkampfzeit vor, in der Woche vor dem Marathon ab Mittwoch verstärkt Kohlenhydrate zu konsumieren. Etwa 70–75 % der Ernährung sollte bei dieser konventionellen Methode aus Kohlenhydraten bestehen (10 % Fett und etwa 15 % Eiweiß), die Trainingsbelastung gering sein. Mit der moderaten Vorgehensweise füllen Sie Ihre Glykogenspeicher ausreichend auf und bleiben von negativen Begleiterscheinungen verschont. Wer regelmäßig lange Dauerläufe, aber auch intensive Läufe absolviert und seine Gykogendepots direkt im Anschluss aufgefüllt hat, wird sich ohnehin auf eine vergrößerte Speicherkapazität stützen können.

› INFO ‹

Nüchtern-Läufe

Nüchternlaufen wird immer sehr kontrovers diskutiert. Einige denken dass sie damit schneller Gewicht verlieren oder aber ihren Fettmetabolismus für den Marathon trainieren. Es ist jedenfalls nur für sehr gut trainierte Athleten geeignet, denn wer nüchtern losläuft, dessen Blutzuckerspiegel wird immer weiter fallen. Extrem wird es bei Einsteigern und weniger gut trainierten Läufern. Die nötige Energie besorgt sich der Körper dann aus Eiweissen und das bedeutet, dass mühsam antrainierte Muskulatur angegriffen wird.

Weitere Tipps zum Thema Sporternährung sowie zahlreiche Rezepte vom Sternekoch finden Sie in meinem prämierten Buch über Sporternährung: „Fitness à la Carte" – erschienen 2004 im Verlag weropress GmbH.

5 TYPISCHE VERLETZUNGEN …

Fuß-, Schienbein-, Knie-, Muskel-, Hüft-, Wirbelsäulen- und Knochenverletzungen · Blutungen, Entzündungen · Praktische Hinweise

… BEIM MARATHON

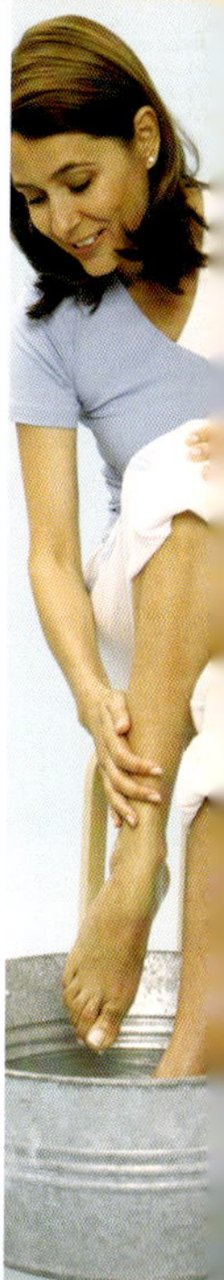

FUSSDEFORMITÄTEN

Füße leisten in nahezu jeder Sportart – so auch beim Marathon – in Training oder Wettkampf Schwerstarbeit. Immer wieder werden sie überfordert, besonders, wenn sie von der Idealform abweichen (z.B. beim Senk-, Spreiz-, Knick-, Platt- oder Hohlfuß), was bei vielen Sporttreibenden der Fall ist.

Infolge zu hoher Beanspruchung der Füße kommt es häufig zu einer Fehl- und Überbelastung im Bereich der Zehen-, Mittelfuß-, Fußwurzel- und Sprunggelenke. Als Folge von nicht korrigierten Fußdeformitäten (Fehlstellungen) kann es zu Muskelverspannungen, Gelenkkapsel- und Sehnenreizungen bzw. -entzündungen, Knochenhautentzündung sowie Beschwerden an Knie- und Hüftgelenken, der Leiste und der Wirbelsäule kommen.

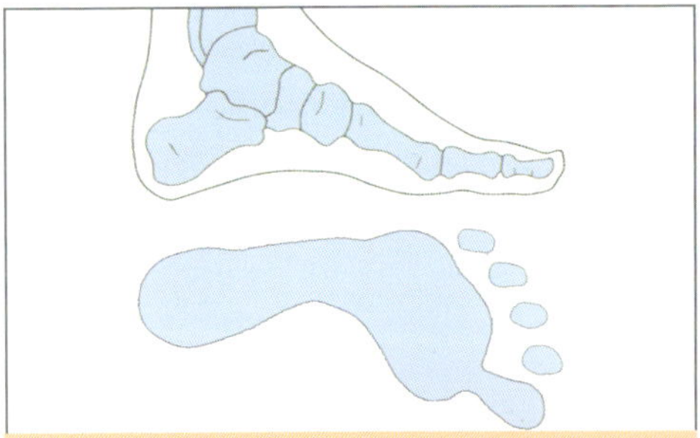

Normaler Fuß

SPREIZFUSS

„Spreizfüßler" leiden häufig unter Schwielenbildung (ellipsenförmig), Hornhaut unter den Zehengelenken (Gelenke 2, 3 und 4) und Sohlenbrennen, da der Vorfuß infolge seines abgeflachten Quergewölbes besonders belastet wird. Der Spreizfuß ist die häufigste Form aller Fußfehlstellungen und wird begünstigt durch zu kurze, enge Schuhe und zu hohe Absätze.

ENTZÜNDLICHER SPREIZFUSS

Bei und nach Dauerbelastung sowie nach dem Aufstehen am Morgen, teilweise akuter, heftiger, brennender Schmerz des vorderen Mittelfußbereichs. Im Laufsport häufig Ursache für einen entzündlichen Spreizfuß: wiederholte Laufübungen auf dem Vorfuß besonders auf harten Böden, häufiger Bodenwechsel. Durch Dehnung der Bänder des Quergewölbes kommt es zu einer Abflachung desselben. In schweren Fällen - wenn selbst im Ruhezustand Schmerzen auftreten - muss eine sportliche Betätigung unterbleiben und eine ärztliche Versorgung stattfinden.

ERSTVERSORGUNG

Bei akuten Beschwerden: Schmerzlindernd und entspannend sind Fußbäder bei ca. 25°C mit einem Badezusatz (z.B. Intradermi, Schiele-Fußbad), gezielte Fußmassage.
Für die normale tägliche Belastung wird neben einem geeigneten Fußbett und einer Einlagenversorgung eine vorgefertigte Spreizfußbandage empfohlen. Für den Sport spezielle Sporteinlagen anfertigen lassen. Sinnvoll ist auch ein Tapeverband: ein Stück Schaumgummi (ca. 3x4 cm groß und 0,5 cm dick) zurechtschneiden (birnenförmig), hinter den Zehengrundgelenken platzieren, mit 6 cm breitem Elastoplast umwickeln und mit mehreren Tapestreifen (ca. 4 cm breit und

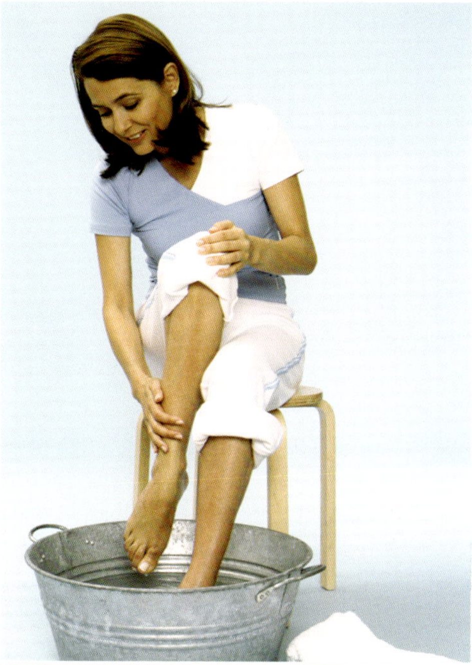

Schmerzlindernd und entspannend: Fußbäder

15-20 cm lang) befestigen und zwar so, dass die Enden sich auf dem Fußrücken nicht überlappen. Am besten: Man steigt mit dem Fuß auf die Mitte eines 15-20 cm langen Tapestreifens und schlingt beide Enden um den Fuß usw. Die Erhöhung darf keinen Druck auf die Zehengelenke ausüben! Unter das Elastoplast kann man z.B. auch 1-2 Wicklungen Elastomull (6 cm breit) geben.

+ MEDIKAMENTE +

z.B. Kupfer-Plus (3 x täglich einreiben),
z.B. Aspirin plus C (3-6 Brausetbl/Tag) zur Schmerzlinderung.

NACHVERSORGUNG/VORBEUGUNG

Konsequente Einlagenversorgung, gutes Schuhwerk mit Fußbett, Fußgymnastik z.B. mit Hilfe einer Fußrolle, Badeschuhe mit Noppenfußbett tragen.

SENKFUSS

Der Senkfuß (siehe Abb.) ist wie der Hohlfuß im Wesentlichen genetisch bedingt. Häufige Mittelfußbeschwerden: Sehnenreizungen des Längsgewölbes oder Muskelschmerzen im Bereich der Zehenbeuger. Ziehender, selten akuter Schmerz in unregelmäßigen Intervallen in der Wadenmuskulatur. Bei Befundverschlechterung werden die Intervalle kürzer.

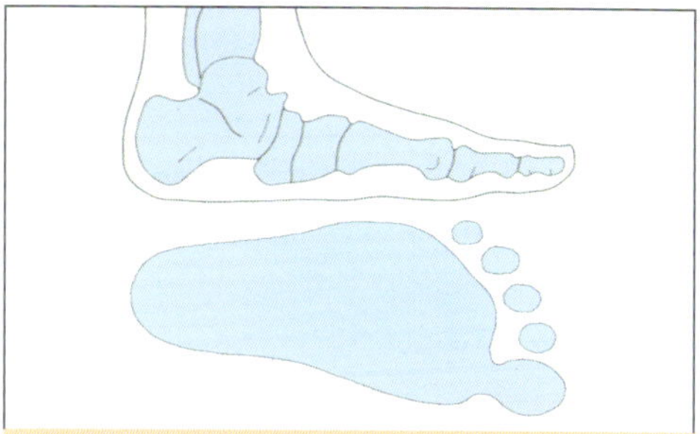

Senkfuß

ERSTVERSORGUNG

Entlastende Verbände zur Anhebung des Fuß-Längsgewölbes.

NACHVERSORGUNG /VORBEUGUNG

Einlagenversorgung durch den Orthopädie-Schuhmachermeister nach Fußsohlenabdruck bzw. Belastungsdiagramm, spezielle Fußgymnastik, Kräftigung der Fußsohlenmuskulatur, Schuhe mit Fußbett.

KNICKFUSS

Probleme im Bereich des Rückfußes. Muskelverspannungen in der Wadenmuskulatur, ggf. auch venöse Störungen durch starkes Abknicken des Fersenbeines beim Laufen nach innen. Innenknöchel tritt meistens stark hervor.

ERSTVERSORGUNG / VORBEUGUNG

Mit einem gut modellierten Fußbett und über eine gute Schuhschnürung lässt sich die Fehlstellung korrigieren, Schuhe mit enger Fersenführung wählen. Empfehlung: Absatzerhöhung bis 3,5 cm bei Jugendlichen und Erwachsenen sowie Verstärkung der Mittelsohle, die die Kippbewegung vermindert.

› TIPP ‹

Die tägliche Pflege der Füße sollte für Sportler selbstverständlich sein: gründliches Trocknen und ggf. Fönen der Füße nach dem Duschen, Hautpflege (z.B. regelmäßiges Einreiben der Füße mit JH Fuß Japanische Heilpflanzen-Fußcreme und Einfetten der Fußsohlen mit z. B. Sport-Fußbalsam von Sixtus bei starker Beanspruchung oder nach längeren Trainingspausen), Fußpflege vor allem im Bereich der Zehenzwischenräume und der Nägel, Pediküre, Fußbäder, Fußmassagen, sowie Dehnübungen.

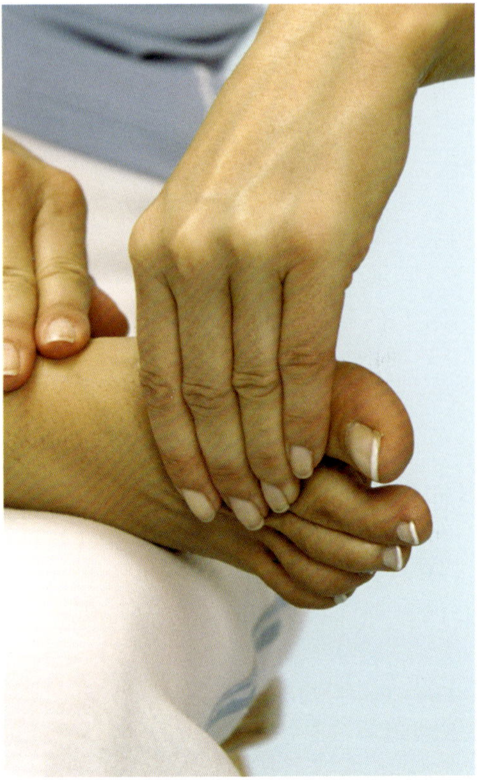

Tägliche Fußpflege sollte für Sportler selbstverständlich sein.

HOHLFUSS

In aller Regel genetisch bedingt. Überhöhtes Längsgewölbe innen und außen, häufig betonter Fersenhöcker im Bereich des Achillessehnenansatzes. Infolge des hoch stehenden Gewölbes kein dynamischer, elastischer Abrollvorgang des Fußes möglich. Auffälliges Abrollen über den Fußaußenrand, wodurch die Außenbänder am Sprunggelenk chronisch überdehnt werden.

Weitere mögliche Überlastungsfolgen: Umknicken im Sprunggelenk, Achillessehnen-Beschwerden, Muskelverspannungen am Unterschenkel, Rist- und Längsgewölbeschmerzen, Fersensporn, Bildung einer Reizung bis Entzündung im Bereich der Fußsohlen-Sehnenplatte, Gefährdung der Kniegelenke.

ERSTVERSORGUNG /VORBEUGUNG

Korrektur der Fehlstatik durch Einlagenversorgung oder Fußbett. Langes Training auf harten Böden meiden, auf gutes Schuhwerk achten.

> TIPP <

Fußabdruck möglichst nachmittags nach dem Training vornehmen lassen, da sich Länge und Breite des Fußes aufgrund unterschiedlicher Belastung während des Tages ändern (vergrößern). Um im Nachhinein böse Überraschungen mit nicht passenden, zu kleinen Schuhen zu vermeiden, sollte der Sportschuhkauf möglichst nach sportlicher Belastung erfolgen. Beim Kauf unbedingt beide Schuhe anprobieren. Dabei möglichst Strümpfe tragen, die man auch im Sport verwendet.

PLATTFUSS

Symptomatisch: Der Plattfüßler hat vor allem bei Ermüdung Schwierigkeiten, die Fußspitze anzuheben und dreht sie aus Gründen der „Bequemlichkeit" nach außen. Bei übertriebenem Joggen oder Laufen treten Überlastungsreize der Kniegelenke infolge einer Verdrehung des Unterschenkels gegen den Oberschenkel auf. Infolge Fußmuskelschwäche sind venöse Störungen und Fußschweiß möglich. Häufig liegt eine Bindegewebsschwäche zugrunde.

ERSTVERSORGUNG /VORBEUGUNG

Gutes Schuhwerk mit Einlagenversorgung, Training der Fuß- und meist zu schwachen Wadenmuskulatur, Gang- und Laufschulung mit erfahrenen Trainern oder Physiotherapeuten, Füße immer bewusst nach vorn gerichtet aufsetzen.

Auf gesunde Lebensführung achten, Nikotin und andere Umweltgifte meiden.

Letzte Sicherheit über die Art der Fehlstatik des Fußes bringen Untersuchungen beim Arzt durch Fußabdruck, Fußsohlenabdruck, Druckverteilungsmessung etc.

+ MEDIKAMENTE +

Zink periodisch über 8 Wochen
(z.B. Unizink 2x1 Drg/Tag),
Nanosilicium 2x2 Kps/Tag,
Vitamin C (z.B. Ascorbinsäure 1g/Tag),
Vitamin E (z.B. Malton E 2x1 Kps/Tag)
und z.B. Osteoheel (3Tbl/Tag)

Übungen zur Vorbeugung von Fußbeschwerden und Kräftigung der Fußmuskulatur:

- z.B. 10 m auf dem Fußaußenrand vor- und zurückgehen, danach auf dem Innenrand, dann auf den Fersen und Fußspitzen.
- wechselweises Stehen (je 1 min) auf Zehenspitzen, Ferse, Fußaußen- und Innenrand.

ENTZÜNDLICHER FERSENSPORN

Der Sporn ist ein spitz zulaufender Knochenvorsprung oder eine Verknöcherung des Ansatzes der Fußsohlensehne (Sehnenplatte) am Fersenbein. Der entzündliche Fersensporn gilt als eine unangenehme und oft auch langwierige Erkrankung an der Ferse.

Die Entzündung kann hochakut auftreten, so dass der Betroffene nicht mehr mit der Ferse aufsetzen und gehen kann. Eine sportliche Betätigung ist allein schon wegen der immensen Schmerzen unmöglich.

Die Entzündung nimmt häufig einen chronischen Verlauf, so dass die Beschwerden bei Nichtbehandlung über Wochen und Monate anhalten und damit den Sportler über einen langen Zeitraum außer Gefecht setzen können.

Ist ein Auftreten mit der Ferse schmerzhaft, könnte ein entzündlicher Fersensporn der Grund sein.

SYMPTOME

Stechender Schmerz beim Abrollen oder Springen unter der Ferse. Bei einer akuten Entzündung heftige Schmerzen beim Auftreten. Charakteristisch der Schmerz an der Ferse nach dem Aufstehen am Morgen sowie ein empfindlicher, etwa punktförmiger Schmerz bei Druck durch die Fingerkuppe.

URSACHEN

Zur Überlastung kann ein zu intensives und zu einseitiges Training (z.B. langes Laufen auf Asphalt) führen. In der Folge kann es zu einer allmählichen Absenkung des Längsgewölbes und schließlich zu einer Überlastung der Sehnenplatte an der Fußsohle und zu einer schmerzhaften Entzündung derselben kommen.

Schlecht geformte, ausgetretene Schuhe, ein fehlendes Fußbett sowie eine Fehlstatik des Fußes (z.B. Hohlfuß) begünstigen die Entwicklung eines entzündlichen Fersensporns. Neben einer natürlichen Veranlagung, die primär nicht krankhafter Natur ist, ist eine Harnsäure-Erhöhung (Störung im Eiweißstoffwechsel) nicht selten mitursächlich für einen entzündlichen Fersensporn.

ERSTVERSORGUNG

Ein Arzt muss die Diagnose stellen. Ein entzündlicher Fersensporn wird heute meist durch eine Ultraschall- und eine Röntgenuntersuchung objektiviert. Es empfiehlt sich, im Rahmen der Untersuchung die Gesamtstatik des Körpers zu kontrollieren. Die wichtigste Maßnahme ist eine optimale Einlagenversorgung mit Aussparung und somit

Druckentlastung des meist nur daumennagelgroßen Entzündungszentrums. Dieses wird sozusagen „hohlgelegt“. Außerdem werden Schuhe mit einer festen Fersenfassung empfohlen.

NACHVERSORGUNG

Röntgentiefentherapie, Ultraschall und Laseranwendungen. Manuelle Therapie (Mobilisierung sämtlicher Fußgelenke). Außerdem konsequente Quer- und Längsfriktionen (Massageform) im Bereich der Fußsohle sowie Dehngymnastik der Waden- und Fußmuskulatur. Gute Erfolge wurden durch eine Stoßwellentherapie des Fersensporns erzielt: Ambulant werden Schallwellen mit hoher Energie auf den Sporn gerichtet. Sie bewirken eine Unterdrückung der hier vorhandenen schmerzhaften Entzündung.

Eine operative Entfernung des Fersensporns (Abmeißelung) ist nur in äußersten Notfällen anzuraten, da der Heilungsprozess sehr langwierig sein kann.

Laufband-Analyse mit der Videokamera

VORBEUGUNG

Auf gutes Schuhwerk achten: Fußbett oder Einlagen sollten vom Sportler als Pflicht verstanden werden! Nur Schuhe mit gutem Fersenhalt tragen. Bei Beschwerden Füße und Laufstil vom Orthopäden überprüfen bzw. untersuchen lassen. Zur sicheren Beurteilung ist ein Laufbandtraining mit Video-Überwachung geeignet. Einlagen sowohl für Sport- wie auch für Straßenschuhe anfertigen und nach Absprache mit dem Orthopäden regelmäßig überprüfen und ggf. korrigieren lassen. Im Laufe der letzten Jahre hat sich die Qualität der flexiblen Sportschuheinlagen aufgrund hervorragender Materialien und Herstellungsmethoden bzw. -techniken enorm verbessert.

Dehnübungen der Waden- und Fußmuskulatur. Dehnen der Sehnenplatte der Fußsohle auf einer schiefen Ebene. Alternativ 3mal pro Tag folgende Übung: mit der Fußspitze auf eine Treppenstufe stellen, die Ferse möglichst weit herabführen und in der Dehnung 7 Sekunden halten. Übung 10 mal wiederholen, dazwischen 10 Sekunden Pause.

BLASENBILDUNG

Man kann sich noch so gut vorbereiten und schützen, eine Blasenbildung, vor allem an den Füßen, ist schnell passiert. Sie kann eine sehr schmerzhafte, mit unangenehmen Folgen verbundene Hautverletzung sein. Wird sie nicht ernst genommen, so kann es vor allem bei Wasser- oder Blutblasen zu einer äußerst schmerzhaften Entzündung und Infektion kommen, die eine Anschwellung der benachbarten Lymphknoten verursacht.
Bei kleinen Blasen ist Selbstbehandlung möglich, größere sollte man von einem Arzt versorgen lassen.

Bei kleinen Blasen ist Selbstbehandlung möglich.

SYMPTOME

Blasen bilden sich beim Läufer meist an Fersen, Zehen und Großzehenballen. Die betroffene Hautpartie hält der ungewohnten Überbeanspruchung durch starken Druck oder Scheuerwirkung einige Zeit stand, dann bildet sich jedoch eine Ansammlung von Gewebeflüssigkeit zwischen den Hautschichten: Es entsteht eine Blase, die je nach Größe mehr oder weniger stark druckschmerzhaft sein kann.

URSACHEN

Neben schlecht passenden Schuhen oder Socken können auch unsachgemäße Verbände, die Falten bilden und dadurch scheuern, eine Blasenbildung verursachen.
Blasen am Fuß entstehen aber vor allem auch nach längerer Trainingspause.

ERSTVERSORGUNG

Bereits nach den ersten Anzeichen und Wahrnehmungen eines Schmerzes muss die sportliche Betätigung unterbrochen werden. Die überlastete Hautpartie sollte mit einem speziellen Blasenpflaster (z.B. Hansaplast Blasenpflaster) abgedeckt werden. Ist die Haut bereits mit Sekret oder Blut gefüllt, wird die Stelle zunächst mit Seife und z.B. Kodan-Spray desinfiziert und nach Desinfektion der Hände wird die Blase am Rand mit einer dünnen sterilen Kanüle eröffnet, nochmals desinfiziert und mit z.B. Hansapor steril abgedeckt. Dann wird zum Schutz ein der Blase angepasstes Lochschaumgummi (z.B. Leukotape Foam 0,5cm) mittels Klebefolie (z.B. Fixomull stretch) so angebracht, dass der betroffene Blasenbezirk ausgespart bleibt. Schließlich wird ein Schutzverband, der nicht rutschen darf, an der trockenen Haut befestigt. Dadurch wird ein Aufreißen der Blase und ggf. eine spätere Entzündung oder Infektion vermieden.

Nasse Verbände müssen erneuert werden. Auf Wasserblasen partiell z.B. zwei Tropfen Echoran 5-Kräuter-Aktiv-Öl geben und dann mit einem speziellen Blasenpflaster (z.B. Hansaplast Blasenpflaster) abdecken.

! ACHTUNG !

Die oberen Hautschichten nicht abschneiden oder abreißen. Möglichst warten, bis die Haut getrocknet ist und sich selbst abstößt. Nur Hautfetzen mit der Schere abschneiden. Die alte Haut bei weiterer sportlicher Betätigung ggf. mit z.B. Hansaplast elastic und Leukotape fixieren.

NACHVERSORGUNG

Ist eine Blase an den Tagen nach der Entstehung sehr druckschmerzhaft, empfiehlt es sich, sie öffnen zu lassen. Hat eine Blase die Größe eines 2-Euro-Stücks, wird eine ärztliche Versorgung dringend angeraten. Nach Entleerung des Blasensekretes lässt der Schmerz rasch nach.

Bei kleineren Blasen ist Selbsthilfe möglich. Auf keinen Fall die frische Blase aufreißen oder mit einer Schere aufschneiden!

Nach der Blaseneröffnung kann in der Regel die sportliche Betätigung fortgesetzt werden. Zum besseren Schutz der Haut empfehlen wir die Abdeckung mit z.B. second skin, das seinerseits mit einer Stretchfolie befestigt wird.

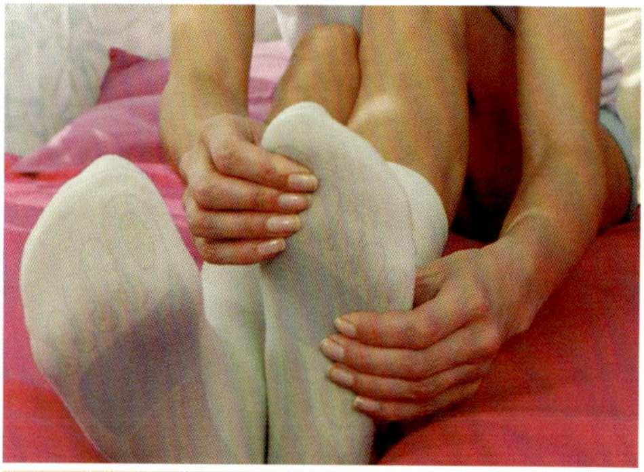

Strümpfe können innen z.B. mit Vaseline präpariert werden.

VORBEUGUNG

Keine zu engen Schuhe tragen. Wenn Schuhe drücken, das Leder mit Lederweichmacher (Schuheze im Fachhandel) einsprühen und über Nacht mit einem Schuhspanner weiten. Neue Laufschuhe mit Wasser tränken und einlaufen.

Die zu tragenden Socken „nach links wenden" und den Bereich der Zehen, Fußballen und Fersen z.B. mit Vaseline oder Hirschtalg leicht einreiben.

› TIPP ‹

Grundsätzlich sollten Sportstrümpfe vor dem ersten Tragen gewaschen werden, um chemische Restsubstanzen zu entfernen.
Niemals schlecht sitzende Strümpfe tragen.
Am besten sind Baumwollstrümpfe ohne auftragende Nähte.
Von Synthetikmaterialien wird abgeraten.
Empfehlenswert sind spezielle Sportsocken mit Baumwollverstärkung im Fersen- und Zehenbereich, die im Sportfachhandel angeboten werden.

NAGELHÄMATOM

Darunter versteht man eine Blutung unter dem Zehennagel.

SYMPTOME

Unter dem verletzten Nagel kommt es durch Blutung zu einer Rot- und Blauverfärbung des Nagelbettes. Das betroffene Gebiet schwillt an, es entwickelt sich ein zunehmender Schmerz, ein Druck- und Spannungsgefühl, man verspürt ein Pochen unter dem Nagel.

URSACHEN

Quetschung der Zehen durch Schlag, Tritt oder Einklemmen. Aber auch zu enge Schuhe oder zu lange Zehennägel können ein Nagelhämatom hervorrufen.

ERSTVERSORGUNG

Eine sofortige Schmerz- und Druckentlastung wird durch das Aufbohren des Finger- oder Zehennagels und Ablassen des Blutergusses mittels einer sterilen 1er-Injektionsnadel erreicht. Diese Behandlung muss nicht schmerzhaft sein. Auf absolute Sauberkeit ist zu achten! Zuerst werden die Füße (Hände) sorgfältig mit Seife und warmem Wasser gewaschen und z.B. mit Kodan-Spray oder reinem Alkohol desinfiziert. Den verletzten Zeh ebenfalls gründlich mit Alkohol abtupfen oder z.B. mit Kodan-Spray besprühen. Zum Öffnen des Nagels verwendet man eine sterile 1er-Injektionsnadel (diese gibt es in jeder Apotheke). Der Nagel wird in der Mitte des Hämatoms unter leichtem Druck und mit leichter Drehung angebohrt, bis das Blut abfließt. Der Schmerz lässt spontan nach.

Bei der Bohrung ist darauf zu achten, dass die Nagelspäne nicht in den Bohrkanal gelangen. Anschließend wird der Nagel nochmals z.B. mit Kodan besprüht, mit einem sterilen Tupfer abgetupft und schließlich mindestens noch für einen Tag mit einem Pflaster (z.B. Hansaplast elastic) abgedeckt. Das Pflaster wird unter leichtem Druck angeklebt, damit eine Nachblutung vermieden wird.

! ACHTUNG !

Wegen der Gefahr einer Nagelbettinfektion sollte die Erstversorgung durch einen Arzt oder einen erfahrenen Sportphysiotherapeuten (wie beschrieben) durchgeführt werden.

NACHVERSORGUNG

Entsteht innerhalb der nächsten 24 Stunden ein erneutes Pochen, sollte der Bohrkanal nochmals in gleicher Weise geöffnet werden. Den beschädigten Nagel keinesfalls entfernen, sondern auswachsen lassen: Er ist der beste Schutz für das Nagelbett. Bei Entfernung des Nagels verformt sich das Nagelbett, und der neue Nagel wächst unförmig nach.

VORBEUGUNG

Keine langen Zehennägel. Auf passendes Schuhwerk achten.

> TIPP <

Der Kauf von Schuhen sollte möglichst am Nachmittag und nach dem Training erfolgen, da sich der Fuß aufgrund der Belastung in seiner Länge und Breite ausdehnt.

SPRUNGGELENKS-VERLETZUNGEN

Sprunggelenks-Verletzungen gehören zu den häufigsten Blessuren im Laufsport. Man knickt mit dem Fuß um, was in den meisten Fällen recht schmerzhaft ist. Oft weiß man nicht genau, was passiert ist. Die Verletzungspalette ist groß: von der Verstauchung über Kapsel- und/oder Bandzerrung, Kapsel- und/oder Bänderriss, Knorpelverletzung, Knochenabsplitterung, Ermüdungsbruch bis hin zum Syndesmosenriß. Für alle diese Verletzungen gilt: Die Konsultation eines Arztes ist wegen der Erstellung einer genauen Diagnose unerlässlich. In der Regel ist dazu auch eine Röntgenuntersuchung notwendig. Vor längerer Selbstbehandlung wird gewarnt! Eine richtige Erstversorgung der Sprunggelenks-Verletzung kann sich jedoch sehr positiv auf die spätere Behandlung durch den Arzt und die Heilungszeit auswirken.

SYMPTOME UND URSACHEN

Sprunggelenks-Verletzungen entstehen zumeist durch ein „Umknicken" im Sprunggelenk. Dadurch werden Gelenkkapsel und die sie umgebenden Bänder über das normale Maß

Im Laufsport eine der häufigsten Blessuren: die Sprunggelenksverletzung.

hinaus belastet, gezerrt bzw. gedehnt. Je nach Unfallmechanismus können einzelne oder mehrere Bänder (zusammen mit der Kapsel) reißen. Tritt kein stechender Schmerz und keine Schwellung auf, kann man nach kurzer „Hot-Ice"-Behandlung eventuell weitermachen. Man sollte später dennoch beim Arzt die Festigkeit des Bandapparates überprüfen lassen, die Verletzung zur Ausheilung bringen und durch geeignete Übungen die Unterschenkelmuskulatur kräftigen.

! ACHTUNG !

Aufgrund der Schwellung wird dringend davon abgeraten, in den ersten 24 Stunden nach der Verletzung Alkohol zu sich zu nehmen!

BÄNDERRISS

Ein akuter, heftiger und stechender Schmerz beim Umknicken über den Innen- oder Außenknöchel mit rasch einsetzender Schwellung ist meist ein Zeichen für einen Bänderriss. Es besteht jedoch die Gefahr, dass man diese Verletzung unterschätzt, weiterspielt, bzw. weiter Sport betreibt und auch später trotz eines geschwollenen Knöchels nicht zum Arzt geht, weil der akute Schmerz nach kurzer Zeit nachlässt. Komplett gerissene Bänder bereiten u.U. schon bald nach der Verletzung kaum noch Schmerzen. Bei schlechtem Muskelstatus hat der Verletzte nach einem Bänderriss bei einer Fortsetzung seiner sportlichen Betätigung ein Gefühl der Instabilität des Fußes und knickt sehr leicht wieder um.

SYNDESMOSENRISS

Die Syndesmosenruptur ist ein Riss der Bandverbindung zwischen Schien- und Wadenbein - manchmal in Kombination mit einem Bänderriss am Sprunggelenk - tritt nach Gewalteinwirkung von außen, aber auch durch „Vertreten" auf. Sie erfolgt nach einem ganz bestimmten Mechanismus: gewaltsame Außendrehung des Vorfußes bei gleichzeitigem Umknicken der Ferse nach innen. Wegen des Ausbleibens einer prompten, sichtbaren Schwellung wie z.B. beim Außenbandriss, ist eine Diagnostik nur durch spezifische Bandtests möglich. Der Verletzte verspürt bei Richtungsänderungen des Fußes, insbesondere Außendrehung über dem Außenrist, starke Schmerzen und kann bei schnellem Antritt keinen Druck mehr auf den Fuß ausüben, eine Kraftübertragung ist nicht mehr möglich.

In diesem Fall darf der Verletzte den Fuß nicht belasten. Er muss sich stützen lassen und den Fuß bis zur ärztlichen Versorgung möglichst schonen bzw. hoch lagern und mit einer „Hot-Ice"-Druckbandage versehen.

KNOCHENVERLETZUNGEN

Heftige, nicht nachlassende Schmerzen im Bereich des Sprunggelenkes (teilweise von Übelkeit begleitet) können auf Knochenverletzungen (Knochenabsplitterung, Bruch von Knöchel, Wadenbein, Schienbein oder Fußwurzelknochen) hindeuten. Fast immer geht eine starke, rasch zunehmende Schwel-

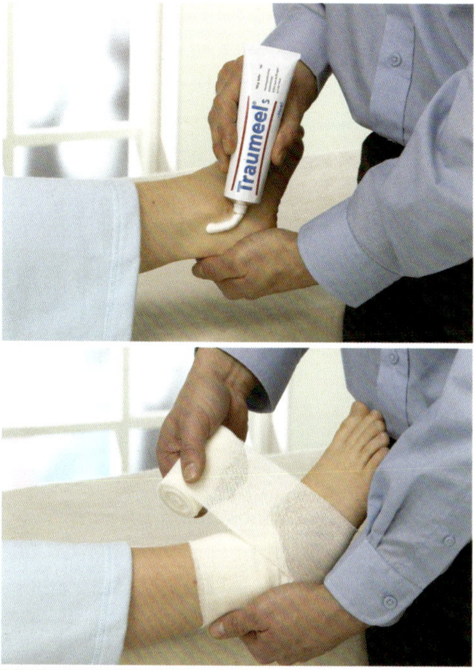

Bei Verletzungen (z. B. Prellungen) bei unverletzter Haut werden Salbenverbände mit z. B. Traumeel S Salbe empfohlen.

lung damit einher. In diesem Fall sofort mit der sportlichen Betätigung aufhören und den Fuß bis zur ärztlichen Untersuchung nicht mehr belasten.

ERSTVERSORGUNG

Generell gilt für alle Kapsel-Band-Verletzungen im Bereich des Sprunggelenkes, abgesehen von der leichten Verstauchung, möglichst sofort mit Kühlung und Kompression im Verletzungsgebiet zu beginnen. Zuerst müssen allerdings eventuelle Verletzungen der Haut - wie Schürfwunden - gründlich desinfiziert (z.B. mit Betaisodonna) und abgedeckt werden.

Schließlich wird dem liegenden Patientenfür zunächst 20 Minuten ein „Hot-Ice"-Druckverband angelegt: Ein Schwamm wird mit Eiswasser getränkt und mit einer ebenfalls in Eiswasser getauchten Idealbinde (8cm breit) z.B. von BSN medical großflächig und fest vom Vorfuß bis zur Unterschenkelmitte umwickelt. Den Fuß hoch lagern und den Verband zwischenzeitlich von außen immer wieder mit Eiswasser nässen. Dabei kein Eisspray verwenden! Der Schwamm unter dem Druckverband verhindert eine weitere Ausdehnung der Blutung, da er sich der Form des Knöchels anpasst. Ein Druckverband allein würde Hohlräume zulassen, in die das Blut ausweichen könnte.

Nach 20 Minuten muss der Druckverband für 3-5 Minuten entfernt werden, damit der Stoffwechsel in der verletzten Region wieder verstärkt einsetzen kann. Bis zum Aufsuchen eines Arztes sollten weitere „Hot-Ice"-Druckverbände angelegt werden. Insgesamt bis zu 3 Stunden.

Bei Verdacht auf Knochenbruch (Fraktur) auf keinen Fall einen Druckverband anlegen. Ist keine operative Versorgung oder Ruhigstellung des Fußes in einem Gipsverband notwendig, wird empfohlen, nach 3 Stunden mit Salbenverbänden zu beginnen: Bei Hautverletzungen werden reizfreie Präparate wie z.B. Elyth-Balsam S oder Elyth-Salbe W empfohlen. Andernfalls wird z.B. profelan-Salbe oder Enelbinpaste großzügig auf die verletzte Stelle aufgetragen. Darauf wird ein mit Eiswasser getränkter, dünner Schwamm oder Schaumgummi (z.B. Leukotape foam) gelegt und mit einer Idealbinde angewickelt.

Den Druckverband auch beim Duschen angelegt lassen. Außerdem wird empfohlen, dass die Bandage auch beim Arzt oder in der Klinik erst dann entfernt wird, wenn die Untersuchung durch den Arzt beginnt. Den Verband ggf. nur zum Röntgen lösen und bei längerer Wartezeit bis zur weiteren Behandlung wieder anlegen.

Sollte keine „Hot-Ice"-Bandage möglich sein, keine Betreuer bei der beschriebenen Erstversorgung helfen können, wird empfohlen, dass der Verletzte Schuh und Strumpf nicht auszieht (auch nicht beim Duschen!). Dadurch wird bewirkt, dass sich die Schwellung nicht ungehindert ausbreiten kann. Das Bein möglichst über den Körpermittelpunkt hoch lagern.

+ MEDIKAMENTE +

Die tägliche Einnahme von z.B. Reparil (3x2 Drg/Tag) und Traumanase forte (3x2 Drg/Tag) oder Wobenzym (2x10 Drg/Tag) oder Traumeel (3x1 Tbl/Tag) hat sich bewährt

! ACHTUNG !

Durch die Ruhigstellung eines Fußes in einem Gipsverband wird nicht nur die Unterschenkelmuskulatur, sondern auch die Fußmuskulatur schwächer. Bei Wiederaufnahme des Trainings ermüdet die Fußmuskulatur also viel schneller und es besteht die Gefahr, dass der Fuß „durchbricht".

NACHVERSORGUNG

Über weitere Behandlung sowie Wiederaufnahme des Trainings entscheidet allein der behandelnde Arzt. Wichtig ist vor allem, dass die Verletzung vollkommen auskuriert und gründlich nachbehandelt wird.

Auch wenn der Fuß wieder schmerzfrei ist, sollte die Behandlung noch eine zeitlang fortgeführt werden, damit sich der Zustand stabilisiert. Andernfalls kann es gerade im Bereich der Sprunggelenke nach Behandlungsfehlern häufig zu erneuten Verletzungen mit oft schweren Folgen, wie z.B. frühzeitigem Gelenkverschleiß, kommen.

Ein koordiniertes Aufbautraining - speziell der den geschädigten Bandapparat unterstützenden Unterschenkelmuskulatur - sollte unbedingt von einem Physiotherapeuten angeleitet und überwacht werden. Mit einem laienhaft zusammengestellten Übungsprogramm an Kraftmaschinen wurden schlechte Erfahrungen gemacht. Bewährt haben sich zum Muskelaufbautraining - nach Einweisung durch den Physiotherapeuten - gymnastische Übungen mit einem einfachen Therapie-Gummi-Band (z.B. Physioband), die man zu Hause ohne großen Aufwand nachvollziehen und wiederholen kann.

Nach Verletzungen am äußeren Bandapparat sollte für etwa 4-6 Wochen eine Schuhaußenrand-Erhöhung von ca. 4 mm zur Entlastung der Außenbänder durch einen orthopädischen Schuhmachermeister vorgenommen werden. Gezerrte und überdehnte Bänder kann man ohne Schwierigkeit zur Ausheilung bringen, wenn eine je nach Schweregrad der Verletzung entsprechende Schonung, Be-

Barfußlaufen in der Natur ist gut für die Fußmuskulatur.

handlung und Rehabilitation durchgeführt wird! Begleitend muss eine Einlagen-Versorgung für den Straßen- und Sportschuh erfolgen. Je nach Schwere der Bandverletzung kann der Fuß nach der Verletzung z.B. durch Adimed II-Schuh, Stützverbände wie Tapeverbände, Bandagen oder Orthesen (stabile Stützverbände) zusätzlich geschützt werden.

› TIPP ‹

Bei Training und Wettkampf wird empfohlen, die Stützverbände selbst bei Beschwerdefreiheit über einen Zeitraum von weiteren 2-6 Wochen lang noch anzulegen, bis man sich wieder sicher fühlt. Die Benutzung der Bandagen sollte aber im Laufe dieser Zeit immer mehr reduziert werden. Am Ende sollten die Bandagen nur noch im Wettkampf getragen werden.

! WICHTIG !

Nach einer gewissen Zeit – je nach Gebrauch, aber mindestens einmal im Jahr – eine eventuelle Korrektur der Einlagen vornehmen, da es zu Materialermüdung kommen kann.

VORBEUGUNG

Allgemein ist für eine gute körperliche Konstitution zu sorgen. Kräftigung und Stärkung des ggf. gelockerten Bandapparates und der Wadenmuskulatur durch Gymnastik und gezieltes Bewegungstraining. Die einfachste Form der Vorbeugung ist die Stärkung der Fuß- und Unterschenkel-Muskulatur durch Barfußlaufen auf Naturboden wie Sand oder weichem Rasen.

Ganz simpel und dennoch nicht ohne: das Schreiben des Alphabetes mit der Fußspitze in der Luft. Oder dasselbe in einer mit Maiskörnern gefüllten Kiste. Oder Balance-Übungen auf einem so genannten „Kreisel“ beim Physiotherapeuten.

Auf eine intakte, gut funktionierende, kräftige Muskulatur ist zu achten. Je besser die Führung des Fußes durch die Muskulatur ist, desto geringer ist die Gefahr, umzuknicken.

Zur Vermeidung von Knöchelverletzungen ist gutes Schuhwerk eine Voraussetzung. Ausgetretene, alte Sportschuhe mit wenig oder ohne Sohlenprofil begünstigen ein „Umknicken“.

ACHILLESSEHNEN-REIZUNG

Die Achillessehne ist die stärkste Sehne an der schwächsten Stelle des menschlichen Körpers. Sie dient als ca. 1,5-2cm breites elliptisches Band der Kraftübertragung vom Wadenmuskel auf das Fersenbein und muss immense Belastungen aushalten – auch und gerade beim Laufsport.

Die Achillessehne ist ständig „in Betrieb“, da der Fuß der wohl am meisten strapazierte Körperteil ist. Die Belastung beginnt beim Aufstehen und endet erst, wenn man sich schlafen legt.

Die Achillessehne liegt in einem Gleitlager und ist im Gegensatz zu anderen Sehnen kaum geschützt. Sie wird nicht von Muskeln umhüllt. Bei Leichtathleten und bei allen Sportarten, in denen über den Fuß explosiv Kraft entwickelt wird oder bei der Landung ein Vielfaches des Körpergewichtes aufgefangen werden muss, ist die Achillessehne extremen Belastungen ausgesetzt.

Infolge von Prellungen, Druck und Überbelastung kommt es an dieser Stelle leicht zu einer Reizung, seltener Entzündung (Achillodynie) des Gleitgewebes, das die Sehne umhüllt. Im schlimmsten Fall kann die Sehne unter Extrembelastung oder nach Vorschädigung auch reißen, was eine möglichst umgehende Operation unumgänglich macht. Bei akuten und chronischen Beschwerden wird auf jeden Fall eine ärztliche Untersuchung angeraten.

SYMPTOME

Bei einer Reizung der Achillessehne, besser ihres Gleitlagers, verspürt man teilweise einen starken Bewegungsschmerz, vornehmlich beim Abrollen des Fußes. Vor allem beim Aufstehen am Morgen werden die ersten Schritte zur Qual. Die Schmerzen lassen bei weiterer Bewegung zwar nach, doch nach einer Bewegungspause treten die Symptome erneut auf. Der Reiz ist wieder da und wie durch „Sand im Getriebe“ erhöht sich der Gleitwiderstand im Sehnenkanal. Das Gewebe entzündet sich, schwillt an, und es kann zu einer leichten Rötung der Haut kommen. Die Achillessehne wird am Sehnenansatz zunehmend druckempfindlich, und der Betroffene verspürt bei Bewegung des Fußes im Sehnenbereich manchmal ein Knirschen, etwa wie beim Formen eines Schneeballes.
Einen Anriss der Achillessehne realisiert man

manchmal nicht, weil man unter Umständen sogar noch in der Lage ist, zu laufen. Man hat das Gefühl, dass irgendein stumpfer Gegenstand - etwa ein Stein - die Wade getroffen hat und vermutet im ersten Moment lediglich eine Prellung.

Ein kompletter Riss der Achillessehne ist relativ selten und geschieht in der Regel nur nach einer Vorschädigung. Bei einem Riss ist der Schmerz kurz und dumpf - man hört einen Knall, wie bei einem Peitschenschlag oder einem Pistolenschuss. Der Fuß lässt sich nicht mehr abrollen, doch man kann sich irgendwie noch hinkend fortbewegen. Reißt die Sehne, oder ist sie auch nur zu 20% eingerissen, ist nach unserer Auffassung - bei Sportlern zumindest - eine Operation erforderlich, da eine konservative Behandlung wie Ruhigstellung durch einen Gipsverband kein befriedigendes Behandlungsergebnis erbringt.

Nach einer Operation muss die Sehne mehrere Wochen lang durch einen Gipsverband ruhig gestellt werden. Danach erfolgt ein meist 6-wöchiges Aufbautraining und nach etwa 3 Monaten ist der Patient in der Regel wieder sporttauglich.

URSACHEN

Infolge Prellung des Achillessehnenbereiches kann sich das Gleitgewebe des Sehnenkanals entzünden und anschwellen. Ablagerungen und Verklebungen können in der Folge zu einem chronischen Verlauf führen! Aber auch Extrembelastungen und Überlastungen (Langstreckenlauf) oder Training auf harten, ungewohnten Böden, ein plötzlicher Bodenwechsel sowie eine verhärtete, verkürzte Wadenmuskulatur können eine Achillessehnen-Reizung verursachen.

Schlechtes und falsches Schuhwerk oder etwa chronischer Druck des hinteren Schuhrandes auf die Sehne begünstigen ebenfalls eine Reizung. Auch Fußdeformitäten (z.B. Knickfuß, Hohlfuß) oder eine veränderte Beinstatik (z.B. O- und X-Beine) können mitursächlich sein. Ja sogar Sportler, die Probleme im Bereich der Lendenwirbelsäule haben, sind anfälliger für eine Achillessehnen-Reizung.

Zu hohe Harnsäurewerte (der obere Grenzwert liegt bei 5,85mg/dl) und Cholesterinwerte (Normwert bis 240mg/dl) können zu Ablagerungen im Bereich der Achillessehne führen und Reizungen verursachen. Auch muss man bei der Ursachenforschung an ein

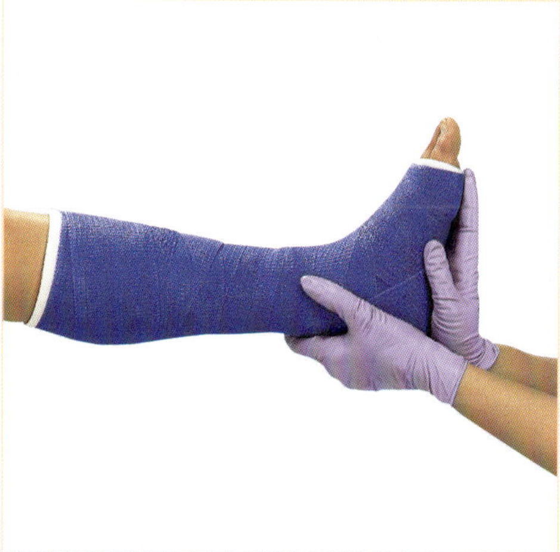

Manchmal unerlässlich: Ruhigstellung durch Gipsverband

rheumatisches Geschehen (z.B. Morbus Bechterew) denken oder an einen Entzündungsherd (z.B. Zahnwurzel-, Mandelentzündung).

ERSTVERSORGUNG

Nach einem Schlag auf die Achillessehne muss sofort versucht werden, die auftretende Schwellung und die ebenfalls einsetzende Überwärmung einzudämmen bzw. abzuleiten. An den verletzten Fuß sollte sofort für die Dauer von 15-20 Minuten ein „Hot-Ice"-Verband mit einem mit Eiswasser getränkten Schwamm und einer Idealbinde angelegt werden. Anschließend nach 4-5 Minuten Pause erneutes Anlegen des Verbandes. Die Behandlung 3-4 mal wiederholen. Den Verband während dieser Zeit immer wieder mit Eiswasser nässen. Notfalls kann man den Fuß zunächst auch in ein Kältebad stellen (z.B. in einen mit eiskaltem Wasser gefüllten Behälter - ggf. auch in einen Eimer). Oder die betroffene Stelle z.B. mit Nanosilicium-Spray oder Profelan Spray besprühen.

Keine Eispackungen auf die Haut legen - sie würden die Durchblutung und damit den Sauerstoffnachschub der ohnehin eher

Bei Verdacht auf eine Verletzung der Achillessehne: Schwellung und Überwärmung notfalls mit einem Kältebad eindämmen.

schlecht versorgten Achillessehne weiter verschlechtern und den Heilungsprozess stören. Anschließend wird für 8 Stunden ein kühlender Salbenverband (z.B. mit profelan-Salbe oder Physiko-Balsam K) angelegt: Salbe dick und großflächig auf das betroffene Gebiet aufstreichen, darüber eine gut angefeuchtete Verbandsmullkompresse legen und locker an die Achillessehne anwickeln.

Oder man schneidet sich ein Stück Verbandswatte oder Zemuco von gewünschter Größe, feuchtet Salbenträger mit Wasserspritzern an und streicht mit einem Holzspatel die jeweilige Salbe darauf. Diese Salbenkompresse wird auf die Achillessehne gelegt und angewickelt. Die Sehne wird geschont und entlastet.

Bei akuten und chronischen Reizungen einen Arzt aufsuchen.

+ MEDIKAMENTE +

Bis zum Abklingen der Beschwerden wird die Einnahme z.B. von Traumanase forte (3x2 Drg/T), Traumeel (3x1 Tbl/T) oder Wobenzym (2x10 Drg/T), Bio-Magnesin (3x2 Lutschtbl/T), Nanosilicium (2x2 Kps/T) und Reparil (3x2 Drg/T) empfohlen

NACHVERSORGUNG

Während der nächsten 2-3 Tage sollten 2 mal täglich, früh und abends, kalte Umschläge mit z.B. Hyzum-Lösung (4 Esslöffel auf 0,5 ltr Eiswasser) für etwa 20-30 Minuten angelegt werden. Den Verband angelegt lassen, bis kein Kältegefühl mehr empfunden wird. Zwischenzeitlich den Verband immer wieder mit der kalten Hyzum-Lösung nässen. Für die Nacht empfiehlt sich eine möglichst kalte, am besten mehrere Stunden im Kühlschrank gekühlte Heilerdepackung (z.B. Luvos-Heilerde) angemischt mit z.B. einer Hyzum-Lösung (siehe Kapitel „Hilfsmittel"), die Wärme regulierend auf das verletzte Gebiet einwirkt, da die Bettwärme für den Heilungsprozess hinderlich ist. Tagsüber sollte auf das verletzte Gebiet mehrfach z.B. das entzündungshemmende Nanosilicium-Spray, Profelan Spray oder Kupfer-Plus-Tinktur aufgetragen werden.

› TIPP ‹

Alternativ kann über Nacht auch eine Magerquark-Packung verwendet werden: ein halbes Pfund kalten Magerquark (aus dem Kühlschrank) dick auf die Verletzung auflegen, mit einer Haushaltsfolie abdecken, damit die Quarksubstanz feucht und elastisch bleibt, nicht hart wird und keine Reibung auf der Haut verursacht. Die Packung wird mit einem Handtuch umwickelt.

Als begleitende Maßnahmen empfehlen sich zur Muskelentspannung Stretching auf einer schiefen Ebene sowie Massagen der Waden-, Oberschenkel- und Lendenmuskulatur.

Weitere Empfehlungen: Fußbäder mit Zusatz von z.B. Intradermi, Elektro-, Laser- und Ultraschalltherapie, in hartnäckigen Fällen Stoßwellenbehandlung. Tritt keine Linderung ein, gehört jede Achillessehnen-Reizung in die Hand eines erfahrenen Physiotherapeuten.

Wichtig ist vor allem eine baldige Einlagenversorgung bzw. ein Fußbett für die Sport- und Straßenschuhe, um die Statik zu optimieren und mögliche Mitursachen auszuschalten. Im akuten Fall hat sich die Unterlage eines Fersenkeils (z.B. Viskoheel) für 2 oder 3 Tage bewährt, der die Ferse um ca. 1cm anhebt und dadurch die Spannung an der Sehne mindert. Der Keil sollte möglichst nicht länger als 3 Tage benutzt werden, da die Sehne sich wieder an eine normale Belastung gewöhnen muss.

Bei Schmerzen sollte eine Belastung der Achillessehne in Form von Lauftraining an den ersten Tagen nach der Verletzung unbedingt vermieden werden. Man kann auf andere, schonende Trainingsmöglichkeiten ausweichen: Aqua-Jogging, das den Fuß nicht belastet, Schwimmen, Radfahren (Pedale nicht mit der Fußspitze treten) oder - unter Anleitung eines Physiotherapeuten - die Gelegenheit nutzen für ein Ganzkörpertraining (vor allem Schwachstellen bedenken!).
Die volle Belastbarkeit der Achillessehne wird meist schneller durch regelmäßige Dehnübungen (siehe auch Kapitel „warming up“) wieder gewonnen. Dazu stellt man sich barfuß auf den Boden, drückt die Knie langsam nach vorne bis man eine Spannung in der Wade spürt (10 Sekunden lang).

Oder man macht einen Ausfallschritt mit dem verletzten Bein nach hinten. Das Kniegelenk wird dabei gestreckt gehalten. Das Kniegelenk des anderen Beines wird nun langsam nach vorn gedrückt - dabei bewegt sich der ganze Körper ebenfalls mit nach vorn - bis wieder eine Spannung in der Wade des verletzten Beines zu spüren ist. Wichtig dabei: Die Fersen müssen am Boden bleiben. Empfohlen: täglich 10 Wiederholungen, aber nur im schmerzfreien Bereich.

Sehr effektvoll lässt sich auf der „schiefen Ebene“ (z.B. mit Hilfe von Telefonbüchern herzustellen) dehnen. Man stellt sich mit beiden Füßen auf ein 40x50 cm großes Brett, das einen Neigungswinkel von 25-30° auf-

Aqua-Jogging ist eine Trainingsmöglichkeit, die den Fuß nicht belastet.

weist, wobei die Ferse tiefer steht als der Vorfuß. Die Dehnzeit kann bis zu 15 Minuten betragen. Anschließend empfiehlt es sich, für 5 Minuten in umgekehrter Richtung zu „entspannen".

Mit anfangs reduziertem Training sollte erst dann wieder begonnen werden, wenn keine Schmerzen mehr auftreten. Nach den jeweiligen Übungseinheiten den Achillessehnenbereich mit „Hot-Ice" kühlen und anschließend mit einem kühlenden Salbenverband (z.B. profelan-Salbe) versorgen.

Beim Fußballtraining als Ausgleichssport nur mit Noppenschuhen auf weichem Boden (Rasen) spielen, in der Leichtathletik so wenig wie möglich mit Spikes und auf hartem Untergrund oder Tartanböden trainieren. Unter dem Tartanbelag ist auf jeden Fall ein harter Unterboden, der die Erschütterung beim Laufen in den Körper reflektiert.

Abgeraten wird bei Achillessehnen-Problemen auch von Training auf weichem Sandboden (z.B. Strand). Die Ferse sinkt im Sand zu sehr ein, und im Moment des Abdrucks ist der Boden in sich nicht fest genug, der Vorfuß rutscht nach hinten. Das bedeutet eine erhebliche Mehrbelastung für die Sehne.

VORBEUGUNG

Bei Achillessehnen-Beschwerden sollte auf Schuhe mit möglichst hoher Fersendämpfung geachtet werden. Der Fuß darf jedoch nicht im Schuh „schwimmen". Die Ferse muss eine gute Führung und einen festen Halt haben. Die Fersenkappe sollte fest mit der Sohle verbunden sein und nicht zu hoch hinaufreichen, um beim Abrollen nicht in das Gleitgewebe bzw. die Sehne zu drücken. Zudem dürfen die Schuhe nicht einseitig abgetreten oder ausgetreten sein. Bei chronischer Reizung wird empfohlen, keine Sportschuhe zu tragen, deren Fersenbereich innen mit Kunststoff ausgekleidet ist. Setzt sich Schweiß auf der Haut ab, so wird er nicht - wie bei Leder - aufgesogen und kann zu einem zusätzlichen Reizfaktor werden. Gegebenenfalls den Fersenbereich vom Schuster mit Leder auskleiden lassen.

Besteht eine Schwäche der Wadenmuskulatur, sollte diese durch entsprechende Übungen trainiert werden. Bei veränderter Fußstatik, bei Fußdeformitäten oder Blockierungen im Bereich der Sprunggelenke oder Fußwurzelgelenke sollte der Physiotherapeut den Fuß mit Hilfe manueller Therapie in einen bestmöglichen Zustand bringen.

Danach sollten dem Fuß Einlagen durch einen orthopädischen Schuster angepasst werden.

› TIPP ‹

Beim Sport sollten möglichst keine Socken, Strümpfe aus reiner Synthetik getragen werden. Besser Materialien aus Baumwolle verwenden, die sich beim Waschen nicht verändern. Das Tragen von synthetischen Strümpfen führt unter Umständen zu einer schädlichen thermischen Veränderung an der Haut, was vor allem bei Achillessehnen-Beschwerden Reizungen hervorrufen kann.

KNOCHENHAUT-ENTZÜNDUNG

Die Knochenhaut-Entzündung am Schienbein gehört zu den schmerzhaftesten Sportverletzungen und kann eine Ausübung von Wettkampf oder Training unmöglich machen.

Sie tritt meistens im unteren bis mittleren Drittel der Schienbein-Innenseite auf und entsteht vor allem infolge Überlastung, übermüdeter Unterschenkelmuskulatur, z.B. des Fußhebermuskels, oder aber auch nach Tragen von „falschem" Schuhwerk oder Einlagen. Die tiefe Wadenmuskulatur an der Rückseite des Schienbeins ist dabei meist verspannt und kann sich nicht mehr erholen, d.h. entspannen. Wenn bereits beim normalen Gehen Schmerzen auftreten, ist ein absolutes Trainingsverbot zwingend notwendig.

SYMPTOME

Charakteristisch sind starke Schmerzen an der vorderen und inneren Schienbeinkante während bzw. nach schnellem Antritt oder Lauf. Typisch ist auch der Schmerz in diesem Bereich beim Aufstehen am Morgen. Gehen auf Zehenspitzen ist nahezu unmöglich. Weitere Symptome: erheblicher Druckschmerz, u.U. Berührungsschmerz, deutliche Schwellung. Bereits ein leichter Druck mit dem Finger auf die betroffene Region hinterlässt kurzzeitig einen Eindruck (Delle), ebenso der mit elastischen Fasern versehene Socken.

Bei akuten Entzündungen kann der betroffene Sportler keinen Strumpf mehr tragen, weil allein die Berührung mit den enganliegenden Teilen schmerzhaft ist. Auch die tiefe Wadenmuskulatur reagiert empfindlich auf Druck.

URSACHEN

Die Knochenhaut-Entzündung beim Läufer entwickelt sich meist infolge Überlastung, falschen Laufstils sowie beim Tragen von „falschem" Schuhwerk, nicht fußgerechtem Fußbett oder nicht sorgfältig genug angefertigten, nicht passenden Einlagen.

Eine Überlastung der Unterschenkelmuskulatur und Schienbein-Knochenhaut wird hervorgerufen durch einseitiges und zu intensives Training (z.B. auf ansteigenden Strecken), Sprungtraining oder durch ungewohntes, zu langes Training auf harten Böden wie z.B. Asphalt oder Tartan und zu weich gedämpften Sportschuhen.

ERSTVERSORGUNG

Leichte Druckbandagen mit „Hot-Ice" und z.B. Hyzum-Zugabe (4 Esslöffel Hyzum werden mit 0,5 ltr Eiswasser vermischt und Schwamm oder Schaumgummi damit getränkt). Oder: Eisbrei in einem Stutzen anfertigen (siehe Kapitel „Hilfsmittel"), an die Verletzung anmodellieren und mit einem nassen Handtuch umhüllen. Die Packung mit einer Idealbinde (z.B. eine Kurzzugbinde von BSN medical) an den hoch gelagerten Unterschenkel wickeln, 20 Minuten lang kühlen. Diese Therapie 3- oder 4 mal wiederholen.

Danach Salbenverbände mit z.B. profelan-Salbe, Elyth-Balsam S, Elyth-Salbe W oder

protect your body

Elyth® W
salbe

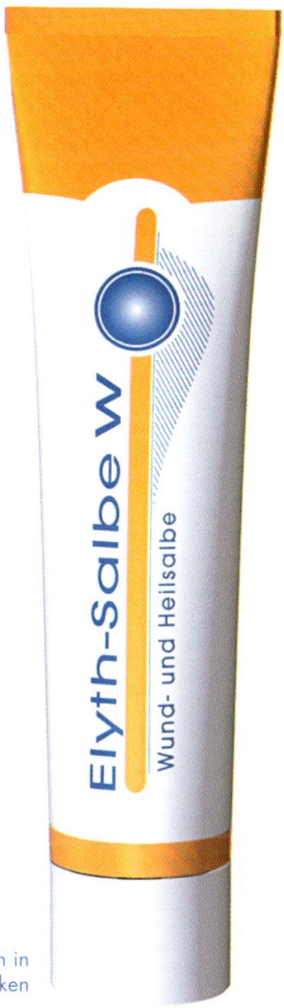

Erhältlich in
allen Apotheken

ELYTH-SALBE W

Medizinprodukt mit antibakterieller und abschwellender physikalischer Wirkung.

Durch die ELYTH-SALBE W werden Blutergüsse oder Ödeme beschleunigt abgebaut, die Schwellung reduziert und damit die Schmerzen gelindert. Die Neubildung von Gewebe wird unterstützt, die Heilung nach Operationen oder Verletzungen verbessert und die Narbenbildung verringert.

Salbe zur Anwendung bei

- Schürf-, Schnitt- und Risswunden
- Prellungen, Zerrungen, Verstauchungen
- Schwellungen, Blutergüssen
- Verbrennungen (Klasse I und II)
- schlecht heilenden Wunden und entzündlichen Erkrankungen der Haut (in Kombination mit anderen Behandlungsmethoden der Wundheilung wie z.B. Verbandstoffen)
- Die Wirkstoffe der ELYTH-SALBE W erlauben auch einen Einsatz im Mund-, Augen- und Schleimhautbereich

PETER KANZLSPERGER
NAWA VERTRIEBS GMBH

HEILMITTEL - VERBANDSTOFFE - PRAXISBEDARF

ZIEGELHÖHE 8
D-92361 BERNGAU

TEL +49 9181 2593-0
FAX +49 9181 2593-19

EMAIL: info@nawa-vertrieb.de
ONLINE: www.nawa-vertrieb.de

NEU
Jetzt mit Online-Shop!

Enelbinpaste anlegen. Für die Nacht wird ein Umschlag mit z.B. einer kühlschrankkalten Heilerde/Hyzum-Packung (Ansetzung siehe Kapitel „Hilfsmittel") oder ein Salbenverband empfohlen.

+ MEDIKAMENTE +

Zur Unterstützung der Behandlung empfiehlt sich je nach Beschwerdebild die Einnahme von z.B. Reparil (3x2 Drg/Tag), Traumanase forte (3x2 Drg/Tag) oder Wobenzym (2x10 Drg/Tag) über den Zeitraum von 10-14 Tagen

NACHVERSORGUNG

Tagsüber sollten entstauende Maßnahmen vorgenommen werden: In Eiswasser („Hot-Ice") getränkte Idealbinden von der Fußspitze über das Sprunggelenk bis zur Kniekehle anlegen. Den Verband ggf. von außen mit Eiswasser nachkühlen. Den Fuß bequem hoch lagern. Der Fuß befindet sich dabei deutlich über dem Körpermittelpunkt. Man legt sich auf den Boden und platziert den Fuß auf einen Stuhl. Die anschließende Übung besteht darin, die Fußspitze zum Körper heranzuziehen. Diese Fußstellung 7 Sekunden halten, anschließend entspannen und 10 Sekunden pausieren! Die Übung wird 10 mal wiederholt, mit nachfolgender 2minütiger Pause. Insgesamt werden 5 Serien empfohlen. Anschließend wird der ganze Fuß und der Unterschenkel mit Sportfluid (z.B. von Sixtus) eingerieben und über das Knie bis zum Oberschenkel großflächig mit beiden Händen in Richtung Herz ausgestrichen.

An den nächsten 3 oder 4 Tagen sollte ein leichter Druckverband angelegt werden. Dabei sollte auf die verletzte Stelle ein z.B. mit Spolera getränktes Stück Schaumgummi (z.B. Leukotape Foam) gelegt und mit einer feuchtkalten Idealbinde (8 cm breit, z.B. von BSN medical) aus dem Kühlschrank unter leichtem Zug umwickelt werden. Zusätzlich werden Einreibungen der entzündeten Knochenhaut mit z.B. Kupfer-Quarz-Rosmarin-Tinktur empfohlen. Oder auch Unterschenkelbäder (15 Min.).

Bestmögliche Schuh- und Einlagenversorgung hilft beim Heilungsprozess. Die Schuhe sollten über eine feste Fersenkappe und möglichst gut dämpfende, nicht zu weiche Schuhsohlen verfügen. Möglich ist auch ein kleiner Trick: eine Zwischenschicht Moosgummi am Absatz anbringen oder sogenannte Shock Blocker Einlegesohlen verwenden (über das Internet aus den USA zu beziehen). Diese Sohlen haben eine ausgezeichnete Dämpfungseigenschaft.

VORBEUGUNG

Regelmäßige Dehnübungen der gesamten Beinmuskulatur, vor allem aber der Wadenmuskulatur. Muskeln, vor allem der gut trainierten Sportler, sind so sehr sensibilisiert und „angepasst", dass sie auf einen abrupten Bodenwechsel empfindlich mit Verspannungen reagieren, und damit die Entwicklung einer Knochenhautentzündung am Schienbein gefördert wird.

> TIPP <

- Mit Boden- und Schuhwechsel sollte der Sportler sehr vorsichtig umgehen.
- Nach intensiver und einseitiger Trainingsbelastung empfehlen sich auch Wechselbäder der Unterschenkelmuskulatur: Beine bis in Kniehöhe 2 Minuten lang in warmes Wasser (ca. 36-38°C) tauchen, anschließend 15 Sekunden unter kaltes Wasser halten. 5-6 Wiederholungen.
- Laufstil ändern: Nach Abklingen der Beschwerden ist es wichtig, seinen Laufstil und sein Gangbild im Spiegel oder über eine Videoaufzeichnung zu kontrollieren oder am besten vom Trainer oder Physiotherapeuten überprüfen lassen und ggf. ändern.
- Regel: die Fußspitze nie seitwärts nach innen oder außen aufsetzen, sondern möglichst so auftreten, dass die Fußspitze streng nach vorne weist. Der Fuß tritt sonst stoßweise und nicht mehr federnd auf, was die Muskulatur und die Gelenke unnötig belastet und in ihrer Funktion stört. Außerdem verliert der Fuß viel Energie und Dynamik. Besonders gefährdet sind Sportler mit hohem Rist (Hohlfuß).
- Bei wiederkehrenden, anhaltenden Beschwerden sollte der Arzt aufgesucht werden! Durch einen Fachmann muss festgestellt werden, ob die Ursache für die Beschwerden am Schienbein selbst zu finden ist. (z.B. auch an einen Ermüdungsbruch denken) oder etwa auch im Bereich des lumbosacralen Übergangs (Übergang Lendenwirbelsäule-Kreuzbein).

KNIEGELENKS-VERLETZUNGEN

Kein anderes Gelenk des Menschen wird beim Sport und so auch beim Laufsport mehr belastet als das Knie. Es muss immense Druckbelastungen aushalten und enorme Kräfte umsetzen. Gerade der untrainierte Freizeit- aber auch der Profisportler ist bei extremen Belastungen verletzungsgefährdet. Kniegelenks-Verletzungen weisen in wohl allen Sportarten eine zunehmende Tendenz auf.

Das Knie ist ein hochkompliziertes Gelenk, das geeignet ist - u.U. sogar gleichzeitig - Roll-, Gleit- und Rotationsbewegungen auszuführen. Entsprechend vielfältig sind auch die Möglichkeiten der Verletzungen: Betroffen sein können Innen- und Außenbänder, Kreuzbänder, Innen- und Außenmeniskus, Gelenkkapsel, Gelenkknorpel, die Kniescheibe (Patella) oder auch die Kniescheibensehne (Patellasehne).

Generell gilt: bei Kniegelenks-Verletzungen so schnell wie möglich einen Arzt aufsuchen!

SYMPTOME

Je nach Verletzung tritt ein mehr oder weniger heftiger Schmerz im Bereich des Gelenkinneren, des Kapsel-Band-Apparates, in der Kniekehle oder im Bereich der Kniescheibe auf. Möglich ist auch das Gefühl einer Instabilität des Kniegelenkes. Häufig folgt eine Schwellung mit einem zunehmenden, manchmal massiven Druckgefühl.

Bei konditionellen Defiziten ist die Verletzungsgefahr an den Kniegelenken besonders groß.

Auch wenn der Schmerz schon bald nach der Verletzung nachlässt, sollte eine Kniegelenks-Verletzung niemals unterschätzt werden. Ein Innenbandriss beispielsweise ist sehr schmerzhaft. Dennoch: Nach wenigen Minuten hat man manchmal schon den Eindruck, es wäre gar nichts Ernstes passiert.

URSACHEN

Grund für Knieverletzungen sind neben gewaltsamen, mechanischen Einwirkungen von außen gerade im Freizeitsport oftmals konditionelle Defizite. Viele Hobbysportler überschätzen sich und ihre Kräfte und sind dadurch stärker gefährdet als der durchtrainierte Profi. Mit zunehmender Ermüdung der Muskulatur steigt die Verletzungsgefahr. Kommt es dann zu einer kritischen Situation „greifen" die Muskeln nicht wie notwendig, und die Bänder allein können das Gelenk oft nicht mehr stabil halten, weil die Kraftmomente zu groß sind. So ist es sogar möglich, dass ein Kreuzband in vollem Lauf ohne Einwirkung von außen reißt.

Weitere Ursachen können geistige Ermüdung, ein schlechter Allgemeinzustand oder nicht ausgeheilte Knieverletzungen sein.

ERSTVERSORGUNG

Bis ein Arzt erreichbar ist, der die Diagnose erstellt und die weitere Behandlung übernimmt, empfiehlt sich trotz der Vielfalt der Verletzungsmöglichkeiten folgende Vorgehensweise: Das Kniegelenk niemals gegen einen Widerstand beugen oder strecken! Das verletzte Knie in schmerzfreier Stellung möglichst in leichter Beugung über dem Körpermittelpunkt hochlagern. Mit „Hot-Ice" oder Eisbrei kühlen (siehe Kapitel „Hilfsmittel") und unter leichter Kompression (mit Eiswasser getränkten Schwamm oder Schaumgummi unterlegen) umwickeln. Die Verbände sollten großflächig angelegt werden - von der Mitte des Unterschenkels bis zur Mitte des Oberschenkels. Wichtig ist eine vollkommene Ummantelung des Kniegelenks und eine gleich bleibende Kühlung des gesamten Gelenks. Es darf weder zu einer Unterkühlung noch zu einer Überwärmung kommen. Eine gleichmäßige Abkühlung ist das Ziel.

Es empfiehlt sich, den Verband nicht zu eng anzulegen, das Gelenk nicht abzuschnüren, da es sonst zu einem Venen- und Lymphstau und dann zu einer Schwellung im Unterschenkelbereich kommen kann. Auf keinen Fall darf der Verband mit einer Plastikfolie umwickelt werden, da sonst die Wärmeableitung behindert wird! Nach ca. 3 Stunden intensiver und ununterbrochener Kühlung kann mit Salbenverbänden begonnen werden. Grundsätzlich gilt: Bei Kniegelenks-Verletzungen mit Hautschädigungen wie Schürf- oder Risswunden muss die Haut zuerst versorgt werden, um einer Infektion vorzubeugen. Hierzu gibt es eine Reihe geeigneter Mittel, die auf die offene Wunde, bzw. am Wundrand aufgetragen werden: z.B. Betaisodonna-Lösung und Zink-Paste (z.B. Desitin).

Falls keines dieser Mittel zur Hand ist, kann die Wunde vor dem Anlegen eines Verbandes auch mit klarem Wasser (nicht unter hartem Wasserstrahl) ausgespült und gereinigt werden. Niemals eine Wunde mit einem feuchten Tuch oder Watte ausreiben oder mit einer Plastikfolie abdecken.

+ MEDIKAMENTE +

Wenn möglich, sollte bis zur Untersuchung beim Arzt auf die Einnahme von Schmerzmitteln verzichtet werden, da eine Schmerzbeschreibung des Patienten bei der Diagnose-Erstellung hilfreich ist. Später empfiehlt sich die Einnahme von entzündungshemmenden Dragees wie z.B. Reparil und Traumanase forte (je 3x2 Drg/Tag) oder Traumeel (3x1 Tbl/Tag)

NACHVERSORGUNG

Nach Kühlung des Gelenks werden Salbenverbände (mit z.B. profelan-Salbe, Elyth Balsam S, Elyth-Salbe W oder Enelbinpaste) angelegt. Die Salben werden mit einem Spatel großflächig etwa 2mm dick auf das verletzte Gelenk aufgetragen, mit angefeuchtetem Verbandsmull abgedeckt und mit leichtem Druck umwickelt.

Oder man schneidet sich ein Stück Verbandswatte oder Zemuco von gewünschter Größe, feuchtet den Salbenträger mit Wasser an und streicht mit einem Holzspatel die jeweilige Salbe darauf. Auf die verletzte Region legen und (z.B. mit Elastomull-Haft) anwickeln. Die Verbände sollten alle 8 Stunden erneuert werden.

ARTHROSE

Einige Leistungssportler verspüren im späteren Alter einen zunehmenden Bewegungsschmerz in den Kniegelenken. Die jahrelangen, hohen Belastungen haben Spuren hinterlassen. In der Folge können weitergehende Schäden auftreten - meist am Knorpel. Und das ist oft schon der Anfang einer Arthrose-Entwicklung.

Achsenkorrektur bei leichten O- oder X-Beinen an der Schuhsohle - z.B. Außenrandserhöhung um 4 mm bei O-Beinen. Einlagen, weiche Schuhsohlen, Luftpolsterschuhe bzw. Luftpolstersohlen.

+ MEDIKAMENTE +

Gelatine, Vitamine A, C, E, Zink, Magnesium. Ausgezeichnete Behandlungsergebnisse wurden bei einer großen Zahl von Knorpel- bzw. Arthroseschäden z.B. mit Hyalart oder Ostenil (Hyaluronsäure) erzielt, das durch einen Arzt intraartikulär verabreicht werden muss. Eine Studie hat weiter gezeigt, dass die Einnahme von z.B. Zeel comp. N - einem Homoöpathikum - bei leichter bis mittlerer Kniearthrose eine verträgliche Langzeittherapie zur Entzündungshemmung bietet

Hilfreich: Training der Oberschenkelmuskulatur auf dem Laufband

KNIESCHEIBEN-VERRENKUNG

Wenn die Kniescheibe aus ihrem Gleitlager springt, reagiert der Verletzte wegen des optischen Eindrucks zunächst sehr erschrocken - er hat den Eindruck, das ganze Knie sei schwer verletzt. Häufig springt die Kniescheibe zwar durch eine Reflexbewegung spontan wieder in ihre Ursprungslage zurück, doch ist wegen möglicher Folgeschäden (Riss oder Quetschung) an der Gelenkkapsel oder am Gelenkknorpel eine sofortige ärztliche Untersuchung unbedingt notwendig.

SYMPTOME

Der Verletzte hat heftige Schmerzen im Kniegelenk, es tritt eine sofortige Bewegungsstarre ein. Die Konturen und die Form des Kniegelenks haben sich völlig verändert, die Kniescheibe „steht" spürbar und sichtbar neben dem Knie.

URSACHEN

Gewalteinwirkung seitlich von innen auf die Kniescheibe – beim Läufer meist hervorgerufen durch einen Sturz. Eine Luxation kann aber auch spontan aufgrund anlagebedingter anatomischer Gegebenheiten erfolgen: z.B. wenn die Kniescheibe zu klein ist oder zu hoch über ihrer Gleitrinne am Oberschenkelknochen liegt oder eine mangelhafte Führung durch die Gleitrinne besteht.

ERSTVERSORGUNG

Kommt es zu einem spontanen „Wiedereinrenken" der Kniescheibe, dennoch die sportliche Betätigung abbrechen und einen Arzt aufsuchen. Das Kniegelenk gestreckt halten - nicht versuchen, zu beugen. Mit „Hot-Ice" oder kaltem Wasser (siehe Kapitel „Hilfsmittel") kühlen, nur einen leichten Drukkverband anlegen. Springt die Kniescheibe nicht spontan wieder zurück, darf von einem Laien niemals der Versuch unternommen werden, die Kniescheibe einzurenken. Erlaubt ist lediglich eine vorsichtige Kühlung des Kniegelenkes mit „Hot-Ice" - keine Bandagen anlegen, kein Druckverband!

NACHVERSORGUNG

Darüber entscheidet der Arzt. Wichtig ist eine gewissenhafte Kräftigung der Oberschenkelmuskulatur unter Anleitung eines Physiotherapeuten, vor allem nach langen Trainingspausen oder einem operativen Eingriff (z.B. nach mehrfach wiederholter Luxation). Bei Wiederaufnahme der sportlichen Betätigung sollte die Oberschenkelkraft und der Umfang des verletzten Beines etwa seitengleich zum gesunden, nicht verletzten Bein sein. Auf einen Ausgleich muskulärer Dysbalancen im Bereich des Oberschenkel-Streckmuskels (Musculus quadriceps) achten. Muskelumfang vom Arzt überprüfen lassen.

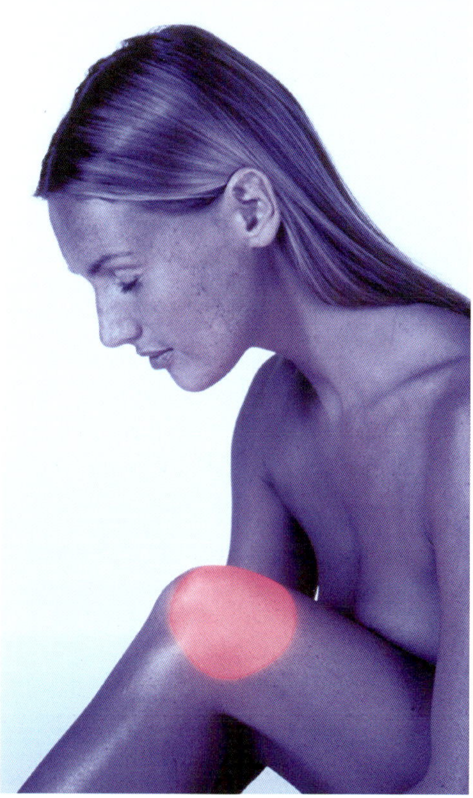

Bei heftigen Knieschmerzen sofort zum Arzt!

Kniegelenksbandagen können die Führung der Kniescheibe verbessern und dem Verletzten so das Gefühl von mehr Sicherheit geben. Dennoch sollte man sich nicht völlig daran gewöhnen. Entscheidend für gutes „Funktionieren" ist eine vitale, sehr gut durchtrainierte Oberschenkelmuskulatur.

MUSKELVERLETZUNGEN

ALLGEMEINES

Der normale, untrainierte Mensch besteht zu 43,5% aus Muskulatur - ein Sportler besitzt wesentlich mehr davon. Jeder Mensch hat jedoch dieselbe Anzahl von Muskeln, das Kraftwerk, das alles in Bewegung setzt. Training führt nicht dazu, dass sich die Muskelfasern oder Muskelbündel vermehren (außer beim Herzen) - sie verstärken sich nur. Der uns bewegende Motor aus Milliarden von Muskelfasern ist - sofern er richtig arbeits- und startbereit ist - zu phantastischen Leistungen imstande. Hat er jedoch nicht die richtige Betriebstemperatur, kommt der „Motor" nicht auf Touren, droht eine Verletzung, ein Schaden. Wobei Muskelverletzung nicht gleich Muskelverletzung ist. Die häufigsten muskulären Probleme und deren Behandlung werden in der Folge beschrieben.

MUSKELVERHÄRTUNG

„Der Muskel hat zugemacht!" Mit dieser Begründung beenden viele Sportler vorzeitig einen Wettkampf und tun damit instinktiv genau das Richtige. Wenn z.B. in der rückwärtigen Oberschenkelmuskulatur (häufigste

Bei regelmäßig Sportreibenden ist die Muskulatur sehr ausgeprägt und verletzungsanfälliger.

Lokalisation von Muskelverhärtungen) ein ungewohntes, zunehmend hohes und behinderndes Spannungsgefühl auftritt, verliert die Muskulatur von Minute zu Minute an Elastizität. Der Muskel (meist nur ein Strang) hat sich verkürzt. Im Fall einer Fortsetzung der sportlichen Betätigung droht bei Überschreiten der Elastizitätsgrenze ein Muskelfaserriss!

SYMPTOME

Bei der Muskelverhärtung tritt ein höheres Spannungsgefühl auf, das in der Regel nicht akut schmerzhaft ist. Mit zunehmender Belastung können jedoch vermehrt Schmerzen auftreten. Der Sportler spürt, dass der Muskel nicht mehr alles mitmacht. Er wird ängstlich und hat das Gefühl, dass beim nächsten Sprint etwas reißen könnte. Wer diese Befürchtung hat, sollte keinen falschen Ehrgeiz an den Tag legen und die Zähne zusammenbeißen - er sollte das Training einstellen und die Muskelverhärtung behandeln lassen. Denn in der Regel kann niemand Beschwerden von Seiten der Muskelverhärtung besser beurteilen als der Betroffene selbst.

URSACHEN

Meist liegt eine Nervenwurzelreizung ursächlich zugrunde, die zu einer Fehlsteuerung der von ihr versorgten Muskeln führt. Dieses kann geschehen durch Über- oder Fehlbelastung der Wirbelsäule (Hüftschmerz, Beckenschiefstand), Bandscheibenschäden oder Wirbelgelenkschäden bzw. -funktionsstörungen. Aber auch fremde oder neue Schuhe mit ungewohnter Dämpfung der Sohlen oder das Fehlen von Einlagen können eine Muskelverhärtung hervorrufen.

ERSTVERSORGUNG

Die Trainings-Intensität reduzieren, bei hohem Spannungszustand der Muskulatur mit der sportlichen Betätigung ganz aufhören.

Die betroffene Region wiederholt mit Stretching rund 60 Sekunden lang sanft dehnen. Anschließend Rückengymnastik. Beim Dehnen ist darauf zu achten, dass man die Schmerzgrenze nicht überschreitet. Lockert sich die Verhärtung und will man die sportliche Aktivität wieder aufnehmen, sollte zuvor unbedingt ein ausgiebiges „Warming-up" durchgeführt werden: Die Muskeln, die besonders beansprucht werden, jeweils 7 Sekunden dehnen - pro Muskelgruppe 3mal wiederholen! Es empfiehlt sich, stark beanspruchte Muskelpartien z.B. mit Sportfluid von Sixtus einzureiben.

+ MEDIKAMENTE +

z.B. Biomagnesin (3x2 Lutschtabl/Tag) und Vitamin E (z.B. Malton E 2x1 Kps/Tag) sowie Spascupreel (3x1 Tbl/Tag)

NACHVERSORGUNG

Möglichst ein warmes Bad nehmen. Danach den Muskel dehnen. Im anschluß daran: Wirbelsäulengymnastik. Klassische Massagen beim Physiotherapeuten.
Bewährt hat sich das Anlegen einer „feuchten Kammer" an den betroffenen Muskel: Eine Kompresse zurechtschneiden, leicht anfeuchten und großflächig auf die verletzte Stelle legen. Das Ganze mit einer Plastikfolie abdecken und mit einem Frottee-Handtuch umwickeln.

FUNKTIONELLES COMPARTMENT-SYNDROM

Nach wirklich extremen Belastungen der Muskulatur (z.B. ungewohnte, harte Böden, lange Ausdauerläufe in schlechtem Trainingszustand, lange Klettertouren) kann sich aufgrund der Übersäuerung eines Muskels eine Muskelverhärtung entwickeln.

Sollten sich neben den normalen Symptomen einer Verhärtung jedoch rasch zunehmende, starke Schmerzen einstellen sowie die Muskelspannung weiter steigen, dann besteht die Gefahr des funktionellen Compartment-Syndroms.

Eine sofortige ärztliche Behandlung ist erforderlich. Im Zweifelsfall sollte im betroffenen Muskel eine intramuskuläre Druckmessung vorgenommen werden. Ultraschall und Kernspin-Tomographie sind weitere geeignete diagnostische Verfahren.

SYMPTOME

Schon bei geringer Belastung krampfähnliche und stechende Schmerzen. Ziehen, Gefühl einer sehr großen Muskelspannung. Nachlassen der Schmerzen in Ruhestellung, ständige Zunahme bei Bewegung.

URSACHEN

Totale körperliche Überforderung nach Ignorieren von Warnzeichen des Körpers (z.B. Übermüdung der Muskulatur oder Muskelkater und/oder Muskelkrampf).

Tritt vornehmlich in der Unterschenkel-Muskulatur auf. Aufgrund anhaltender bis extremer körperlicher Anstrengungen übersäuert der Muskel, seine Spannung steigt massiv an, er verkürzt sich und nimmt an Umfang zu. Die Folge: Der Muskel schnürt sich in der relativ zu eng werdenden Muskel-hülle - wegen zunehmenden Innendrucks - selbst von der Blutversorgung ab. Die kleinen Blutgefäße werden nicht mehr versorgt und auch nicht entsorgt. Der Muskel kollabiert, es entstehen Mangeldurchblutungs-Schmerzen.

Der Muskel ist zwar noch zu geringfügiger Arbeit in der Lage, doch wegen manchmal akuter Schmerzen ist keine höhere Belastung mehr möglich. Man kann oft zwar noch gehen, jedoch nicht mehr laufen.

ERSTVERSORGUNG

Hochlagern des betroffenen Beines über das Körperzentrum. „Hot-Ice"-Umschläge (siehe Kapitel „Hilfsmittel"), jedoch ohne Kompression.

Lockerung der hartnäckigen Muskelverspannung durch Lymphdrainage und vorsichtiges Dehnen. Ausstreichen des betroffenen Gebietes: Das Bein mit beiden Händen umfassen und ca. 7 Minuten leicht in Herzrichtung streichen. Später Elektrotherapie.

+ MEDIKAMENTE +

z.B. Wobenzym (2x10 Drg/T),
Reparil (3x2Drg/ Tag), Traumeel (3x1 Tbl/Tag),
Biomagnesin (6 Lutschtbl/Tag),
Malton E (2x1 Kps/Tag)

MUSKELFASERRISS

SYMPTOME

Wie erkennt man einen Muskelfaserriss?
Im Gegensatz zur Zerrung, bei der sich ein krampfhafter Schmerz entwickelt, verspürt der Verletzte bei einem Faserriss einen plötzlichen Akutschmerz, der keine weitere Belastung mehr zulässt. Je nach Schwere und Ausmaß wird die Verletzung als Nadel- oder Messerstich empfunden - je größer der Faserriss umso stumpfer der Schmerz!

Ein Hämatom (Bluterguss) ist in der Regel nicht sichtbar. Ist eine Blutung zu erkennen, besteht der Verdacht auf einen Muskel- oder Muskelbündelriss.

URSACHEN

Muskelfaserrisse entstehen zumeist bei oder nach extremen Belastungen, wenn der Muskel übermüdet und/oder übersäuert ist. Wie bei der Zerrung ist die Verletzung auch zurückzuführen auf fehlendes oder ungenügendes Warming up, einen schlechten Trainingszustand oder hohen Mineralverlust durch starkes Schwitzen.

Ursache können auch nicht ausgeheilte Verletzungen und/oder Koordinationsstörungen sein. Im weiteren Sinne können sich auch Stoffwechselstörungen (Harnsäure über 5,85mg/dl) oder Entzündungsherde wie eitrige Mandeln oder Zahnwurzel-Entzündungen förderlich für diese Verletzung auswirken.

ERSTVERSORGUNG

(gilt auch für Muskelbündel- und Muskelriss)

Die sofortige richtige Erstversorgung ist nach unseren Erfahrungen von entscheidender Bedeutung. Beim Muskelfaserriss kommt es zu einer Gewebeblutung, die sofort durch Druck und Kälte eingeschränkt werden muss. Spätestens 10 Minuten nach der Verletzung muss ein kalter Druckverband mit

Beim Muskelfaserriss verspürt der Sportler einen plötzlichen Akutschmerz.

„Hot-Ice“ angelegt sein, da nach dieser Zeit eine Selbstregulation des Körpers an der verletzten Stelle einsetzt, die höchst nachteilige Auswirkungen auf den zeitlichen Heilungsverlauf hat: Jede versäumte Minute bei der Erstversorgung kann nämlich bei der Regeneration einen Tag Zeitverlust bedeuten.

So wird der Druckverband angelegt: den verletzten Muskel unbedingt entlasten und entspannt lagern (z.B. bei einem Faserriss im Ober- oder Unterschenkel sollte sich das leicht angebeugte Knie über Hüfthöhe befinden). Ein mit Eiswasser getränkter Schwamm oder ein zugeschnittenes Stück Schaumgummi (z.B. Leukotape Foam oder Komprex) wird auf die Verletzung gelegt und mit einer „Hot-Ice“-Binde (z.B. eine 8-10 cm breite Idealbinde von BSN medical, in Eiswasser tränken) großflächig und unter starkem Druck angewickelt Den Druckverband zunächst nur 20 Minuten angelegt lassen und immer wieder von außen mit Eiswasser tränken.

Nach 20 Minuten wird der Druckverband gelöst. Durch zu langen Druck wird sonst der Muskelstoffwechsel gestört, was erhebliche weitere Schäden zur Folge haben kann. Durch die Abnahme des Druckverbandes wird der Muskel wieder durchblutet und mit Sauerstoff und Nährstoffen versorgt. Nach einer Pause von 4-5 Minuten wird für weitere 20 Minuten ein neuer Druckverband mit „Hot-Ice“ angelegt. Den Verband insgesamt 3-4 mal anwickeln, Pausen einhalten. In dieser Zeit darf der verletzte Muskel nicht belastet werden. Bei schweren Muskelverletzungen wie Muskelbündel- oder Muskelriss ist die Muskelblutung in der Regel erst nach 3 Stunden sicher zum Stillstand gekommen.

Der Verletzte sollte anschließend nur mit angelegtem Druckverband duschen. Durch das warme Wasser wird zuviel Wärme von außen zugeführt und eine mögliche Nachblutung provoziert. Anschließend wird für die nächsten 8 Stunden ein kühlender Salbenverband angelegt (z.B. profelan-Salbe oder Spolera-Salbe zusammen mit z.B. Enelbinpaste) und die verletzte Muskelregion möglichst auch weiterhin hoch gelagert und nicht belastet.

+ MEDIKAMENTE +

z.B. Reparil (3x2 Drg/T), Wobenzym (2x10 Drg/Tag), Nanosilicium (2x2 Kps/Tag) Traumeel (3x1 Tbl/Tag), Unizink (2x1 Drg/Tag), Vitamin C (1g/Tag), Vitamin E (800mg/Tag)

! ACHTUNG !

Keine schmerzlindernden Tabletten!
Nach Einnahme von Schmerzmitteln nimmt man den Schmerz nicht mehr objektiv wahr. Die Verletzung erfährt nicht die notwendige Schonung. Der Heilungsprozess verzögert sich!

NACHVERSORGUNG

Die weitere gezielte Behandlung wie Infiltrations-Therapie und Rehabilitation muss von einem Arzt und Physiotherapeuten vorgenommen werden. Folgendes therapeutisches Vorgehen hat sich bewährt:

Bei VERSTAUCHUNGEN, PRELLUNGEN, QUETSCHUNGEN, BLUTERGÜSSEN:

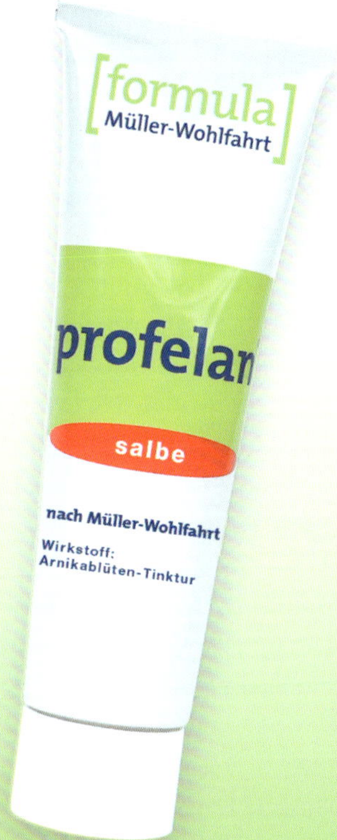

profelan®salbe nach Müller-Wohlfahrt

Pflanzliche Schmerzsalbe mit Arnikablüten-Tinktur

- → lindert den Schmerz
- → wirkt abschwellend
- → hemmt die Entzündung
- → fördert die Heilung

profelan®salbe nach Müller-Wohlfahrt. (Wirkstoff: Arnikablüten-Tinktur) zur äußerlichen Anwendung bei Verletzungen und Unfallfolgen, wie z. B. Verstauchungen, Prellungen, Quetschungen und Blutergüssen. Zu Risiken und Nebenwirkungen lesen Sie die Packungsbeilage und fragen Sie Ihren Arzt oder Apotheker. Rezeptfrei in Ihrer Apotheke.

[formula] Müller-Wohlfahrt Health & Fitness AG
Possartstraße 13 · 81679 München

[formula] Müller-Wohlfahrt

www.profelan.de

Fit werden. Fit bleiben.

1. Es wird alles dafür getan, dass die innere Wunde (Faserriss) so schnell wie möglich heilt und nicht mehr schmerzt (ohne Schmerzmittel zu verwenden). Alle Verletzungssymptome, auch die entsprechenden Reaktionen auf die Verletzung, wie z.B. eine Verkürzung des verletzten Muskels, in dem sich der Faserriss befindet, werden behandelt und „abgebaut", ja sogar das Muskelbündel in einen lockereren Zustand versetzt, als es vor der Verletzung war. Dies geschieht mit täglich stundenlanger Therapie wie z.B. Lymphdrainagen (zur Entsorgung des Hämatoms und zur Vorbeugung von Durchblutungsproblemen), Quer- und Längsfriktionen (Massageformen) der nicht verletzten Muskelregion, bei denen millimeterweise vorgegangen wird, und der Faserriss selbst während der ersten 5 Tage ausgespart bleibt.

Mobilisieren der benachbarten Gebiete, passives und aktives Dehnen der Muskulatur im schmerzfreien Bereich, Elektrotherapie, Infiltrationen mit homöopahischen und biologischen Medikamenten in den verletzten Muskel. Entlastende Verbände, über Nacht Salbenverbände.

2. Motivierung und Schulung der übrigen, funktionell gleichgerichteten Muskulatur, die die Funktion der verletzten, noch nicht ausgeheilten Muskeleinheit zu übernehmen hat.

Ab dem 5. Tag: neben physiotherapeutischen Maßnahmen wird am 5. Tag ein erstes Lauftraining im schmerzfreien Bereich empfohlen. Mit einem leichten Dauerlauf über etwa 20 Minuten beginnen. In den nächsten beiden Tagen möglichst 2x20 Minuten Lauftraining mit zunehmender Intensität vornehmen.
Ab dem 8. Tag sind Steigerungsläufe möglich.
Ab dem 10. Tag können Sprint- und Koordinationsübungen absolviert werden, sofern keine Schmerzen verspürt werden.

Sollten bei den ersten Belastungen Schmerzen an der verletzten Region verspürt werden, oder sich die Muskelspannung verstärken, muss das Training beendet werden. Andernfalls verzögert sich der Heilungsprozess. Bei zu früher Belastung und erneuter Verletzung droht eine deutlich längere Rehabilitationsphase.

Nach jeder Therapie-Maßnahme sollte die verletzte Muskulatur mit „Hot-Ice" gekühlt werden, um eventuell thermische Reaktionen zu verhindern. Nach jeder Trainingseinheit sind Cool-down-Maßnahmen, Stretching und aktive Regeneration obligatorisch.

! VERBOTEN !

Bei allen Sportverletzungen sollte grundsätzlich in den ersten 24 Stunden keinerlei Alkohol konsumiert werden. Der Flüssigkeitshaushalt und der körpereigene Regulierungs-Mechanismus würden gestört. Die Folge wäre, dass die Verletzung „Wasser zieht" - besser gesagt: Die Gewebeschwellung (Ödem) nimmt weiter zu.

VORBEUGUNG

Wie bei der Zerrung.

MUSKELKRAMPF

Der Muskelkrampf gehört zu den Beschwerden, die man an Ort und Stelle möglichst sofort selbst oder mit Hilfe eines Betreuers oder Mitläufers beheben kann. Nach anhaltender Überlastung einer Muskelgruppe verspürt der Sportler - am häufigsten in der Wade, aber auch Oberschenkel oder Zehen können betroffen sein - akute Schmerzen. Er ist nicht mehr in der Lage, zu laufen. Ein extremer Spannungszustand in der Muskulatur sowie Durchblutungsstörungen führen zu einer stark schmerzhaften Bewegungseinschränkung.

SYMPTOME

Akute, heftige Schmerzen in der Muskulatur. Starke Bewegungseinschränkung bis zur Bewegungsunfähigkeit, extremes Spannungsgefühl der betroffenen Muskelregion bzw. der Gliedmaße.

URSACHEN

Der Grund für einen Muskelkrampf liegt in einer Störung des Muskelstoffwechsels. Hierfür gibt es eine Reihe von Gründen: neben allgemeiner Ermüdung, Überanstrengung und schlechtem körperlichem Zustand, ist häufig eng anliegende Kleidung und das Abschnüren bestimmter Muskelregionen wie der Wade durch einschneidende oder eng anliegende Strümpfe Ursache für die Durchblutungsstörungen. Diese treten im Sommer naturgemäß häufiger auf als im Winter. Bei hohen Temperaturen kommt es zu einem höheren Mineralsalzverlust. Ferner können auch Krampfadern, Störungen im Bereich der Lendenwirbelsäule, falsches, nicht passendes Schuhwerk oder eine von der Norm abweichende Fußstatik zu einem lästigen Muskelkrampf führen.

ERSTVERSORGUNG

Wadenkrampf

Wichtig ist, den verkrampften Muskel sofort zu dehnen: auf den Boden setzen, das Kniegelenk des betroffenen Beines nicht strecken, sondern bis auf ca. 90° anwinkeln und erst dann möglichst mit beiden Händen die

Fußspitze zu sich heranziehen. Die Dehnung 20 Sekunden lang halten. Das Ganze 3-4 mal wiederholen.

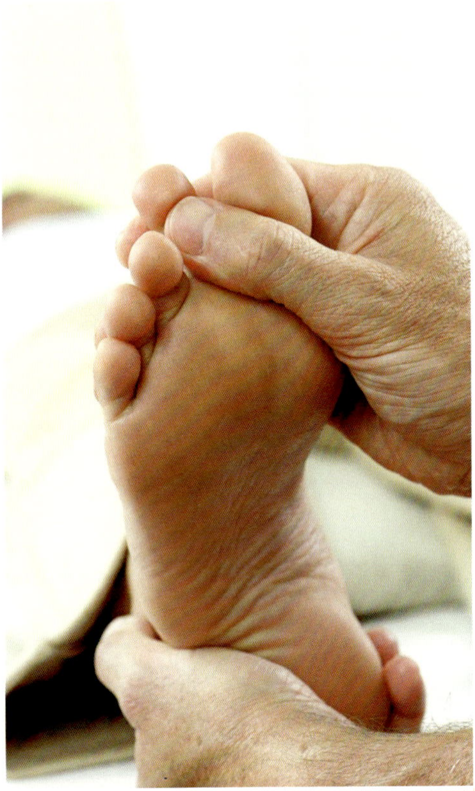

Lösen eines Zehenkrampfes: Der Fuß wird mit einer Hand an der Ferse gehalten. Mit der anderen Hand werden die Zehen und der Fuß etwa 15-20 Sekunden nach oben gedrückt und gehalten. Das Ganze 2-3 mal wiederholen.

Führt dies nicht zur Entkrampfung, sollte ein Betreuer folgendermaßen helfen: Der „Verletzte" legt sich auf den Bauch, der betroffene Unterschenkel wird im rechten Winkel zum Oberschenkel gestellt und die Fußspitze in Richtung Knie gedrückt! Die Dehnung möglichst 20 Sekunden lang aufrecht halten und nach kurzer Pause 3-4 mal wiederholen. Beim Nachlassen des Krampfes kann der „Verletzte" mit der Fußspitze einen Gegendruck gegen die Hand des Helfers erzeugen.

Anschließend die Wade und die Kniekehle des betroffenen Beines mit einem eiswassergetränkten Schwamm abreiben. Empfeh-

Wadenkramf lösen: Der Sportler liegt auf dem Bauch. Der Unterschenkel ist angebeugt. Der Betreuer drückt die Fußspitze extrem in Richtung Knie.
Diese Stellung wird 15-20 Sekunden gehalten. Dann etwa 10 Sekunden locker lassen - und das Ganze 2-3 mal wiederholen.

lenswert ist dabei die Zugabe von ein paar Tropfen Sportfluid (z.B. von Sixtus), wodurch die Blutzirkulation in dem betroffenen Gebiet belebt und verbessert wird.

Krampf an der Rückseite der Oberschenkel-Muskulatur

Den verkrampften und verkürzten Muskel leicht und stufenweise dehnen. Dazu im Stehen den Oberkörper auf das nicht betroffene Bein nach vorne beugen. Die Dehnung sollte solange gehalten werden, bis man das Gefühl hat, dass die Verkrampfung beim Zurückgehen aus dieser Haltung aufhört. Den Oberschenkel anschließend jeweils mit einem eiswassergetränkten Schwamm (z. B. einige Tropfen Sportfluid von Sixtus zugeben) abreiben.

NACHVERSORGUNG

Bewegungsbäder im warmen Wasser, Mineralsalztabletten, Mineralgetränke.

VORBEUGUNG

Vor Training oder Wettkampf immer ein ausgiebiges Stretching und Gymnastik-Programm absolvieren. Allgemein für einen guten Trainingszustand sorgen. Bei Fitness-Übungen nicht übertreiben. Lieber kürzere Trainingsintervalle absolvieren. Den Flüssigkeitsverlust während des Wettbewerbs hauptsächlich ausgleichen durch frisches, kohlensäurearmes oder kohlensäurefreies Mineralwasser. In Ergänzung dazu auch kleinere Portionen Tee mit Zitrone (möglichst lauwarm trinken - da besser vom Körper an- und aufgenommen). Nach dem Sport ist zum Ausgleich des Schweiß-verlustes (Mineralien und

Krampf Oberschenkelrückseite: Der Sportler liegt auf dem Rücken. Der Sportkollege fixiert das gestreckte Bein mit dem Knie, das zu dehnende bein wird im Kniegelenk gestreckt und in Richtung Rumpf bewegt.
Diese Stellung wird 15-20 Sekunden gehalten. Das Ganze 2-3 mal wiederholen.

Spurenelemente u.a.) eine Mischung aus Apfelsaft und Mineralwasser (Apfelschorle) sehr geeignet.

Bezüglich der Einnahme von Mineralsalztabletten und Mineralgetränken bitte vom Fachmann wegen großer Qualitätsunterschiede der Produkte beraten lassen.

Wichtig: Keine eiskalten Getränke trinken und keinen Alkohol!

Sollte eine erhöhte Krampfneigung bestehen, wird eine Untersuchung der Lendenwirbelsäule durch einen Facharzt sowie die Anfertigung eines Blutbildes empfohlen.

MUSKELKATER

Viele Sportler haben in dieser Beziehung leider immer noch eine völlig veraltete, ja falsche Ansicht: Für sie ist ein richtiger Muskelkater am Tag nach einer intensiven oder ungewohnten Trainingsbelastung der Beleg für richtige, harte Arbeit. Tatsächlich jedoch ist der Muskelkater auf eine Mikrogewebeschädigung im Bereich der Muskelfasern zurückzuführen, die man zwar nicht unbedingt tragisch nehmen muss, die man aber durch vernünftig dosiertes Training vermeiden kann. Auch Bergwanderer können am Morgen danach ein Lied davon singen, wenn sie einen ungewohnt schweren Abstieg zu bewältigen hatten.

SYMPTOME

Nach schwerer, ungewohnter körperlicher Belastung, längerer Trainingspause oder nach unzureichender Vorbereitung wird die Muskulatur müde (z.B. schwere Beine). Die Koordination der Muskeln ist beeinträchtigt. In den Tagen nach der Belastung stellen sich mehr oder weniger starke Muskelschmerzen in den besonders beanspruchten Muskelregionen ein. Es kann zu schmerzhafter Bewegungsunfähigkeit kommen.

URSACHEN

Durch Überbeanspruchung - im Wesentlichen durch exzentrische, also abbremsende, hinhaltend nachgebende Muskelarbeit wie z.B. bei Bergabläufen kommt es zu Mikroverletzungen im Bereich der Muskelfasern - nicht zu vergleichen mit einem Muskelfaserriss! Darüber hinaus können sich Milchsäure und Schlackenstoffe absetzen, die die Durchblutung stören und einen Gewebereiz verursachen. Die konzentrische Muskelarbeit, z.B. beim Berganstieg, führt kaum zu Muskelkater, wohl aber zu Muskelermüdung.

Infolge der Ermüdung und Koordinationsstörungen steigt die Verletzungsgefahr! Ohne die Gelenk stabilisierende Wirkung der Muskeln ist die Gefahr eines Bänderrisses erheblich größer.

ERSTVERSORGUNG

Um Schlackenstoffe möglichst schnell auszuscheiden und Gewebereaktionen möglichst gering zu halten, muss die aktive und passive Regeneration so früh wie möglich einsetzen. Am nächsten Tag wäre es ungleich schwerer, denselben Effekt zu erzielen.

Trotz der Ermüdung sollte es sich ein jeder Profi oder auch Freizeitsportler deshalb zur Gewohnheit machen, nach einem Lauf, Wettbewerb oder anderer körperlicher Anstrengung auf jeden Fall eine Cool-down-Phase einzulegen. Zunächst wird die belastete Muskulatur sanft gedehnt. Auf diese Weise kann man schmerzhaften Verspannungen und Muskelkater wenigstens zum Teil vorbeugen.

Darüber hinaus empfiehlt sich ein lockeres Auslaufen oder - wenn möglich - auf dem Fahrradergometer ohne große Muskelbeanspruchung radeln (15-20 Minuten). Dabei auf luftdurchlässige Kleidung achten, damit es nicht zu einem Hitzestau kommt.

Günstig ist auch zur Vorbeugung eines Muskelkaters ein Entmüdungsbad: 10-15 Minuten lang in 37-39°C warmem Wasser. Die Wirkung wird noch verbessert durch die Zugabe von Rheuma-Badezusätzen (wie z.B. Pernionin) oder auch einer Handvoll Kochsalz.

Empfehlenswert ist weiterhin: leichtes Ausschwitzen in der Sauna. Bei reduzierter Temperatur (50-60°C) sollten allerdings nur 1-2 Gänge über 6-8 Minuten absolviert werden. Vor dem Saunagang unbedingt Flüssigkeit zu sich nehmen - niemals „ausgetrocknet" in die Sauna gehen. Anschließend ist Ruhe angesagt, ggf. Regenerations-Massagen durch einen erfahrenen Physiotherapeuten (bei Berührungsschmerz ist von Massagen abzusehen).

Was tun, wenn der Muskelkater doch aufgetreten ist?

Die erstarrte Muskulatur sollte vorsichtig gelockert werden. Wenn keine Muskelstarre aufgetreten ist, kann man versuchen, leicht zu laufen. Mit zunehmender Muskelerwärmung wird der Bewegungsablauf oft besser. Die Trainingsdauer ist individuell: In der Regel

Beugt Muskelkater nach Beanspruchung vor: ein Entmüdungsbad.

sollte man so lange laufen, bis sich eine erneute Ermüdung der Muskulatur ankündigt. Bei schwerem Muskelkater empfiehlt sich zunächst die oben beschriebene Bädertherapie. Dazu Aqua-Jogging, Fahrradfahren sowie Lymphdrainagen beim Physiotherapeuten.

NACHVERSORGUNG

Zur Dämpfung der Beschwerden können z.B. 2 Brausetabletten Aspirin plus C genommen werden. Ferner: z.B. Traumanase forte (3x2 Drg/Tag) oder Wobenzym (3x2 Drg/Tag) oder Traumeel (3x1 Tabl/Tag).

MUSKELZERRUNG

Fast jeder Sportler kennt das Gefühl: Ein schneller Schritt oder eine rasche Bewegung - plötzlich verspürt man im Oberschenkel oder der Wade ein Ziehen, ein Spannungsgefühl oder einen krampfartigen Schmerz. Die Zahl der Muskelzerrungen ist in den letzten Jahren aufgrund besserer sportartspezifischer Aufwärmarbeit und Stretching vor Training und Wettbewerb in allen Sportarten glücklicherweise zurückgegangen.

Dennoch gehören die Zerrungen immer noch zu den häufigsten Blessuren. Es tritt zwar kein akuter Schmerz auf, aber eine weitere Belastung des in seiner Funktion gestörten Muskels sollte unterbleiben, da sonst ein Muskelfaserriss oder gar ein Muskelriss droht. Muskelzerrung und Muskelfaserriss sind aufgrund unserer langjährigen Beobachtungen und Erfahrungen zwei grundsätzlich verschiedene Verletzungen! Bei der Zerrung handelt es sich um eine Störung der Muskelfunktion, eine Entgleisung der Muskelspannungsregelung neuromuskulär. Im Gegensatz zum Faserriss liegt kein Gewebeschaden vor: Es sind keine Fasern gerissen, es gibt auch keine Blutung und kein punktförmiges Schmerzzentrum.

Eine Nichtbeachtung der Beschwerden bei der Muskelzerrung führt jedoch oft zum Faser- oder gar Muskelriss.

Bei geeigneter Therapie kann der Sportler 3-4 Tage nach der Verletzung wieder voll belasten.

Ziehende Schmerzen in einer Muskelregion können Anzeichen einer Zerrung sein.

SYMPTOME

Eine Zerrung macht sich im Gegensatz zum Muskelfaserriss meistens nicht akut bemerkbar. Oft ist die „Entwicklung" der Zerrung folgendermaßen: Zuerst verspürt man ein zunehmendes Unbehagen an einer Muskelregion, das punktuell nicht zu identifizieren ist. Danach setzt ein Ziehen ein, dann ein zunehmendes Spannungsgefühl und schließlich krampfartige, teilweise ziehende Schmerzen.

Spontan will der Sportler meist nicht aufhören und versucht zunächst weiterzumachen. Doch durch den zunehmenden Schmerz im Muskel kann sich ein Angstgefühl entwickeln: Man traut sich keine höhere Belastung wie z.B. Sprint mehr zu, aus Furcht, es könnte etwas reißen.

Jeder, der sich schon einmal einen Muskel gezerrt hat, reagiert zunächst gleich: Der Sportler versucht die erhöhte Muskelspannung zu lösen, indem er das betroffene Bein ausschüttelt. Doch eine Lockerung, also ein Nachlassen der Spannung und der Schmerzen lässt sich dadurch leider nicht erreichen. Je länger der gezerrte Muskel weiter belastet wird, desto ausgeprägter wird die Problematik der Zerrung.

URSACHEN

In den meisten Fällen ist mangelhafte und schlechte Vorbereitung vor dem Training oder sportlicher Belastung Grund für eine Zerrung. Einem ausgiebigen Warming up hat nach Erwärmung der Muskulatur ein Warming up-Stretching zu folgen, wobei alle bei der jeweiligen Sportart beanspruchten Muskeln gedehnt werden müssen.

Bei warmer Witterung ist die Gefahr einer Zerrung größer, da man bei hohen Temperaturen leichter schwitzt und dadurch mehr Flüssigkeit und Mineralsalze verliert, die für eine optimale Muskelfunktion wichtig sind. Die weiteren Gründe für die Entstehung von Zerrungen können vielfältig sein: ein schlechter körperlicher Allgemeinzustand, statische Probleme wie z.B. Fehlstellungen des Fußes, Entzündungsherde im Körper wie vereiterte Mandeln, Nebenhöhlen- oder Zahnwurzel-Entzündungen, die Schwächung des Körpers durch einen grippalen Infekt und auch überhöhte Harnsäurewerte.

Was häufig nicht beachtet wird: Auch ungewohnte Bodenverhältnisse können derartige Muskelprobleme verursachen. In der Umgewöhnungsphase steigt die Gefahr einer Zerrung deshalb an. Es ist ratsam, sich möglichst auf dem Boden vorzubereiten, auf dem man anschließend läuft. Übrigens: Die Muskulatur von Profisportlern reagiert auf einen Bodenwechsel deutlich empfindlicher als die Muskulatur von Hobbysportlern.

Eine andere mögliche Ursache für eine Zerrung ist die falsche Schuhwahl: Gute Sportschuhe kosten mehr als Sonderangebote auf einem Kaufhaustisch, dafür schonen sie durch Fußbett und dämpfende Sohlen jedoch Gelenke, Sehnen und Muskeln.

ERSTVERSORGUNG

Das Wichtigste bei der Behandlung einer Zerrung ist die „Entspannung" des Muskels - die „Detonisierung". Die verletzte Region sollte zunächst 20 Minuten lang mit einem

„Hot-Ice"-Druckverband umwickelt werden. Dann gilt es abzuwarten, wie sich die Beschwerden entwickeln. Ein Schwamm oder ein entsprechend großes Stück kaschierter, saugfähiger, z.B. mit Eiswasser getränkter Leukotape Foam oder Komprex-Schaumgummi, wird mit einer ebenfalls in Eiswasser getränkten Idealbinde (8 cm breit, z.B. von BSN medical) großflächig und fest an die verletzte Muskelpartie angewickelt. Es empfiehlt sich, den Verband während dieser Zeit immer wieder mit Eiswasser zu nässen oder einen Eiswasser-Pack aufzulegen. Keinesfalls darf mit Wärme oder wärmenden Salben behandelt werden! Meist sind nach dieser Erstversorgung über 20 Minuten die Beschwerden deutlich gemindert, da die Kälte spannungslösend wirkt.

Haben die Beschwerden nicht nachgelassen oder gar zugenommen, muss an die Diagnose Faserriss (siehe entsprechendes Kapitel) gedacht werden. Die Symptome nach Zerrung und Faserriss werden von verletzungsunerfahrenen Sportlern manchmal ähnlich beschrieben.

Nach dem „Hot-Ice"-Druckverband werden Dehnübungen im schmerzfreien Bereich empfohlen. Das heißt: aufmerksam und vorsichtig mit sanftem und leichtem Dehnen beginnen. Der betroffene Muskel wird jeweils 7-10 Sekunden gedehnt, dann entspannt und wieder gedehnt. Die Übungen sollten 10-15 mal wiederholt werden. Danach wird ein Salbenverband angelegt. Es wird empfohlen, keine schmerzstillenden Mittel und Salben zu verwenden. Bei Muskelverletzungen benötigt man die unverfälschte Wahrnehmbarkeit, um zu wissen, wie der Heilungsprozess fortschreitet.

Gutes Schuhwerk sorgt für Schonung der Gelenke, Sehnen und Muskeln.

+ MEDIKAMENTE +

Ratsam ist die Einnahme von Vitamin E und Magnesium-Lutschtabletten (z.B. pro Tag 2 Kapseln Malton E und täglich 6-12 Tbl Biomagnesin)

NACHVERSORGUNG

1. Tag nach der Verletzung: Wiederholte Dehnübungen wie unter Erstversorgung beschrieben, Versuch des leichten Lauftrainings (Joggen) im Ausdauerbereich oder Be-

Zerrungen lassen sich durch ein ausgiebiges Aufwärmprogramm vermeiden.

wegungstraining auf dem Fahrrad-Ergometer im schmerzfreien Bereich (maximal 20 Minuten).Keine Schnellkraft-Bewegungen vornehmen! Der Muskel muss neu motiviert und geschult werden, sodass er die gewohnte Funktion nach und nach wieder aufnimmt. Anschließend „Hot-Ice"-Umschläge zur erneuten Herabsetzung der Muskelspannung anlegen. Zusätzlich werden Ultraschall-Anwendungen, Elektro-Therapie sowie klassische Massagen empfohlen.

2. Tag: Dehnübungen wie am Vortag. Vormittags und nachmittags je 20 Minuten Lauftraining im Ausdauerbereich - keine Sprints! Nach dem Lauftraining „Hot-Ice"-Umschläge, nach der 2. Trainingseinheit aktive Entmüdung mit Stretching und gymnastischer Behandlung durch den Physiotherapeuten wie am 1.Tag nach der Verletzung.
3. Tag: Vormittags und nachmittags leichtes Stretching sowie anschließend 20-minütiges Lauftraining mit wechselnder Laufgeschwindigkeit. Weiteres Vorgehen wie unter 2. Tag beschrieben.

4. Tag: In der Regel kann die Wiederaufnahme des normalen Trainings erfolgen. Unbedingt darauf achten, dass alle Belastungen schmerzfrei ausgeführt werden.

VORBEUGUNG

Zerrungen lassen sich weitgehend vermeiden durch richtiges und ausführliches „Warming up". Der Körper und die Muskulatur müssen langsam auf Betriebstemperatur gebracht werden - anschließend Stretching aller beanspruchten Muskelpartien.

LEISTENVERLETZUNGEN/ LEISTENBESCHWERDEN

Die Leiste ist die schwächste Partie an unserem Körper: Ihre ungeschützte Lage - Region vom vorderen Beckenknochen bis zum Schambein - macht sie beim Sport besonders anfällig für Verletzungen. Bei schnellem Antritt, langen Läufen wird die Leiste oft überfordert, was die unterschiedlichsten Schäden zur Folge haben kann.

Schnelle Antritte können die Leistengegend überfordern.

Bei Nichtbeachtung oder falscher Behandlung von Verspannungen, Verhärtungen und Zerrungen, vor allem an der geraden und schrägen Bauchmuskulatur sowie den Adduktorenmuskeln, sind gravierende, langwierige Leistenverletzungen wie z.B. eine „Weiche Leiste“, Leistenbruch, Adduktoren-(ein)riss sowie Folgebeschwerden an den verschiedensten Körperregionen möglich.

Leisten- und Adduktorenverletzungen können auch durch andere Ursachen hervorgerufen werden: z.B. können Probleme in anderen Regionen - wie Hüftgelenk und Rücken - Schmerzen in die Leiste projizieren.

Für einen Laien ist eine Selbstdiagnose von Leistenverletzungen nicht möglich. Einen genauen Befund und den Behandlungsplan kann nur ein Arzt zusammen mit einem erfahrenen Sportphysiotherapeuten erstellen.

SYMPTOME

Häufig verspürt der Betroffene im Leisten- oder Bauchmuskelbereich ein Ziehen, Brennen oder Stechen - er fühlt sich behindert. Je nach Schwere und Ursache auch Schmerzen im Bereich der Adduktoren (Muskelgruppe an der Innenseite des Oberschenkels), nicht immer schmerzhafte Bewegungseinschränkung im Hüftgelenksbereich, ziehende Schmerzen, die von der Lendenwirbelsäule oder vom Kreuzbein-Darmbein-Gelenk um die Hüfte herum in die Leiste und manchmal darüber hinaus bis in die Adduktoren ausstrahlen.

Typisch für Leistenverletzungen sind heftige Schmerzen im beschriebenen Bereich bei schnellen Bewegungen. Auffällig ist die damit verbundene Schonhaltung (reflektorisches Vornüberbeugen beim Läufer). Ausdauertraining verursacht in der Regel keine oder nur geringe Beschwerden. Symptomatisch ist dies vor allem bei der so genannten „Weichen Leiste“: Man könnte auch vom Anfangsstadium eines Leistenbruches sprechen. Durch eine Schwächung (verletzungs- und/oder anlagebedingt) der schrägen

Heftige Schmerzen bei der Hüftbeugung können Symptome einer Leistenverletzung sein.

Bauchmuskulatur und der dazugehörigen flächigen Sehne erweitert sich der Leistenkanal. Bei starker Anspannung der Bauchmuskulatur und bei hohem Bauchinnendruck kann es bei Hüftbeugung in Schambeinnähe zu heftigen Schmerzen kommen. Bei einem Leisten-bruch stülpt sich das Bauchfell infolge hohen Bauchinnendruckes in oder durch eine schwache Stelle der Leiste im besonderen Fall durch den erweiterten Leistenring nach außen. Hier kann es einen heftigen Einklemmschmerz geben.

URSACHEN

Zu kurze Regenerationsphasen nach hoher Trainingsbelastung oder bei Kurz- und Mittelstrecklern in der Leichtathletik.

Unverhältnismäßig hohe Belastung oder Verletzung im Bereich der Bauchmuskulatur oder der Adduktoren, z.B. durch einseitiges Training, falsche Bauchmuskelübungen, Bodenwechsel, z.B. bei der Umstellung von weichem auf harten Boden im Winter. Unzureichendes Warming up und Stretching, aber auch langes Sitzen bei Bus- und Flugreisen in „schlechter" Sitzhaltung. Ebenso Bauchmuskelschwäche, schwaches Bindegewebe, Verkürzung des Hüftbeugemuskels, Beinlängendifferenz mit Beckenschiefstand,

Schäden und/oder Funktionsstörungen im Bereich Lendenwirbelsäule, Kreuzbein-Darmbein-Gelenk, Hüftgelenk.

Leistenbeschwerden können verursacht oder mitverursacht werden durch Entzündungsherde im Körper (z.B. an Zahnwurzeln, Mandeln, Nebenhöhlen, Prostata, Hoden). Aufgrund bakterieller Entzündungen, z.B. Schürfwunden, infizierter Wasser- und Blutblasen oder Hautpilz im Bereich des betreffenden Beines kann eine schmerzhafte Lymphknotenschwellung in der Leistenbeuge auftreten, die ggf. eine Behandlung mit Antibiotika erforderlich macht.

ERSTVERSORGUNG

Verspürt der Sportler nur ein leichtes Ziehen, kann er die sportliche Betätigung nach Selbstbehandlung u.U. wenig später fortsetzen. Wichtig sind zunächst vorsichtige Dehnübungen im schmerzfreien Bereich. Nehmen die Schmerzen zu, sofortige Kühlung mit „Hot-Ice" (Schwamm oder Tuch mit Eiswasser nässen und auf die verletzte Region auflegen) über 15-20 Minuten. Strahlen die Leistenbeschwerden vom Rükken aus, bringt meist z.B. ein ABC-Pflaster (im Lendenwirbelbereich) Linderung. Bei schmerzhaften und immer wiederkehrenden Leistenbeschwerden einen Arzt aufsuchen! Empfohlenes Behandlungsschema sorgfältig befolgen und nicht zu früh wieder mit dem Training beginnen - vor allem bis zum Abklingen der Leistenbeschwerden und darüber hinaus keine intensiven Bauchmuskelübungen machen! Dadurch wird die Leiste nur noch mehr gereizt.

Wird eine Muskelverletzung wie Zerrung oder Faserriss im Bauchmuskel- oder Adduktorenbereich diagnostiziert, kann eine Behandlung wie empfohlen (siehe Kapitel „Muskelzerrung bzw. -faserriss") einsetzen. Bei Muskelverhärtung wird auf die im entsprechenden Kapitel beschriebene Versorgung hingewiesen.

! ACHTUNG !

Die Einnahme von Schmerzmittel sind bei Leistenbeschwerden nicht sinnvoll.
Zudem benötigt der Arzt möglichst eine exakte Schmerzbeschreibung.

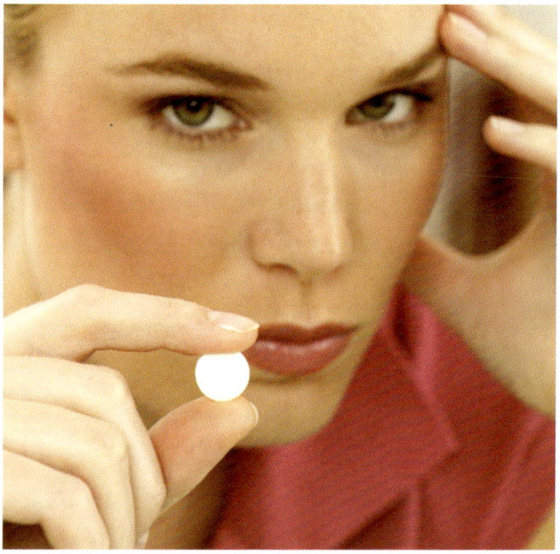

Bei Leistenbeschwerden bis zur Diagnose keine Schmerzmittel einnehmen!

NACHVERSORGUNG

Resultieren Leistenbeschwerden aus einer Muskelverhärtung, sorgen z.B. Stanger-Bäder für eine bessere Durchblutung der betroffenen Region sowie schnellere Lockerung der Verspannung. Einen ähnlichen Effekt haben auch Rheumabäder: zunächst den Leisten-,

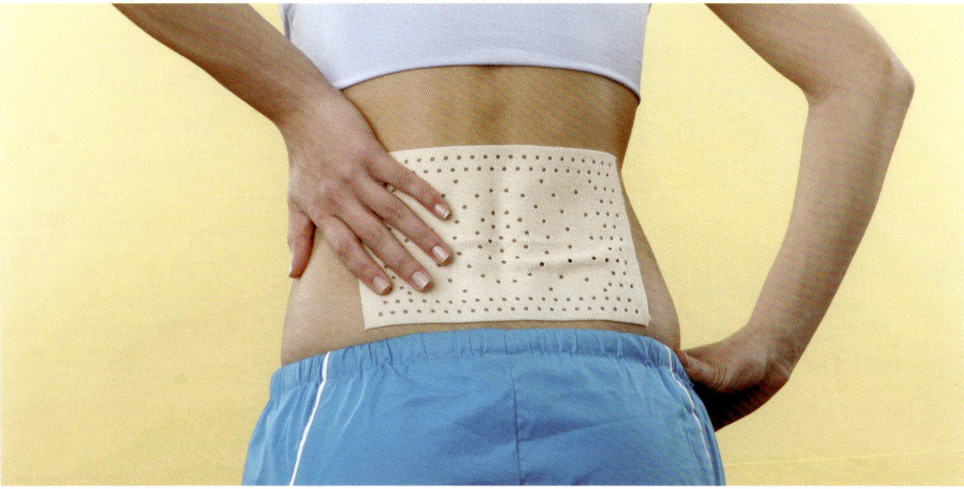

Bei Leistenbeschwerden, die vom Rücken herrühren, hilft Wärmetherapie.

Adduktoren- und Bauchmuskelbereich mit der Hälfte eines Beutels oder eines Portionsbechers eines Rheuma-Badezusatzes einreiben. Den Rest in ca. 38°C warmes Wasser gießen und 15-20 Min. darin baden. Danach in ein Leinentuch und eine Wolldecke einwickeln und 20 Minuten ausruhen.
Empfehlenswert sind anschließend statische Dehnübungen im schmerzfreien Bereich. Nachts spannungsmindernde Salbenverbände (z.B. mit profelan-Salbe) im Bauchmuskel- oder Adduktorenbereich anlegen: Mull- oder Wattekompresse oder Verbandswatte anfeuchten, großzügig Salbe (ca. 0,5cm dick) aufstreichen und auf die verletzte Region legen. Schließlich mit einer Idealbinde oder Elastomull Haft umwickeln und mit Leukotape fixieren.

Rühren die Leistenbeschwerden vom Rücken her, an den entsprechenden Wirbelsäulenbereich ggf. eine „feuchte Kammer" oder „Feuerpackung" mit z.B. Physiko Balsam W (siehe Kapitel „Hilfsmittel") oder eine Wärmflasche oder z.B. ein ABC-Pflaster anlegen.

Bei schmerzhaften und hartnäckigen Beschwerden wird die Behandlung durch einen erfahrenen Physiotherapeuten angeraten: z.B. manuelle Therapie, Massage von Rücken, Gesäß und Oberschenkel, Stangerbad, Ultraschall, eventuell Unterwassermassage, Heißluft bzw. Fangopackungen.

Operation: Wir haben es uns zur Regel gemacht, bei Leistenverletzungen alles zu versuchen, um auf konservativem Weg eine Heilung zu erreichen und eine Operation zu vermeiden. Erst wenn das Schmerzgeschehen bereits 2-3 Monate anhält, und infolge der Behandlung keine Besserung eintritt, raten wir zu einem operativen Eingriff. Die beste Methode ist dann nach unserer Auffassung die Shouldice-Methode, bei der infolge weiterentwickelter Nahttechnik heute wesentlich kürzere Rehabilitationszeiten erreicht werden als noch vor wenigen Jahren. Die Operation wird ambulant und unter Lokalanästhesie durchgeführt, d.h. der Patient geht am Tag der Operation ohne Gehhilfe nach Hause. Ab dem 10. Tag lassen wir wieder Lauftraining durchführen. Die volle Belastbarkeit ist in der Regel nach 14 Tagen wiederhergestellt.

VORBEUGUNG

Regelmäßiges und konsequentes Warming up aller beanspruchten Muskelgruppen. Richtiges Training der Bauchmuskulatur. Richtige Schuhwahl. Nach Training und Sport Entmüdungsbäder in ca. 38°C warmem Wasser. Auf Körperhygiene achten: Fußpilz (kann u.U. zu einer Lymphknotenschwellung in der Leiste führen) vermeiden durch Tragen von Badesandalen im Umkleidebereich sowie sorgfältiges Trocknen bzw. Fönen der Füße, vor allem der Zehenzwischenräume nach dem Duschen. Täglich Socken wechseln!

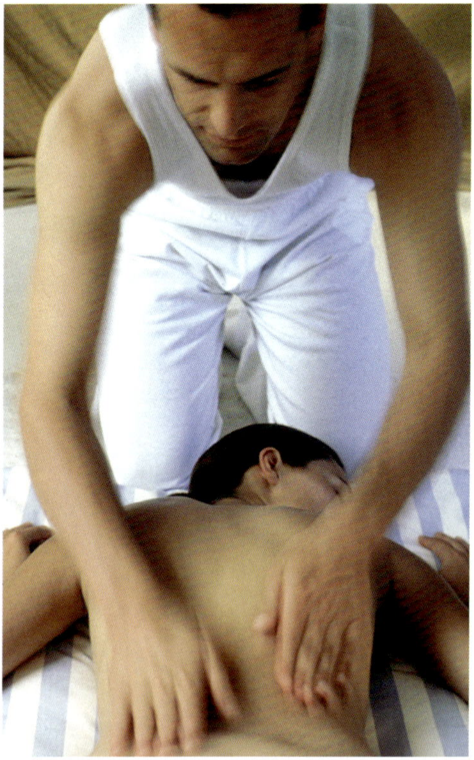

Hartnäckige Schmerzen lindert die Massage von Rücken- und Gesäßmuskulatur.

Obwohl es oft lästig ist und man sich überwinden muss - die Regel für alle Sportler vor dem Training und Wettkampf sollte sein: 20 Minuten Warming up, Dehnübungen und stabilisierende Übungen für die Wirbelsäule investieren. Man ist dann körperlich besser präpariert.

KREUZSCHMERZEN/ ISCHIAS

Es ist fast unglaublich, was die Wirbelsäule leisten muss - und leisten kann. Gerade im Sport, wo sie manchmal kurzfristig Belastungen bis zu einer Tonne auszuhalten hat, wird die Wirbelsäule als Achsenorgan des Körpers in bestimmten Situationen extrem gefordert. Funktionsstörungen im Bereich der Lendenwirbelsäule sowie Verschleißerscheinungen sind häufig die Folge, die sich in Form von Schmerzen unterschiedlicher Intensität im „Kreuz“ bemerkbar machen, aber auch in andere Regionen ausstrahlen können. Rückenbeschwerden sind aber zugleich auch Ausdruck des weitgehenden Bewegungsmangels der modernen Zivilisation.

Kreuzschmerzen sind häufig auf eine Funktionsstörung der Wirbelsäule zurückzuführen.

SYMPTOME

Schmerzhafte, manchmal akut einsetzende Bewegungseinschränkung in allen Bewegungsebenen - z.B. bei Rumpfbeuge, Seitneigung, Drehung. Meist ziehender, stechender oder krampfartiger Schmerz, der in die Leiste (Unterbauch), in das Gesäß oder in das Bein ausstrahlen kann. Das Schmerzzentrum kann aber auch wandern und ist manchmal kaum zu lokalisieren.

Typisch: Der Betroffene kann sich mitunter nur noch mühsam bewegen und nimmt eine steife Schonhaltung ein, um weitere Schmerzen zu vermeiden. In akuten Fällen ist das Aufstehen ohne fremde Hilfe kaum möglich. Im Volksmund wird ein Akutschmerz mit Bewegungsunfähigkeit „Hexenschuss" genannt. Ein mehr oder weniger akuter Schmerz mit Ausstrahlung ins Bein (Rückseite) wird als „Ischias" bezeichnet.

! ACHTUNG !

Bei Taubheitsgefühl, Muskelschwäche oder Lähmungserscheinungen im Bein ist sofort ein Arzt aufzusuchen.

SYMPTOME DES HEXENSCHUSSES

Der Betroffene verspürt bei einer anstrengenden oder plötzlichen Bewegung einen akut einschießenden heftigen Schmerz im Kreuz, der ihn nahezu bewegungsunfähig macht. Man ist wie vom Blitz getroffen, verharrt in einer Fehlhaltung und kann sich nicht mehr aufrichten.

Die Beschwerden können aber nach einer hohen Belastung auch stundenlang auf sich warten lassen und dann reicht Zugluft als Auslöser aus, um einen Hexenschuss (Lumbago) zu verursachen.

SYMPTOME DES BANDSCHEIBENVORFALLS

Strahlt der Schmerz vom Kreuz über das Bein bis hinunter zum Fuß aus und zwar derart, dass der Betroffene die „Schmerzbahn“ mit einem Finger nachzeichnen könnte, so ist dies am ehesten als Hinweis für eine Bandscheibenproblematik zu werten (z.B. untere Lende » Gesäß » Außenseite Ober- und Unterschenkel » Außenseite Fuß). Beim Husten und Pressen wird der Schmerz stärker.

Aussagekraft für den Laien hat auch folgender Test: Neigt der Betroffene den Oberkörper zur nicht schmerzenden Seite, und die Schmerzen verstärken sich, dann deutet dies auf einen Bandscheibenschaden hin.

URSACHEN DER KREUZSCHMERZEN

Fehl- und Überbelastungen eines Wirbelsäulenabschnitts, Bandscheibenschaden, Verschleiß im Bereich der Wirbelgelenke, Fehlstatik im Becken- und Wirbelsäulenbereich. Schwäche im Bereich des Rückenstreckers, Muskelverkürzungen oder Muskelverletzungen, Fehlstatik im Bereich des Fußes.

ERSTVERSORGUNG

Um die Schmerzen abklingen zu lassen, genügen in den meisten Fällen einige Tage Ruhe und Schonung, vorzugsweise in Stufenlage: auf den Rücken legen, Unterschenkel so unterlagern (z.B. mit Hilfe eines Stuhles), dass Hüfte und Kniegelenk etwa rechtwinklig gebeugt sind.

Schmerzen im Lendenbereich verlangen nach Wärme. Ein heißes Bad (37-39°C) unter Zusatz von durchblutungsfördernden Mitteln (z.B. Salhumin Bad) tut gut. Anschließend sollte ein feuchter Wickel vorbereitet werden.

„Feuerpackung“: Wärmflasche oder Heizkissen auf ein großes(!) Badetuch legen, darüber eine Plastikfolie und schließlich ein mit heißem Wasser getränktes nicht zu nasses Frotteetuch ausbreiten. Der Patient legt sich mit dem Rücken auf diese Packung und zieht das Badetuch über dem Bauch zusammen, sodass die Packung dem Körper gut anliegt. Danach lässt er die Wärme 20-30 Minuten lang bei leicht angewinkelten Beinen bzw. aufgestellten Kniegelenken einwir-

Kleidung den Witterungsverhältnissen anpassen.

ken. Um den Wärmeeffekt noch zu verstärken, kann die schmerzende Stelle vorher mit wärmeerzeugenden Salben wie z.B. Physiko Balsam W eingerieben werden.

> TIPP <

Nach einer Wärmetherapie die Haut gründlich abtrocknen, abschwitzen und Zugluft vermeiden. Über der schmerzhaften Region möglichst Baumwollkleidung oder spezielle Leibbinden (z.B. aus Angorawolle) tragen, um die gewonnene Wärmezufuhr zu speichern. Um sich bei nasskaltem, windigem Wetter wirksam zu schützen (z.B. beim Joggen), empfehlen wir auch das Tragen von Neopren-oder Angora-Niereschützern. In diesem Falle raten wir aus Gründen der Hygiene und des Hautschutzes, ein Baumwollunterhemd unterzuziehen.

Alternative: Bestrahlung der schmerzenden Region mit einer Infrarotlampe (aus dem Sanitätshaus oder Elektrofachgeschäft). Auf einen Hocker setzen, feuchtes Tuch an den Rücken legen und darüber ein größeres trockenes Frotteetuch, das über dem Bauch fixiert wird. Die Infrarotlampe in 30-40cm Entfernung zum Rücken aufstellen und die Wärme rund 20 Minuten einwirken lassen. Nach der Wärmetherapie den Rücken dehnen und lockern.

Über Nacht empfiehlt sich, z.B. das altbewährte ABC-Pflaster (bei Empfindlichkeit auch in einer milderen, hautfreundlicheren Version erhältlich) an die schmerzende Region anzulegen. Alternativ kann der betroffene Bereich auch z.B. mit ABC-Salbe eingerieben werden. Ebenfalls sehr wirksam: z.B. eine Packung Enelbinpaste im Wasserbad erwärmen, gut durchkneten und mit einem Holzspatel o.ä. großflächig und dick auf ein größeres Mulltuch streichen. Die Packung an die schmerzende Region geben, mit einem großen Frotteetuch umwickeln und auf den Rücken legen.

Für eine bestmögliche Ruhestellung sorgen. Unterschenkel so unterlagern, dass Hüfte und Kniegelenk etwa rechtwinklig gebeugt sind (Stufenlagerung). Packung so lange angelegt lassen bis keine Wärme mehr empfunden wird. Danach abduschen und warm ankleiden.

Sollte aufgrund der empfohlenen Maßnahmen nach einigen Tagen keine spürbare Besserung eintreten, ist ein Arzt aufzusuchen. Das gilt immer bei Auftreten von Taubheitsgefühl und von Lähmungserscheinungen! Bei akuten Kreuzschmerzen keine Massagen in der schmerzenden Region durch Laien!

+ MEDIKAMENTE +

z.B. Aspirin plus C (3-6 Tbl/Tag), Biomagnesin (3x2 Lutschtbl/Tag), Spascupreel (3x1Tbl/Tag), Malton E (2x1 Kps/Tag) sowie Vitamin B (z.B. Medivitan Neuro 3x1 Tbl/Tag)

NACHVERSORGUNG

Nach den Wärmeanwendungen kann zur Verbesserung des schmerzfreien Bewegungsbereiches und zur Dehnung und Lockerung der Muskulatur mit leichter Gymnastik begonnen werden.

Folgende Rotationsmobilisierungen sind recht wirksam (10-15mal wiederholen mit gleichen Pausen):

- In Rückenlage mit angestellten Beinen - die Kniegelenke so weit wie möglich anziehen und nach links und anschließend nach rechts auf den Boden kippen. Dabei den Kopf immer zur gegenüberliegenden Seite drehen.

- Dehnung in Sitzposition auf dem Hocker: Hände im Nacken verschränken und das rechte Ellbogengelenk zum linken Knie sowie das linke Ellbogengelenk zum rechten Knie drücken.

Fangopackungen lindern Rückenschmerzen.

- Gut ist auch ein Strecken der Lendenwirbelsäule durch Aushängen (z.B. am Türrahmen oder an einer Teppichstange) bei leichtem Pendeln der Beine. Treten dabei vermehrt Schmerzen auf, sollte das Aushängen abgebrochen werden.

Bei Beschwerdefreiheit kann man zu Stabilisierungsübungen für Rücken- und Bauchmuskulatur übergehen:

Übung 1:
Rückenlage, Fußspitzen nach oben ziehen, beide Beine aus der Hüfte gleichmäßig nach unten schieben. Beide Arme gestreckt über den Kopf nach oben drücken. Um mehr Kraft einzusetzen, die Hände gegen die Wand oder einen Schrank drücken (ca. 7-10 Sekunden halten, dann ca. 7-10 Sekunden locker lassen. 8-10mal wiederholen).

Übung 2:
Bei aufgestellten Beinen die Ferse „in" den Boden drücken, Fußspitzen hochziehen, Arme neben den Kopf auf den Boden legen und nach unten drücken. Die Arme werden bei der Übung nach außen gedreht, so dass der Handrücken aufliegt. Kopf dabei anheben. 7-10 Sekunden halten, kleine Pause (7-10 Sekunden), dann 8-10mal wiederholen.

Übung 3:
Mobilisierung der Lendenwirbelsäule: In den „Vierfüßlerstand" gehen, aufrichten zum „Katzenbuckel" und wieder in die Ausgangstellung zurück. Übung ca. 8-10mal wiederholen.

Der „Katzenbuckel" mobilisiert die Lendenwirbelsäule.

! ACHTUNG !

Alle Übungen dürfen nur im schmerzfreien Bereich bis zur Ermüdung der Muskulatur durchgeführt werden. Fängt die Muskulatur an zu „zittern", ist der Ermüdungsgrad erreicht, und die Übung sollte beendet werden. Vorsicht auch mit Heim-Extensionsgeräten (Aushängevorrichtungen): Diese sollten nur nach Anleitung durch einen Physiotherapeuten benutzt werden.

VORBEUGUNG

Auch hier gilt: Vorbeugen ist besser und einfacher als heilen. Tipps hierzu finden Sie im Kapitel „Teamwork mit dem Körper" ab Seite 20.

KNOCHENBRUCH (FRAKTUR)

Ein Knochenbruch hat für einen Sportler meist eine mehrwöchige Zwangspause zur Folge. Wird die Elastizitätsgrenze eines Knochens überschritten, kommt es zum Bruch, der häufig verbunden ist mit Formabweichungen, z.T. heftigen Schmerzen und erheblichen Funktionsstörungen. Ermüdungsbrüche hingegen werden von dem Betroffenen u.U. zunächst gar nicht wahrgenommen oder fälschlich als Prellung, Stauchung oder Entzündung angesehen. Eine Belastung des frakturierten Knochens kann erst nach vollkommener Ausheilung (Konsolidierung) der Verletzung erfolgen.

Bei Verdacht auf einen Bruch ist der sofortige Transport zum Arzt notwendig. Bei schweren Verletzungen im Zweifelsfall umgehend Notarzt oder Krankenwagen anfordern!

SYMPTOME

Ein Knochenbruch ist häufig als Knacken oder Knirschen wahrnehmbar. Meist hat er erhebliche Funktionsstörungen, Bewegungs- und Belastungsunfähigkeit oder abnorme Beweglichkeit zur Folge. Formabweichungen und eine rasch zunehmende Schwellung weisen meist auf einen Bruch hin. In der Regel geht ein Knochenbruch mit starken Schmerzen und mit einer verhältnismäßig starken Blutung einher.

Heftige Schmerzen bereiten z.B. Brüche an Finger- und Zehengliedern sowie im Bereich der Knöchel und Unterschenkel. Rippenbrüche hingegen verursachen manchmal nur geringe Beschwerden. Sehr starke Blutung, Taubheitsgefühl sowie ein „elektrischer Schlag“ deuten auf eine gleichzeitige Verletzung großer Blutgefäße bzw. Nerven hin. Nervenschäden, Übelkeit und Schock nach Blutverlust sind die bedeutendsten Begleitsymptome.

Bei einem „offenen Bruch“ ist die Haut und das Gewebe im Bereich der Bruchstelle verletzt, u.U. liegen die Bruchenden „offen“.

URSACHEN

Ein Bruch wird in der Regel beim Läufer durch einen Sturz verursacht. Ermüdungsbrüche nach intensiver Dauerbelastung, z.B. am Unterschenkel, können aber auch ohne äußere Gewalteinwirkung entstehen. Sie imponieren z.T. als Knochenhautentzündung und lassen sich erst durch eine gründliche Röntgenuntersuchung (u.U. Computertomographie, Szintigraphie) lokalisieren. Seltener ist eine Fraktur durch Eigenkraftentwicklung wie z.B. der Oberarmbruch beim Speerwerfer. Stoffwechselerkrankungen und Kalkarmut im Knochensystem können die Bruchfestigkeit von Knochen mindern.

ERSTVERSORGUNG

Bei Verdacht auf Fuß-, Knöchel- oder Beinbruch keinen falschen Stolz zeigen und den Unfallort nicht ohne Unterstützung oder Stütze verlassen - die verletzte Region keinesfalls belasten!

Von den Helfern ist beim Transport des Verunglückten größte Sorgfalt erforderlich. Empfehlenswert ist der Abtransport durch mehrere Personen mittels einer Trage, auf der der Betroffene angegurtet werden muss. Bei Ohnmacht oder Verdacht auf eine Wirbelsäulenverletzung ist der Transport des

Hauptursache für einen Knochenbruch im Laufsport: ein Sturz.

Verunglückten ausschließlich nur durch Fachleute (Notarzt, Sanitäter) durchzuführen. Bei Wirbelsäulenbrüchen besteht immer die Gefahr einer Lähmung oder Rückenmarks- bzw. Nervenschädigung.

Bei Bewusstlosigkeit zur Vermeidung von Erstickungsgefahr (Verlegung der Atemwege durch Erbrochenes oder durch die in den Schlund gleitende Zunge) den Oberkörper und Kopf des Betroffenen in eine stabile Seitenlage bringen, den Kopf seitlich auflegen. Bei Kreislaufschwäche (Blutdruckabfall) Beine hoch lagern. Feuchtes Handtuch auf die Stirn und in den Nacken legen, für schattige Lagerung sowie ausreichend Körperwärme (Patienten mit Decke oder Jacke zudecken) und frische Luft sorgen. Den Verunglückten niemals unbeaufsichtigt lassen. Der Verletzte sollte bis zur ärztlichen Untersuchung nichts trinken und essen. Keine Schmerzmittel einnehmen - eine u.U. notwendige, baldige Operation könnte dadurch verzögert werden.

Bei „offenen Brüchen" ist - sofern der Verletzte nicht bewusstlos ist - die Wundversorgung mit z.B. Betaisodonna (siehe Kapitel „Schürfwunden") vorrangig. Wunde mit sterilen Mullkompressen abdecken und mit einer Binde (z.B. Elastomull Haft oder Idealbinde) locker umwickeln.

Generell gilt bei allen Brüchen: keine Kühlung durch Eisbeutel! Ein Bruch sollte möglichst in Ruhe gelassen werden. Niemals einen Druckverband anlegen oder Gummizugbinde verwenden. Verletzte Region bestenfalls locker umwickeln. Sind Konturveränderungen an Knochen bzw. Gliedmaßen erkennbar, z.B. eine unterbrochene Schienbeinkante oder ein verformtes Sprunggelenk, sollte bis zum Eintreffen des Krankenwagens bzw. Erreichen des Arztes grundsätzlich kein Verband angelegt werden - auch keine leichte Bandage. Den Verletzten möglichst schmerzfrei lagern (z.B. Hohlräume mit Kleidungsstücken auspolstern) und in sicherer Lage abtransportieren - bestenfalls eine Schiene anlegen.

Bei Hand-, Fuß-, Arm- oder Beinbrüchen Entlastung bzw. Ruhigstellung mittels einer Schiene (notfalls improvisieren): z.B. Skistöcke beidseitig an den verletzten Körperteil anlegen und unter Auslassen der Bruchstelle locker anwickeln. Je nach Bruchstelle sollte die Schiene über 2 Gelenke reichen, z.B. Handwurzel und Ellbogen oder Sprunggelenk und Knie. Sofern möglich, verletzten Körperteil hoch lagern. Umgehend einen Arzt aufsuchen.

! ACHTUNG !

Bei schweren Rückenverletzungen den Betroffenen nie umlagern - Notarzt rufen!

NACHVERSORGUNG

Die weitere Behandlung liegt im Ermessen des behandelnden Arztes.

VORBEUGUNG

Für geistige Frische, guten körperlichen Allgemein- sowie Trainingszustand sorgen - die daraus resultierende bessere Koordination und Körperkontrolle mindern die Gefahr von Verletzungen.

RISS- UND PLATZWUNDEN

Wegen der manchmal recht starken Blutung sehen Riss- und Platzwunden oft schlimmer und dramatischer aus, als sie es tatsächlich sind. Bei fachgerechter und gründlicher Versorgung heilen diese Verletzungen meist sehr schnell und komplikationslos aus. Generell gilt: Über 1 cm lange Wunden müssen ärztlich versorgt werden. Bei kleineren Verletzungen ist Selbsthilfe möglich.

SYMPTOME

Meist starke Blutung, die jedoch schnell gestillt werden kann.

URSACHEN

Beim Läufer meist Sturz.

ERSTVERSORGUNG

Zuerst die umliegende Hautregion mit einem sauberen, nassen Schwamm säubern, den Riss- oder Wundbereich desinfizieren, z.B. mit Betaisodonna (niemals Jod oder Alkohol benutzen). Nach ca. 2-3 Minuten den Wundbereich mit einer sterilen Wundkompresse weich abtupfen. Bei stärkerer Verunreinigung Wasserstoffsuperoxyd (3%ig) auf die verletzte Stelle auftragen. Durch das Ausschäumen lösen sich die in der Wunde befindlichen Schmutzpartikel. Anschließend zur Blutstillung z.B. Clauden-Gaze oder -Streifen in bzw. auf die Wunde legen.

Falls diese Mittel nicht vorhanden sind, die verschmutzte Wunde oder den Riss unter fließendem Wasser leicht ausspülen und möglichst schnell desinfizieren mit z.B. Betaisodonna. Keinesfalls einen Duschstrahl benutzen, da der Schmutz tiefer in die Wunde gespült werden könnte. Die so gesäuberte Wundregion trocken tupfen, mit einer sterilen Mullkompresse abdecken und mit einer elastischen Binde z.B. Elastomull Haft verbinden. Keine normale Verbandswatte benutzen: Die Wattefasern könnten die Wunde verkleben und die Entstehung einer Infektion begünstigen.

› TIPP ‹

Ist die Rissstelle oder Wunde größer als 1 cm, sollte umgehend ein Arzt aufgesucht werden, der die Entscheidung über die weitere Behandlung (z.B. Klammern oder Nahtversorgung) fällt. Durch unzureichende Behandlung können hässliche Wucherungen und Narben entstehen. Tetanus-Impfschutz überprüfen!

Klaffende Wunden werden mit Klammerpflaster (z.B. Porofix, 3M Wundnahtstreifen) zusammengezogen und mit einem sterilen Druckverband abgedeckt: die geklammerte Wunde mit sterilen Kompressen abdecken und mit einer elastischen Binde z.B. Elastomull Haft, Idealbinde unter mäßigem Zug großflächig umwickeln.

NACHVERSORGUNG

Täglicher Verbandswechsel beim Arzt, der auch über die Wiederaufnahme der sportlichen Betätigung entscheidet. Der Zeitpunkt hängt vom Ausmaß der Verletzung und ihrem Heilungsverlauf ab.

SCHÜRFWUNDEN

Mit über 40 % gehören Blessuren der Haut zu den häufigsten Sportverletzungen. Vor allem Schürfwunden werden oft als Bagatelle betrachtet und nicht ernst genommen. Bei Hautabschürfungen besteht jedoch immer die Gefahr einer bakteriellen Infektion.
Eine sorgfältige Behandlung ist erforderlich, da es sonst zu starken Entzündungen des Wundbereichs, teilweise verbunden mit hohem Fieber, kommen kann. Die benachbarten Lymphknoten schwellen an und verursachen Schmerzen.

SYMPTOME

Schürfwunden machen sich oft durch einen brennenden Schmerz bemerkbar, der meist nur von einer geringen oder kaum sichtbaren Blutung begleitet wird.

URSACHEN

Hautabschürfungen werden meist durch Sturz auf harten Untergrund Kunststoffrasen, Tartan oder vereisten Boden verursacht.

ERSTVERSORGUNG

Durch sofortige Desinfektion des Wundbereichs mit z.B. Betaisadonna werden Bakterien abgetötet, eine Entzündung verhindert. Bei Verunreinigung durch Schmutz, Erde oder Sand die nicht verletzte Hautregion zunächst mit einem nassen Schwamm säubern. Die Wunde selbst mit z.B. Elyth-Spray W besprühen oder mit fließendem Leitungswasser überspülen, sodass die auf der Wunde befindlichen Schmutzpartikel abfließen können.

Gegen den brennenden Wundschmerz helfen spezielle Salbenverbände.

Die festsitzenden Schmutzteilchen in der Wunde nie mit Schwamm oder Lappen ab- oder auswischen und nicht mit einem harten Duschstrahl ausspülen, da Schmutzteilchen auf diesem Wege tiefer in die Wunde gelangen können. Mit verdünntem Wasserstoffsuperoxyd (3%ig) die Wunde übergießen und ausspülen! Das Wasserstoffsuperoxyd beginnt zu schäumen. Durch den Schäumungsprozeß lösen sich die Schmutzpartikel und werden dann mit einer sterilen oder ebenfalls mit Wasserstoffsuperoxyd getränkten Mullkompresse weich abgetupft. Alternativ kann auch ein sauberes, möglichst desinfiziertes Papiertaschentuch verwendet werden.

Die sich danach rosa darstellende Haut nochmals mit z.B. Betaisodonna desinfizieren. Zur Vermeidung von Komplikationen bei der Wundheilung empfiehlt es sich, Haare im Wundbereich mit einem sauberen Einmal-Rasiermesser (Drogerie/Apotheke) zu entfernen.

> TIPP <

Es empfiehlt sich, die Wunde zu Hause möglichst häufig offen zu lassen, um eine schnelle Abtrocknung zu erzielen. Zu diesem Zweck darf auch ein Fön benutzt werden, der in 1 Meter Entfernung gehalten wird und lauwarme Luft über die Wunde bläst. Zuvor erneute Desinfektion. Kommt die Wunde mit Textilien in Berührung, sollte sie bis zur Heilung - wie beschrieben - täglich neu verbunden werden. Durch Textilien entsteht ein mechanischer Reiz an der Wunde und verhindert eine Schorfbildung.

NACHVERSORGUNG

Abdecken der Wunde z.B. mit einer Urgo-Algoplaque- oder Kohle-Kompresse (z.B. Actisorb Plus von Johnson und Johnson), die mit Hilfe einer Klebefolie (z.B. Fixomull stretch) oder einer elastischen Mullbinde (z.B. Elastomull Haft) angebracht werden. An prädestinierten Stellen, wie dem Oberschenkel, bietet sich diese Versorgung an, weil kein lästiger Verband benötigt wird.

Alternative: Urgo-Algoplaque- oder Kohle-Kompresse mit einer sterilen Mullkompresse und einer Elastomull Haft anlegen und zusätzlich mit einem z.B. tg fix-Netzverband oder Tricodur-Schlauch fixieren.

Wichtig
Den Tetanus-Impfschutz abklären und im Zweifelsfall erneuern lassen. Je nach Größe der Schürfwunde kann nach entsprechender Versorgung der verletzten Region die sportliche Betätigung unter Umständen sofort wieder aufgenommen werden. Bei Auftreten einer Rötung oder Schwellung im Wundbereich, vor allem aber bei Fieber und einer Vergrößerung und Verhärtung der Lymphknoten in der Leiste oder Achselhöhle, ist unbedingt ein Arzt aufzusuchen, der die weitere Behandlung übernimmt und zu gegebener Zeit die Wiederaufnahme der sportlichen Betätigung empfiehlt.

VORBEUGUNG

Gegen Hautabschürfen schützt man sich - vor allem im Winter - durch lange Strumpf- oder Trainingshosen.

SCHLEIMBEUTEL-ENTZÜNDUNG

Läufer klagen über Schleimbeutelentzündungen - am häufigsten im Bereich der Hüft- und Kniegelenke. Die Schleimbeutel, die zwischen Haut und Knochen, bzw. zwischen Sehnen und Knochen liegen, haben eine Schutzfunktion für Sehnen und dienen gleichzeitig zur Dämpfung von Stoß und Druck auf gelenknahe Strukturen. Bildet sich durch Stoß oder Druck eine Entzündung, muss diese sofort ärztlich behandelt werden.

Eine Schleimbeutelentzündung verlangt nach Schonung, bis sie zur Ausheilung ge-

Schleimbeutelentzündungen beim Läufer: am häufigsten im Hüftbereich

langt. Diese Verletzung „verträgt" überhaupt keinen Druck. Deshalb beim Anlegen von Verbänden entsprechend vorsichtig vorgehen! Wird die Schleimbeutelentzündung nicht gebührend beachtet und behandelt, so kann der Heilungsprozess Wochen und Monate dauern. Bei Therapieresistenz kann dann sogar eine Operation notwendig werden. Erkennt man die Gefahr jedoch rechtzeitig und trifft sofort die richtigen Maßnahmen, klingen die Beschwerden meist bereits nach 2-3 Tagen ab. Bei Fieber und bei stärkeren Schwellungen sollte sofort ein Arzt konsultiert werden.

SYMPTOME

Subakuter bis akuter Druck- und Bewegungsschmerz, meist deutlich sicht- und fühlbare Schwellung und Überwärmung. Charakteristisch für eine Schleimbeutelentzündung ist oft beim Abtasten oder Verschieben der Haut an der schmerzenden Stelle ein fühlbares Knirschen - wie beim Formen eines Schneeballes. In akuten Fällen kann es zu enormen Schwellungen, Rötung und Hitzeentwicklung kommen.

URSACHEN

Schleimbeutelentzündungen entstehen in der Regel durch Gewalteinwirkungen wie Tritt, Schlag oder Stoß. Im Laufsport aber auch durch anhaltenden Druck durch zu enges Schuhwerk, Belastungsreize (wie reibende Nähte im Schuh oder an der Fersenkappe), Infektionen (z.B. nach Hautverletzungen) oder ein zu hohen Harnsäurespiegel.

ERSTVERSORGUNG

Zuerst muss selbst die kleinste Schürfwunde versorgt werden, da Infektionsgefahr besteht. Die verletzte Stelle mit z.B. Betaisodonna desinfizieren. Steht kein Desinfektionsmittel zur Verfügung, sollte die Wunde mit Wasser gereinigt werden: auch bei starker Verschmutzung einfach nur mit frischem Leitungswasser (nicht unter hartem Duschstrahl!). Die Wunde sollte niemals mit einem Schwamm, Lappen oder Handtuch ausgewischt werden. Anschließend die Wunde möglichst mit einer sterilen Kompresse abdecken.

Die weitere Versorgung: Aus Eiswürfeln Eisbrei anfertigen, in ein nasses Handtuch wickeln, großflächig um die verletzte, schmerzende Stelle modellieren und einen Kompressionsverband anlegen. Falls nicht genügend Eiswürfel zur Verfügung stehen, kann man ersatzweise einen „Hot-Ice"-Umschlag umwickeln oder die verletzte Stelle mit einem Eiswasser-Pack kühlen. Um einem Blutstau vorzubeugen ist es ratsam, sich nach dem Anlegen des Kompressionsverbandes zu setzen oder hinzulegen. Die betroffene Extremität nicht herabhängen lassen, sondern hoch lagern.

Sollte eine starke Entzündung auftreten, können z.B. bis zu 6 Aspirin plus C-Brausetabletten/tgl eingenommen werden. Es ist ratsam, einen Arzt aufzusuchen, der ggf. punktieren muss. Dies ist vor allem bei starken Blutungen im Schleimbeutel zu empfehlen, da sonst Blutungsrückstände im Schleimbeutel verbleiben und u.U. eine andauernde „Empfindlichkeit" für erneute Entzündungen verursachen.

+ MEDIKAMENTE +

Neben z.B. Aspirin plus C (6 Brausetbl/Tag) bis zum Abklingen der Entzündung z.B. Traumeel (3x1 Tbl/Tag), Wobenzym (2x10 Drg/Tag) oder Traumanase forte (3x2 Drg/Tag) und Reparil (3x2 Drg/Tag)

NACHVERSORGUNG

Bleibt die Haut unverletzt, wird über Nacht ein Salbenverband mit z.B. profelan-Salbe oder eine Heilerde/Hyzum-Packung (siehe Kapitel „Hilfsmittel") angelegt. Bei offenen Wunden verwenden wir lediglich Salben, die keinen Gewebereiz verursachen, wie z.B. Elyth-Balsam S oder Elyth-Salbe W oder den stark entzündungdhemmenden Neosino Spray (Nanosilicium). Die Salben werden auf angefeuchtete Verbandswatte oder Zemuco aufgetragen und mit einer angefeuchteten, kalten Idealbinde angelegt. Heilerde-Packung oder Verband keinesfalls mit Plastik abdecken, weil sonst die Wärmeableitung behindert wird. Grundsätzlich gilt bei allen Schleimbeutelentzündungen: Trainingsaufnahme erst nach völliger Ausheilung. Jeglicher Druck durch z.B. Kleidung, Bandagen oder Schuhwerk ist zu vermeiden. Ebenso jegliche Wärmeanwendung wegen der Gefahr der Aktivierung aller entzündlichen Reaktionen.

VORBEUGUNG

Bei Anfälligkeit sollten unbedingt Schutzbandagen bei Training und Wettbewerb getragen werden.

> TIPP <

Falls es durch Reibung von Schuhnähten (z.B am Großzehengrundgelenk) oder im Bereich der Fersenkappen zu Entzündungen kommt, wird empfohlen, den Schuh an den entsprechenden Stellen zu weiten: die reibende Stelle mit z.B. Schuheze einsprühen, anschließend Schuhspanner (mit Schraubzwinge) oder Leiste (mit Spannvorrichtung) über Nacht im Schuh belassen. Eine weitere Hilfe: einen Kronkorken mit einem Streifen Tape dort am Schuhspanner anbringen, wo das Leder besonders geweitet werden soll.

HAUTREIZUNGEN

Mehr oder weniger akute und schmerzhafte Hautirritationen können zu einer starken Beeinträchtigung der sportlichen Tätigkeit führen. Bestimmte Hautbereiche wie die

Innenseite der Oberschenkel oder die Achselregion unter den Armen sind anfällig für Reizungen und Entzündungen. Diese können mechanisch, chemisch oder allergisch bedingt sein. Sie werden durch Schwitzen, Reiben und bakterielle Infektionen weiter verstärkt.

SYMPTOME/URSACHEN

Häufig führt Sportkleidung aus Nylon oder Synthetik zu Irritationen bestimmter Hautregionen. Auch Waschmittelrückstände in der Wäsche können eine Reizung hervorrufen: Die chemischen Substanzen gelangen über die Fasern an die Hautoberfläche, wo sie vermischt mit Schweiß zu Entzündungen führen können. Die Haut ist häufig stark gerötet und zeigt eine schmerzhafte Schwellung.

Vorsicht auch bei Tapeverbänden: Zu lange direkt auf die Haut angelegt, können sie im Kontaktbereich zu entzündlichen Reizungen führen.

ERSTVERSORGUNG

Betroffenen Hautbereich mit einem Desinfektionsmittel (z.B. Kodan-Spray) besprühen und nach ca. 3 Minuten mit sterilem Tupfer trocken tupfen und mit z. B. Dermatol-Puder bedecken bzw. mit Neosino Spray (Nanosilicium) besprühen. Möglichst Luft an den Wundbereich lassen. Nachts eine Zink-Lebertranmischung auftragen (z.B. Desitinsalbe) und ggf. mit einer Mullkompresse oder ähnlichem abdecken.

VORBEUGUNG

Gefährdete Hautbereiche wie z. B die Oberschenkelinnenseite vor dem Sport mit Vaseline einreiben. Möglichst Baumwollkleidung auf der Haut tragen, synthetisches Material darüber ziehen. Feuchte Kleidung während des Wettkampfes wechseln - auch die Unterwäsche.

Darauf achten, dass Trikots bzw. Sporthemden möglichst weit geschnitten sind und nicht in der Achselregion reiben. Dasselbe gilt für Shorts, die vor allem bei Schweißbildung eine Hautreizung an der Oberschenkelinnenseite verursachen können.

Tapematerial

Verbände möglichst nicht länger als 6-8 Stunden auf der Haut belassen. Ansonsten zwischen Haut und Tape Schutzmaterial (elastische Bandage oder elastische Mullbinde) anbringen und diese mit Hilfe von z.B. Leukospray rutschfest an der Haut anbringen.

Das Sporttrikot sollte weit geschnitten sein.

HILFSMITTEL

Funktionelle Tipps zur Herstellung von verschiedenen Hilfsmitteln wie „Hot-Ice", Eisbrei und Heilmittel-Packungen.

Zur Eisbehandlung:
Vor wenigen Jahren noch galt die Erstbehandlung mit Eisspray und Eiswürfeln als der Weisheit letzter Schluss. Davon sind wir abgekommen. Die Zeit von Eiswürfeln im Plastikbeutel ist vorbei, nicht mehr zeitgemäß.

„HOT-ICE“-BEHANDLUNG

„Hot-Ice“ heißt das ideale Erste-Hilfe-Mittel - ein amerikanischer Begriff, der vor ein paar Jahren auch in Deutschland eingeführt wurde. „Hot-Ice“ hat den Vorteil, dass eine verletzte Region stundenlang gleichmäßig gekühlt werden kann ohne einen Kälteschaden zu verursachen. Wenn man zu dem eiskalten Wasser noch einen Schuss Umschlags-Alkohol gibt, erreicht man die ideale Kühltemperatur, die knapp über 0°C liegt.

Der Gewebe ernährende Stoffwechsel wird reduziert, aber nicht blockiert. Wird eine Körperregion hingegen - wie früher üblich - mit reinem Eis vollkommen abgekühlt, kommt es zu einer unerwünschten Überreaktion: Wird das Eis entfernt, schießt Wärme in die unterkühlte Region. Die Blutgefäße erweitern sich, die Durchblutung wird auf Hochtouren gebracht, damit in der betroffenen Körperregion das Temperaturdefizit wieder ausgeglichen wird. Die Folge: Der Bereich, den man kühl halten wollte, wird eher überwärmt.
So einfach wird „Hot-Ice“ hergestellt: Ca. 2 ltr kaltes Leitungswasser werden in einer 5 ltr

Bei „Hot-Ice“ liegt die Temperatur knapp über 0° C.

Eisbox mit etwa 30 Eiswürfeln heruntergekühlt. Alternativ auch in einem Eimer oder einer Schüssel möglich. Zum Nachkühlen, speziell im Sommer, können in den Pausen weitere Eiswürfel dazugegeben werden. Die optimale „Hot-Ice"-Temperatur (ca. 1°C) ist dann erreicht, wenn die Eiswürfel geschmolzen sind. In die mit „Hot-Ice" gefüllte Eisbox werden zwei 8 cm und eine 10 cm breite Idealbinden gelegt, dazu ein Schwamm.

„HOT-ICE"-VERBAND

Eine mit Eiswasser getränkte Idealbinde wird locker und großflächig um die Verletzung gelegt. Bei einem Druckverband wird zudem ein Eiswasser gekühlter Schwamm unter die Idealbinde auf die betroffene Region gelegt und diese unter mehr oder weniger großem Druck großflächig umwickelt. In der Regel bleibt der „Hot-Ice"-Verband zunächst 20 Minuten angelegt - unter weiterem wiederholten Nässen mit Eiswasser.

Ein Druckverband muss auf jeden Fall nach 20 Minuten für 4-5 Minuten abgenommen werden, damit die komprimierte Region wieder besser durchblutet werden kann. Ist die Haut gleichmäßig rot durchblutet, kann ein neuer Verband angelegt werden.

> TIPP <

Sportler sollten für den Verletzungsfall immer Eiswürfel im Eisfach oder in der Gefriertruhe parat haben.

Bei „Hot-Ice"-Verbänden hat sich z.B. die Zugabe von Hyzum-Lösung (4 Esslöffel auf 0,5 ltr Wasser) oder das Beträufeln des Verbandes mit 5-8 Tropfen Echoran Sportaktiv bewährt. Druckverbände werden in der Regel 3-4 mal wiederholt nach jeweiliger Pause von ca. 4-5 Minuten.

EISSPRAY

Auch das Eisspray ist noch im Einsatz. Wir empfehlen die Verwendung jedoch nur dann, wenn der betroffene Bereich vorher mit „Hot-Ice" genässt wurde. In diesem Fall geht das Eisspray nicht in eine Eiskruste über, sondern bleibt lange feucht und kühlt im gewünschten Temperaturbereich von knapp über 0°C.

Eisspray jedoch niemals direkt auf die trockene Haut sprühen. Nur bei Verletzungen an kleinen Regionen verwenden. Nie auf verletzte Haut sprühen!

! ACHTUNG !

Vorsicht mit Eisspray und Eiswürfeln, die direkt auf die Haut aufgesprüht bzw. aufgelegt werden! Kaltes Wasser ist viel sinnvoller. Mit einem Eimer Wasser kann man nichts verderben, mit Eis hingegen schon. Eis sollte, wenn überhaupt, als Eisbrei in eine Textilie (z.B. Strumpf, Socken) gefüllt werden und nicht länger als maximal 10 Minuten auf der verletzten Region bleiben. Kaltes Wasser bewirkt eine langsame aber nachhaltige Verengung der Blutgefäße und verringert eine Ausbreitung der Schmerz-Kinine. Andererseits können Körper gesteuerte, notwendige Heilvorgänge noch ablaufen und es gibt keine nachteiligen Überreaktionen (z.B. Überwärmung), wie nach einer Eisbehandlung.

Eisbrei wird in einem Handtuch an die verletzte Körperregion angelegt.

EISWASSER-PACK

Als Alternative zum „Hot-Ice" kann man auch ein Eiswasser-Pack verwenden. Dabei handelt es sich um eine Zweikomponentenpackung, die gebrauchsfertig wird, wenn man mit der Hand oder Faust auf die Packung schlägt und die Komponenten aktiviert. Durch eine chemische Reaktion wird Kälte im unteren Plusbereich erzeugt. Nachteil gegenüber „Hot-Ice": Das Eiswasser-Pack verliert schneller an Kälte und nimmt Körperwärme an, sodass keine ausreichende Nachkühlung mehr gegeben ist. Vorteil des Eiswasser-Pakks: leichte Handhabung, leichter Transport.

EISBREI

Er wird angewandt z.B. bei Muskelprellungen, Zerrungen, Fuß- und Kniebandverletzungen. Einen Beutel mit Eiswürfel füllen und auf dem Boden oder auf einer harten Unterlage zerschlagen, bis das Eis zu Brei oder Matsch geworden ist. Die leicht verformbare Masse wird jetzt in ein Handtuch gelegt und den Körperkonturen im Bereich der Verletzung großzügig anmodelliert und mit einer Idealbinde fixiert, sodass man einen bündigen Abschluss erhält.

! ACHTUNG !

Der Eisbrei darf nicht direkt auf die Haut gelegt werden, sondern wird zuvor in ein nasses Handtuch eingeschlagen.

EISTÜCHER BEI HITZE

Als Thermo-Regulation bei extrem sommerlichen Temperaturen empfiehlt sich: mehrere Handtücher (normale Größe) in ein Gefäß (z.B. Eimer oder Wanne) mit Eiswasser (Eiswürfel in Leitungswasser) geben und an der Laufstrecke bereitstellen. Die Sportler sollten sich Beine und Nacken mit den Eistüchern kühlen - dadurch wird einer Überhitzung des Körpers und einem Hitzschlag vorgebeugt bzw. Wärme abgeleitet. Wichtig bei Hitze: keine eiskalten Getränke zu sich nehmen.

UMSCHLAGS-ALKOHOL/ ESSIGSAURE TONERDE

Die guten, alten Hausmittel, die man früher in der Regel zur Kühlung benutzte, gibt es immer noch in der Apotheke zu kaufen, und sie sind nach wie vor sehr wirksam: Im Bedarfsfall (z.B. bei einer Prellung) mischt man kaltes Wasser im Verhältnis 1:5 mit Umschlags-Alkohol, tränkt einen Waschlappen oder ein Handtuch mit der Lösung und legt dieses unter ständigem Nachbefeuchten für 15-20 Minuten auf. Durch die schnelle Verdunstung des Alkohols wird der Kühleffekt verbessert. Eine ähnliche Wirkung hat auch essigsaure Tonerde.

PACKUNGEN

Heilerde-Packung

Herstellen von Packungen: z.B. Luvos-Heilerde (in jeder Apotheke in Pulverform erhältlich) wird z.B. mit einer entsprechenden Menge Hyzum-Lösung (Mischungsverhältnis: 4 Esslöffel Hyzum auf 0,5 ltr kaltes Wasser) gemischt und zubereitet. Nach ca. 3-stündiger Kühlung im Kühlschrank wird die Heilerde großflächig und dick auf die verletzte Region (z.B. Blutergüsse) aufgetragen und mit einem feuchten Tuch umwickelt. Die Packung am besten über Nacht angelegt lassen.

Quark-Packung

Anwendungsgebiet: z.B. bei Achillessehnenreizung, bei geschwollenem Knie- oder Sprunggelenk. Herstellung: Ein halbes Pfund kalten Magerquark (aus dem Kühlschrank) dick auf die Verletzung auflegen. Mit einer Haushaltsfolie abdecken, damit die Quarksubstanz feucht und elastisch bleibt, nicht hart wird und keine Reibung auf der Haut verursacht. Die Packung wird mit einem Handtuch und einer Idealbinde umwickelt und über Nacht aufgelegt.

Feuerpackung

Anwendungsgebiet: Rücken- und Nackenschmerzen, Schultersteife. Herstellung: z.B. Pysiko Balsam W mit einem Holzspatel 1-2 mm dick auf die schmerzhafte Region auftragen.

Umschläge, wie Großmutter sie schon kannte, sind immer noch hilfreich.

Danach in der Reihenfolge: feuchtes Frotteetuch, Plastikfolie, Wärmflasche oder Heizkissen auflegen. Die Packung sollte 2 mal täglich 15-20 Minuten angelegt werden.
Bei Unverträglichkeits-Reaktionen der Haut auf die enorme Wärmeentwicklung Wärmflasche oder Heizkissen entfernen!

MEDIKAMENTE

Die in diesem Buch immer wiederkehrende Empfehlung von Medikamenten und ihre Dosierung sowie die Erwähnung diverser Hilfsmittel wurde aufgrund jahrelanger Erfahrung in unserer Praxis zusammengestellt. Es können durchaus auch andere, gleich wirkende Medikamente eingesetzt werden. Die Empfehlung ist grundsätzlich dem behandelnden Arzt zu überlassen.

SCHMERZTABLETTEN

Die Verwendung starker Schmerzmittel wird nur in Notfällen und bei großen Schmerzen angeraten. Sie sind vom Arzt zu verordnen. Nach Einnahme von Schmerzmitteln nimmt man den Schmerz nicht mehr objektiv wahr. Die Verletzung (z.B. Muskelfaserriss) erfährt dann oft nicht die notwendige Schonung. Der Heilungsprozess verzögert sich!

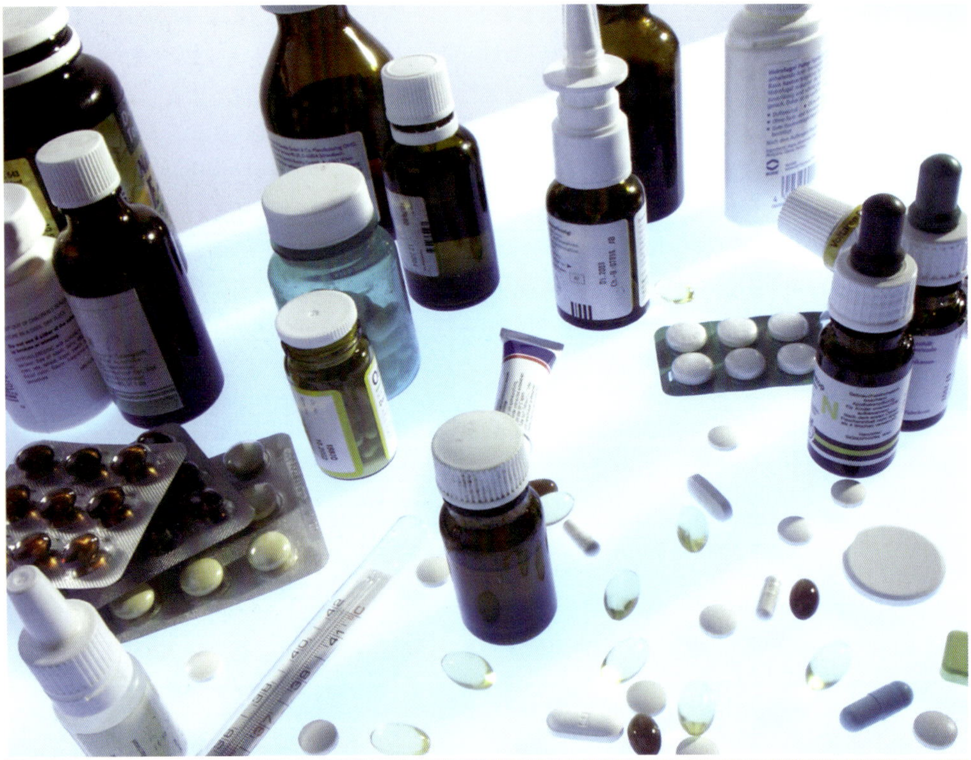

Bei Medikamenten fragen Sie ihren Arzt oder Apotheker!

FUNKTIONELLE VERBÄNDE

Unter „Funktioneller Verbandstechnik“ oder „Taping“ verstehen wir eine in der Praxis seit vielen Jahren bewährte - durch zahlreiche Untersuchungen belegte - Versorgungsmethode für Prophylaxe und Therapie von Verletzungen, Krankheiten und Veränderungen am Bewegungsapparat. Diese physiologische Verbandstechnik orientiert sich an der funktionellen Anatomie und wird in erster Linie mit klebenden, elastischen und/oder unelastischen Binden ausgeführt.

Wichtige Ratschläge, um Fehler beim Anlegen von Tape-Verbänden, besonders aus unelastischem Tape (z.B. Leukotape) zu vermeiden:

Die 5 „A“ beim Tapen:
Das Tape in dieser Reihenfolge anlegen:

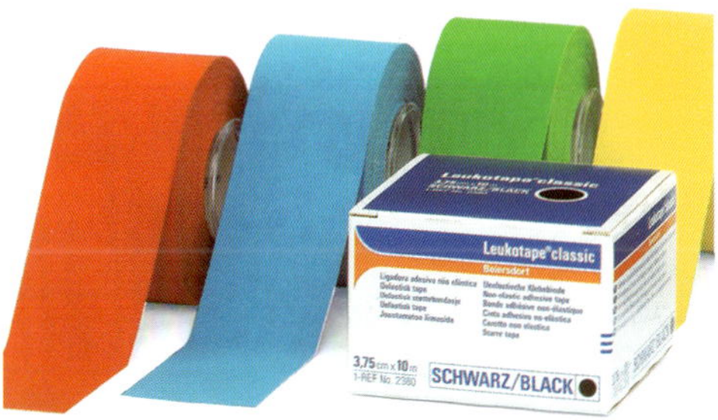

Das richtige Tapematerial

Abmessen: Tape in der Länge, die etwa der geplanten Tour entspricht, von der Rolle abziehen. Dabei die Tape-Rolle locker in die Hand nehmen. Nicht mit dem Daumen auf die Rolle drücken.

Ansetzen: Tape zum Verarbeiten gespannt halten. Geeigneten Ansatzpunkt aussuchen, z.B. für einen U-Zügel am Sprunggelenk an der Fußsohle beginnen. Am Körper benötigte exakte Länge feststellen.

Abreißen: Tape nicht direkt am Verband abreißen, sondern vor dem Anlegen.

Anlegen: Tape entsprechend der geplanten Tour anlegen. Dabei keinesfalls eine nicht physiologische Verlaufsrichtung erzwingen.

Anmodellieren: Durch leichten Druck das Tape anmodellieren. So wird der innige Kontakt mit der Haut bzw. der darunter liegenden Tour und damit eine gute Verklebung sowie der sichere Sitz des Verbandes erreicht.

› TIPP ‹

Zur besseren Haftung zwischen Verbandsmaterial und Haut sowie zur leichteren späteren Entfernung des Verbandes empfiehlt sich vor dem Anlegen das Aufsprühen eines selbstklebenden Haftfilms (z.B. Leukospray).

Beachten Sie bitte folgende Hinweise:

- Der Verband dient der Heilung, er muss gut passen.
- Es empfiehlt sich, bequeme Kleidung und bei Fuß- oder Beinverbänden flache Schuhe zu tragen.
- Die Leitidee und der Hauptvorteil des Tapings ist die weitgehend zu erhaltende Mobilität. Durch Bewegung, solange sie nicht schmerzt, wird die Heilung beschleunigt.

- Leichte Schwellungen verschwinden meist, wenn das betroffene Glied hoch gelagert wird.
- Tapeverbände vor Nässe schützen: Sie können sonst enger werden oder ihre Haftfähigkeit verlieren. Vor Verschmutzung und Feuchtigkeit schützt eine locker über den Verband gewickelte elastische Binde oder ein Trikotschlauch.
- Beim Duschen dient eine Plastiktüte oder -folie (Spezial-Duschfolien in der Apotheke erhältlich) zum Schutz des Verbandes.

› TIPP ‹

Bei folgenden Komplikationen muss der Verband sofort aufgeschnitten oder abgenommen werden:
- stark zunehmende Schmerzen
- starke Schwellungen, besonders der Zehen, die auch bei Hochlagerung nicht zurückgehen.
- blaue oder weiße Verfärbung der Zehen, die auch bei Hochlagerung nicht zurückgeht.
- Taubheitsgefühl, „Kribbeln", „Ameisenlaufen"; plötzliche Bewegungseinschränkungen.

THERAPEUTISCHE VERBÄNDE

Therapeutische Verbände sollten nur bis zu einem gewissen Zeitpunkt getragen werden. Nach Heilung bzw. Besserung der Beschwerden sollte möglichst schnell auf sie verzichtet werden. Der Körper stellt sich ansonsten auf die Art der Stützung ein - dadurch werden Fehlbelastungen produziert, die nachhaltig zu anderen Problemen an anderen Strukturen oder anderen Körperteilen führen können. Die Verbände z.B. nur noch im Wettbewerb anlegen, im Training nach und nach darauf verzichten.

› TIPP ‹

Starker Juckreiz kann ein Zeichen für eine Unverträglichkeitsreaktion der Haut sein. Der Verband muss ggf. durch einen neuen mit zusätzlichem Hautschutz ersetzt werden.

Prophylaktische (vorsorgliche) Verbände: Vorsorglich sollten Verbände bei sportlicher Betätigung nur an Gelenke angelegt werden, die instabil sind und schon eine Schädigung aufweisen.

› TIPP ‹

Grundsätzlich sollten in der Regel Kurzzugbinden benutzt werden - keine Gummizugbinden. Kurzzugbinden weisen eine ganz normale Webelastizität auf, in Langzugbinden hingegen sind Gummifäden eingewebt. Alle Binden, die beim Anlegen unter leichtem Zug die doppelte Länge erreichen, sind nicht geeignet. Ideal hingegen sind kurze, dehnbare Textilbinden, die so genannten „Idealbinden". Für Stützverbände am Sprunggelenk verwendet man „Tape".

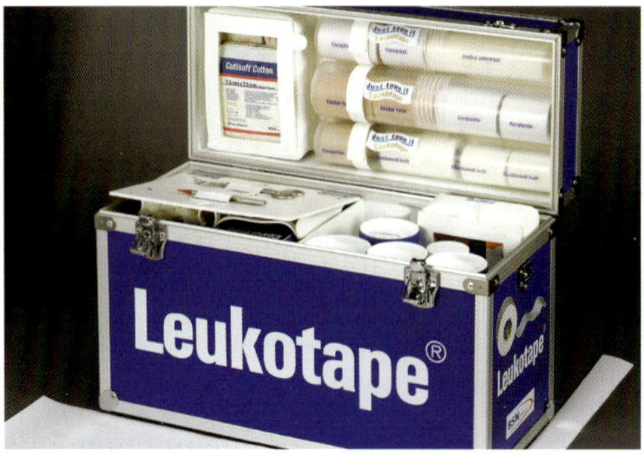

NEU:

Leukotape® K
Pain Relief Technique

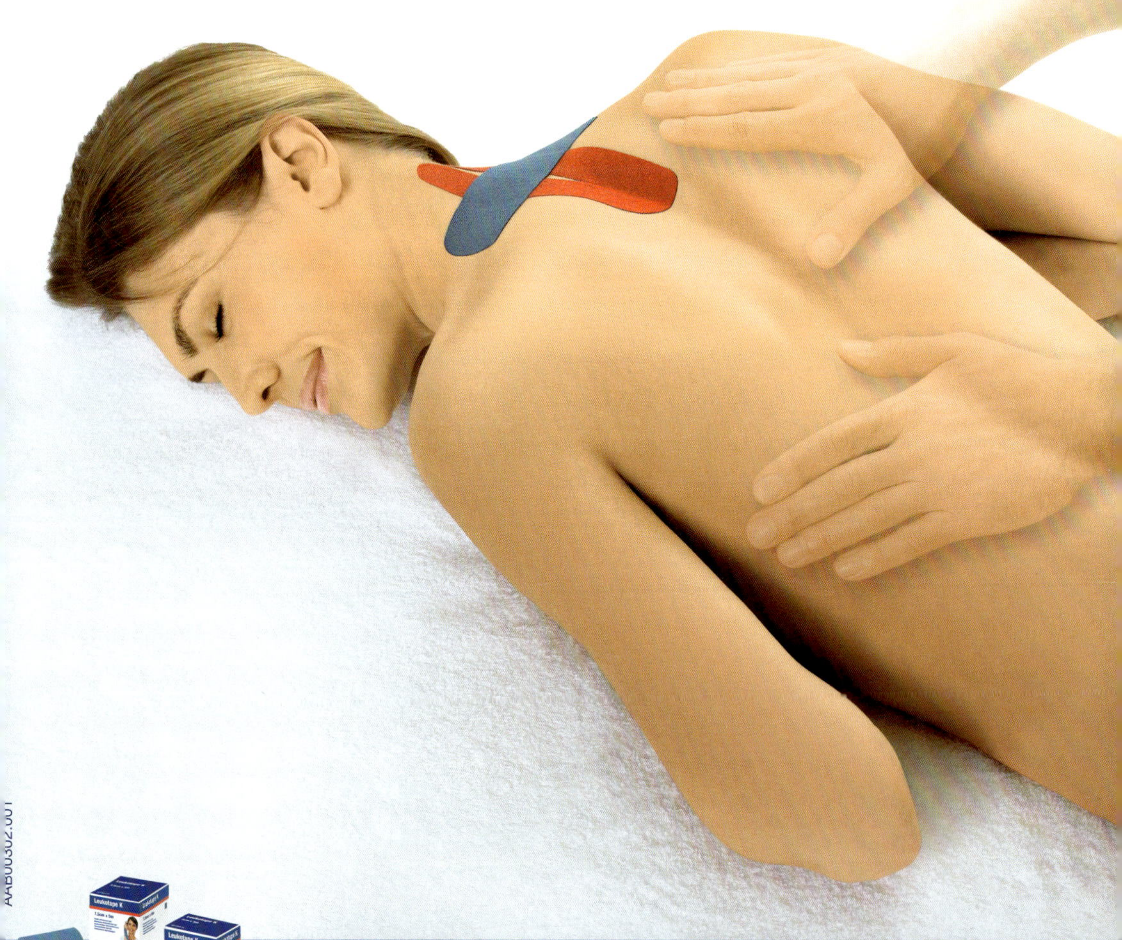

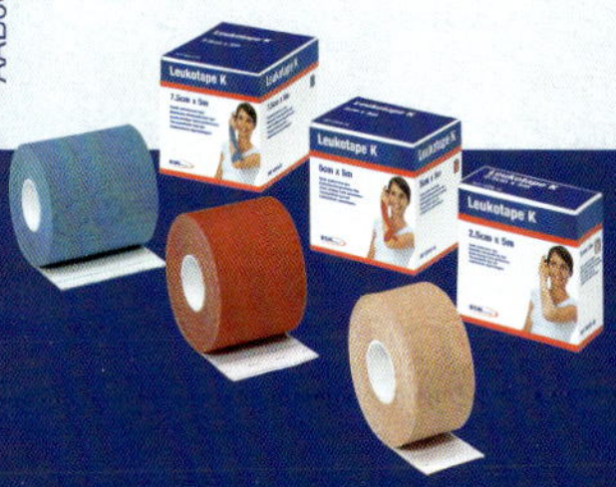

Immer mehr Patienten leiden unter Schmerzen, die mit herkömmlichen Methoden kaum therapierbar sind. Andere verweigern eine systemische Schmerztherapie, weil sie ihren Körper nicht zusätzlich belasten wollen. All diesen Patienten können Sie jetzt helfen: mit Leukotape K, dem neuen Pain-Relief-System von BSN medical. Ob Rückenschmerzen, Epicondylitis oder Tendinitis – mit Leukotape K haben Sie die Chance, den Schmerz wegzumassieren. Ganz einfach, ganz natürlich, ganz ohne Nebenwirkungen.

BSN medical

BSN medical GmbH & Co. KG · Quickbornstraße 24 · 20253 Hamburg · Tel. (0 40) 49 09-909 · Fax (0 40) 49 09-66 66
www.bsnmedical.de · Infos unter 0 18 05/00 13 01 · Mo.–Fr. 8.00–18.00 Uhr · 0,124 €/Min.

VERBANDS-LEITFADEN FÜR DIE HÄUFIGSTEN LAUFVERLETZUNG

SALBENVERBAND FACHGERECHT ANGELEGT

Salbe dick und großflächig möglichst mit einem Holzspatel direkt auf das betroffene Gebiet auftragen, darüber eine angefeuchtete Verbandsmullkompresse legen und mit einer Idealbinde oder elastischen Fixierbinde (z.B. Elastomull Haft von BSN medical) je nach Region (4-10 cm) anwickeln.

Oder beispielhaft wie abgebildet für das verletzte Sprunggelenk: Man schneidet 2 Salbenträger (U- und L-Form) z.B. aus Leukotape Foam aus und befeuchtet diese mit Wasserspritzern oder Elyth Fluid S (Abb.1).
Die jeweilige Salbe (z.B. Elyth Balsam S, Elyth Salbe W oder bei unverletzter Haut profelan Salbe oder Traumeel Salbe S reichlich auf beide Salbenträger auftragen und mit einem Holzspatel verteilen (Abb. 2 u.3). Die U-Form auf die Knöchelaußenseite und die L-Form auf die Knöchelinnenseite anlegen (Abb. 4) und unter mäßigem Druck anwickeln - z.B. mit einer Idealbinde (8-10cm breit) von BSN medical (Abb. 5 u.6).

› WICHTIG ‹

Salbenträger müssen vor dem Anlegen unbedingt angefeuchtet werden, sonst trocknet die Kompresse aufgrund der Körperwärme nach kurzer Zeit aus. Die Salbe würde an Wirkung verlieren.

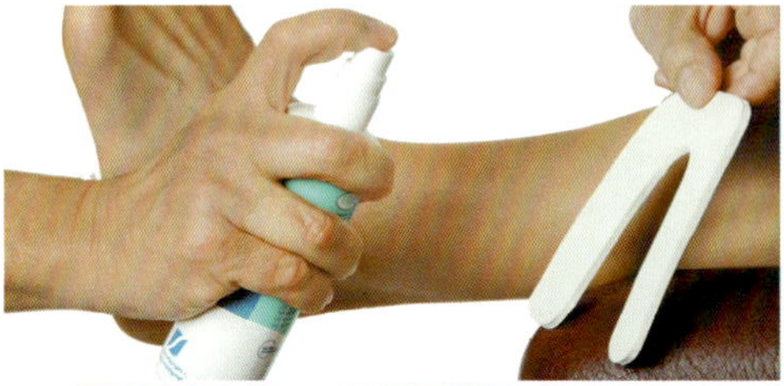

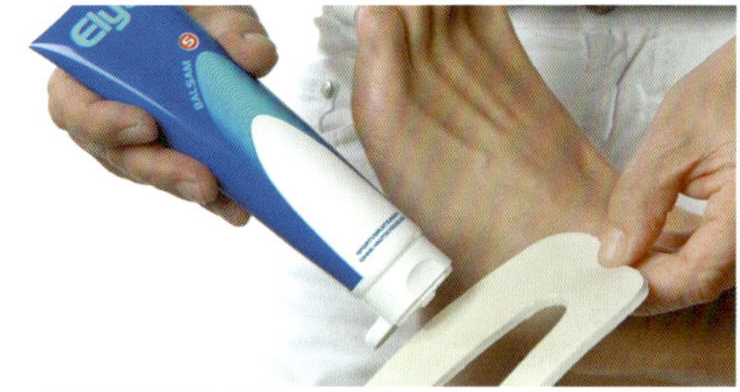

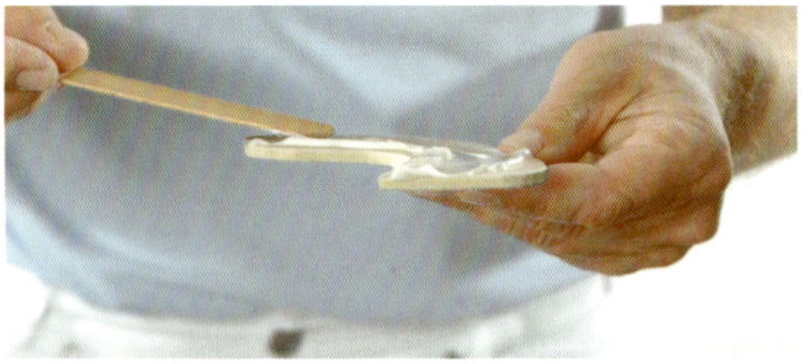

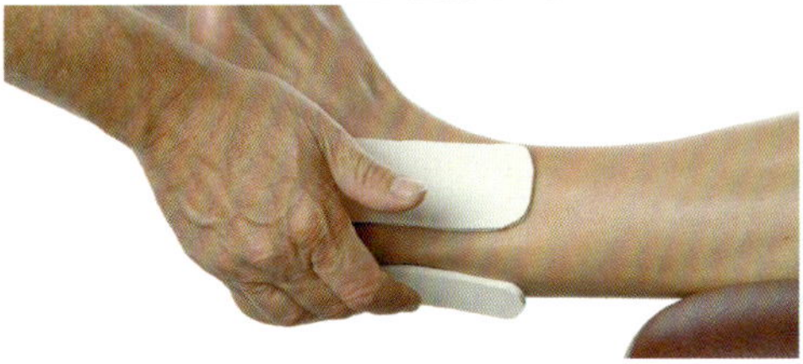

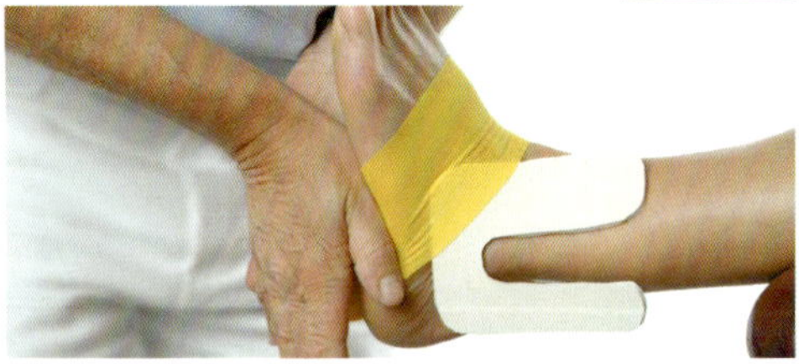

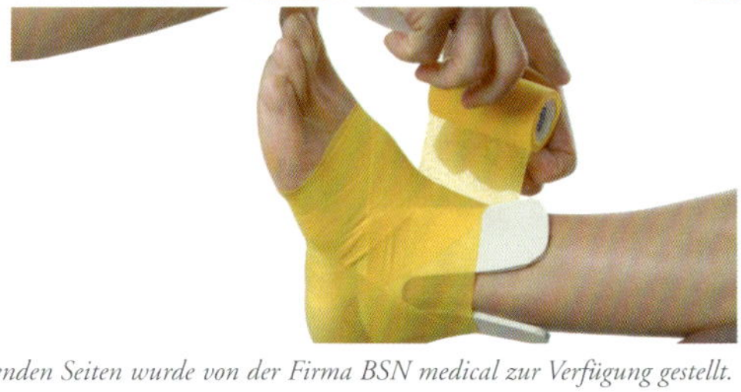

Das Verbandsmaterial für die Fotoserie auf dieser und den folgenden Seiten wurde von der Firma BSN medical zur Verfügung gestellt.

› VERBANDS-LEITFADEN ‹

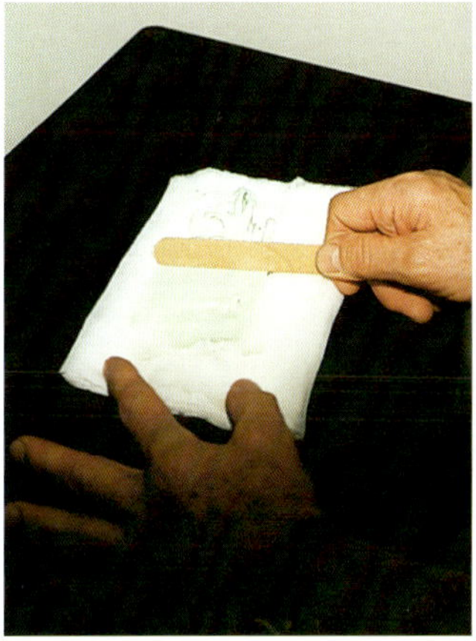
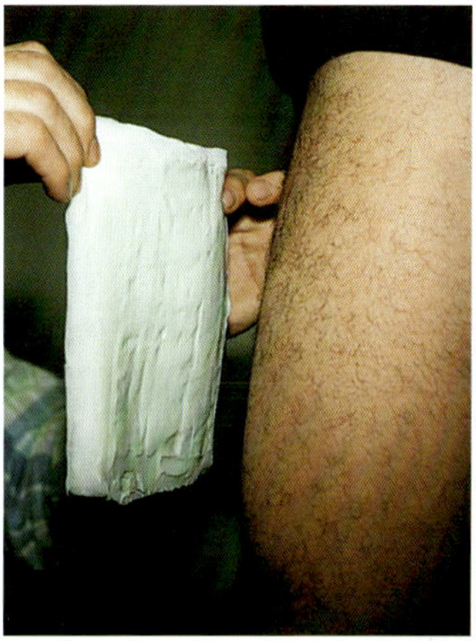
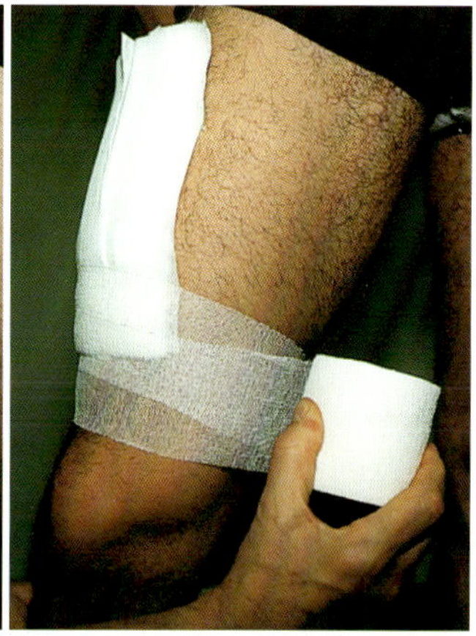

Bei Muskelfaserriss oder Muskelprellung am Oberschenkel: Eine mit Salbe bestrichene Kompresse (Mull plus Watte gefaltet) wird auf den Oberschenkel gelegt. Mit einer Elastomull-Haftbinde umwickelt - 3-4 Schichten - und zum Schluss mit einem Trikodurschlauch abgedeckt.

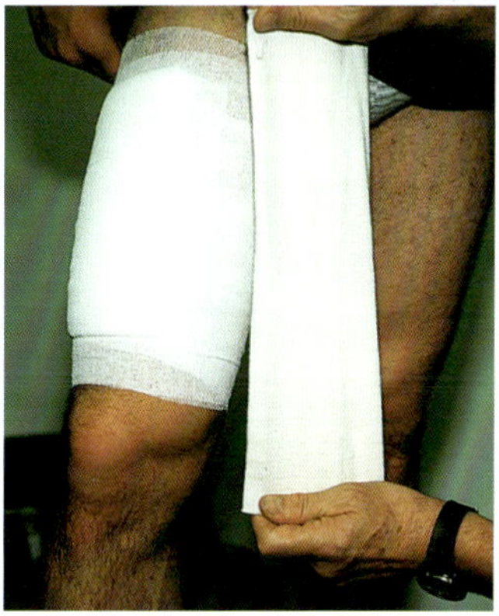
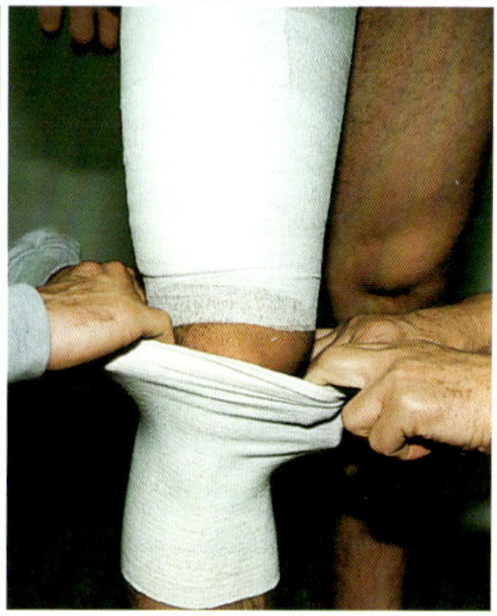

Druckverband für Muskelfaserriss oder Muskelprellung (Pferdekuss) am Oberschenkel:
In Eiswasser getauchten Schwamm auf die verletzten Regionen mit einer 10-12 cm breiten Idealbinde unter starkem Druck fixieren.

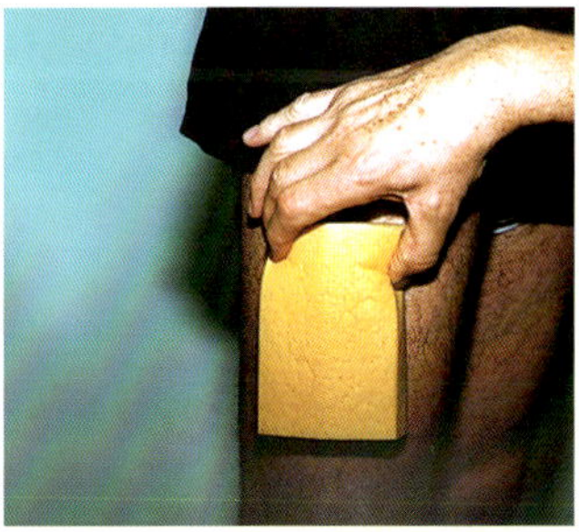
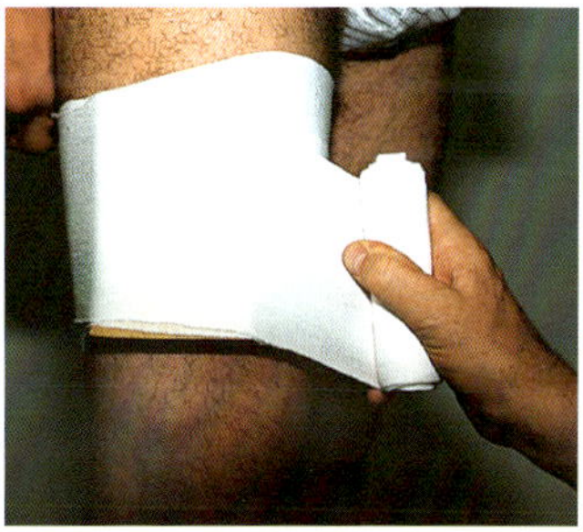
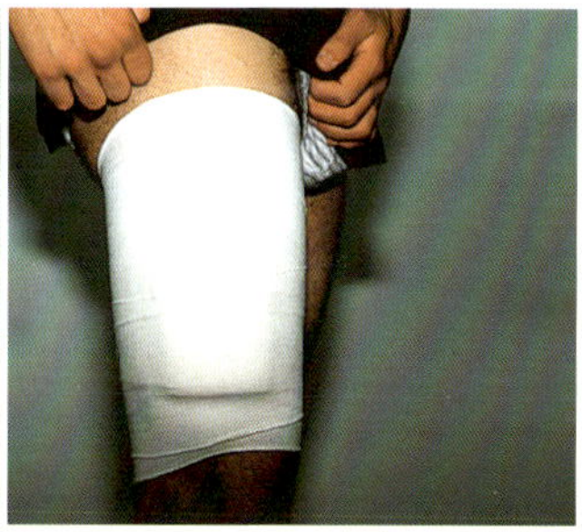

> VERBANDS-LEITFADEN <

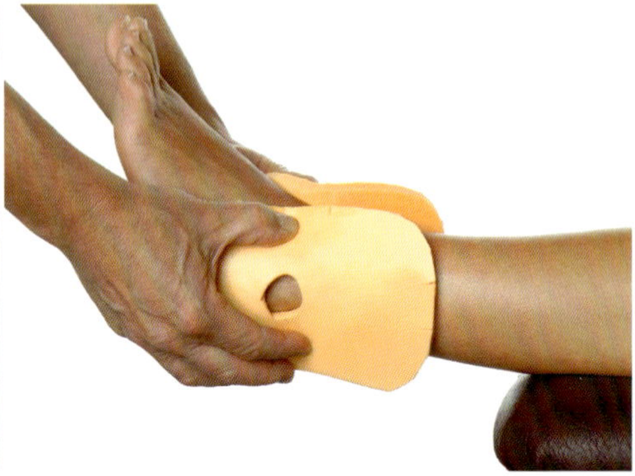

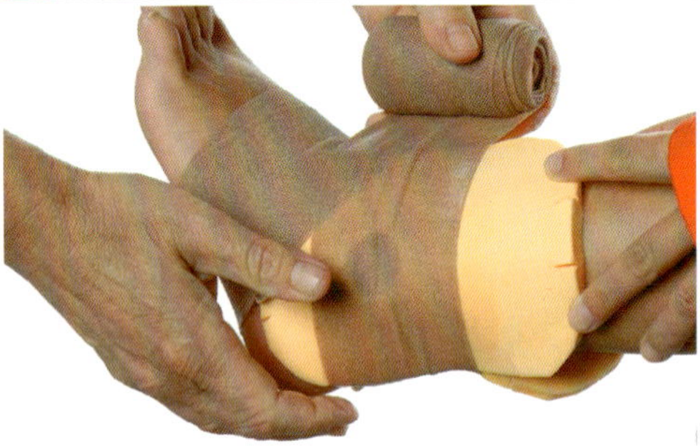

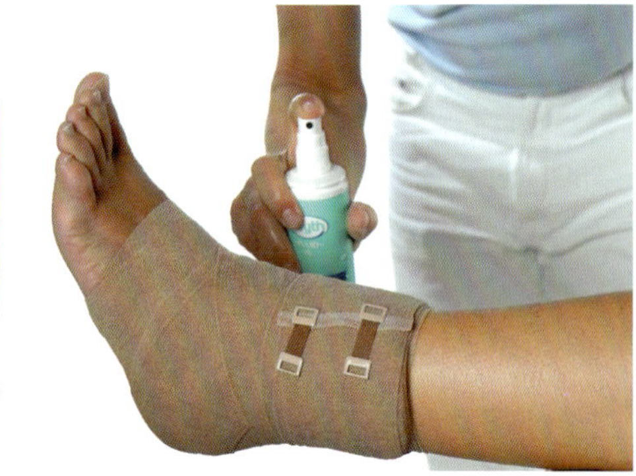

Kompressionsverband mit Schaumgummiformteilen und Idealbinde für das Sprunggelenk

2 Formteile - z.B. Jobst Foam von BSN medical - werden in Eiswasser getaucht (Abb. 1) und auf den inneren und äußeren Knöchel gelegt (Abb. 2).

Mit einer Idealbinde 8-10cm breit - z.B. von BSN medical - unter mäßigem Druck auf das Gelenk wickeln (Abb. 3).

Den Kompressionsverband in regelmäßigen Abständen lösen und erneuern, um Durchblutungsstörungen zu vermeiden.

Zwischen den Verbandswechseln den Verband z.B. mit Elyth Fluid S feucht halten (Abb.4).

Druckverband mit Schwamm und Idealbinde für das Sprunggelenk (o. Abb.):

In Eiswasser getauchten Schwamm auf die verletzte Stelle am Sprunggelenk mit 8-10cm breiter Idealbinde (z. B. von BSN medical) unter mittlerem Druck anwickeln - großflächig bis etwa zur Mitte des Unterschenkels.

› VERBANDS-LEITFADEN ‹

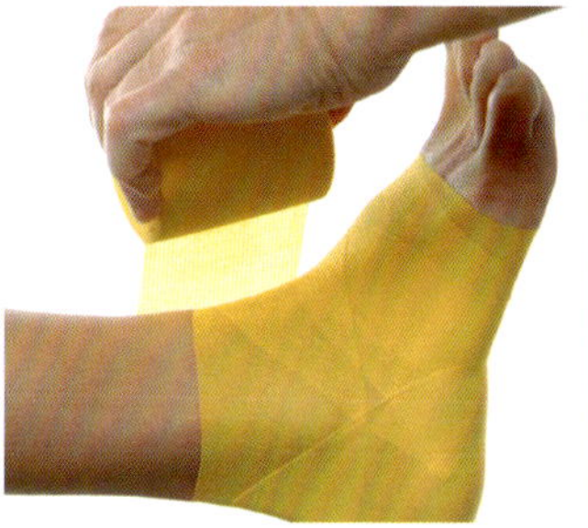
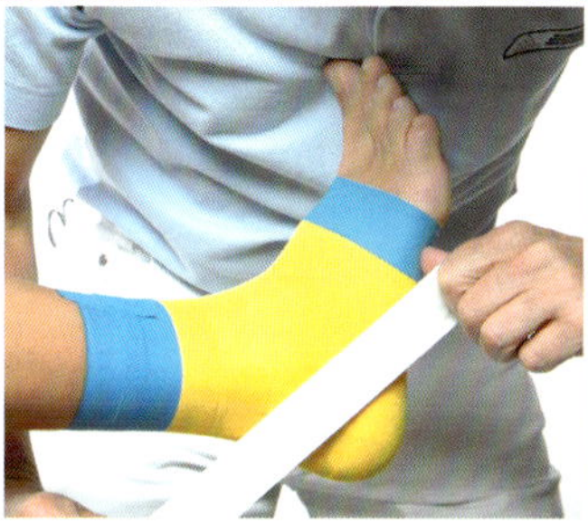
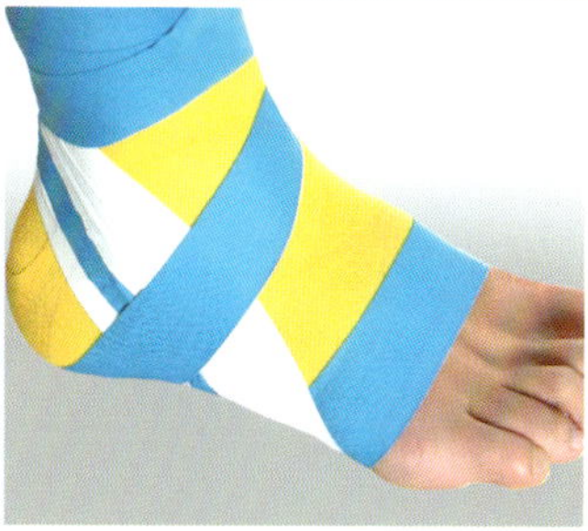

3-Streifenverband zur Stabilisierung des Sprunggelenks:

Mit Unterzugbinde aus Gazofix (z.B. von BSN medical) den Fuß komplett umwickeln - Ende Handbreit über dem Knöchel (Abb.1). Zwei Anker (blau) aus Leukotape am Unterschenkel und einen Anker am Fußrücken anbringen. Die Fußsohle bleibt offen (Abb.2).
Ein Korrekturzügel (weiß) - am Fußaußenrand aufsteigend - um die Achillessehne herum am oberen blauen Anker fixieren (Abb. 2).
Den Vorgang 3 mal versetzt wiederholen (3 Korrekturzügel weiß/blau/weiß).
Einen weiteren blauen Korrekturzügel - an der Fußsohle beginnend, aufsteigend um den Vorfuß - in Richtung oberem Anker anlegen (Abb. 3).

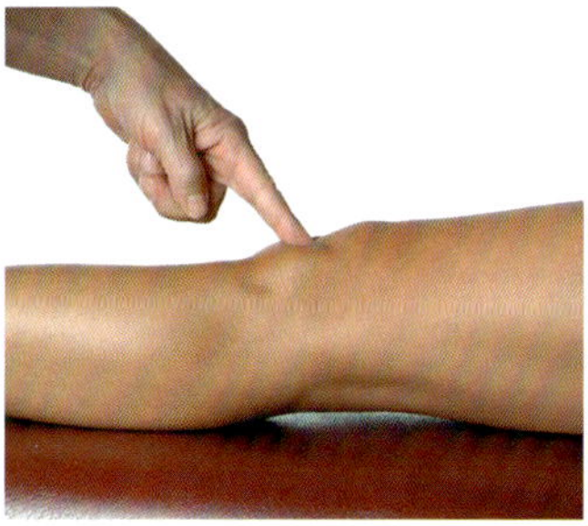
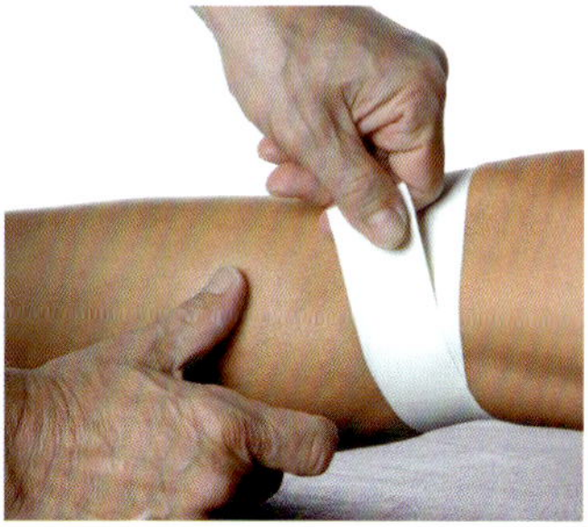
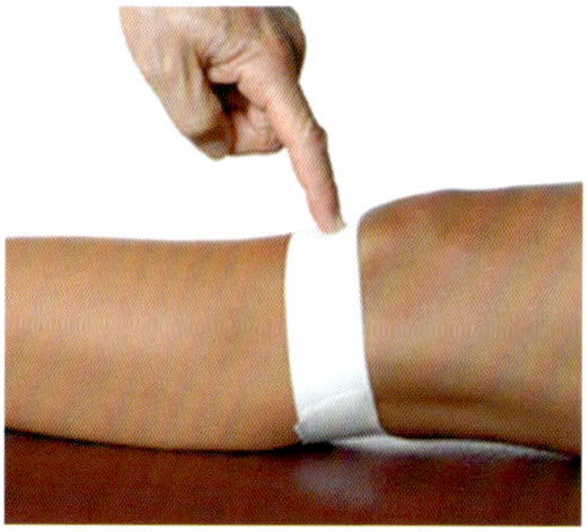

Entlastungsverband für die Patellaspitze (Kniescheibe):

Das Bein wird auf einer Liege gelagert, das Knie leicht überstreckt (Abb. 1).
Ein Leukotape-Streifen wird von der Patellaspitze mit leichtem Druck in Richtung Kniekehle getapt (in der Kniekehle offen lassen) (Abb. 2).
Mit einem zweiten Leukotape-Streifen von hinten verschließen (Abb. 3).

› VERBANDS-LEITFADEN ‹

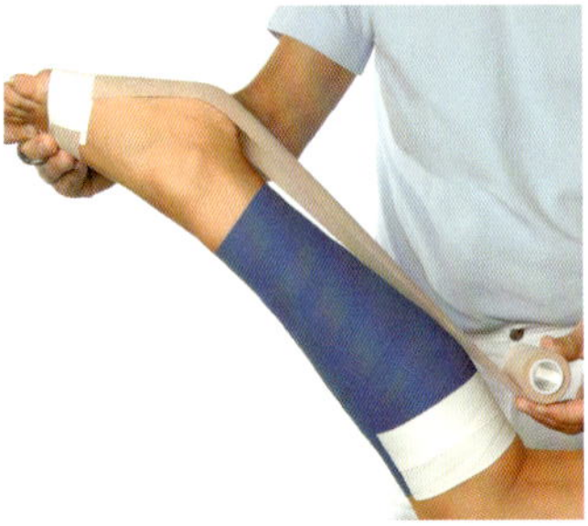

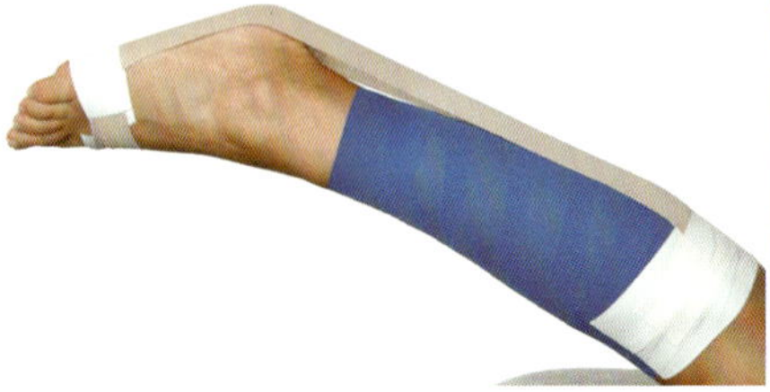

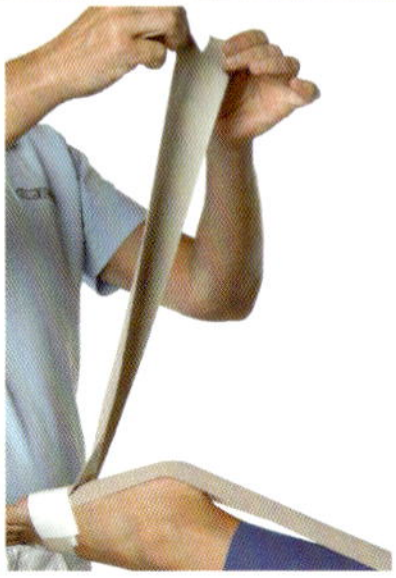

Entlastungsverband für die Achillessehne:

Unterzug mit z.B BSN Gazofix (blau) um den Unterschenkel anlegen. 2 Anker (weiß). Einen dieser Anker an der Fußsohle (oben offen) fixieren. Den zweiten Anker unterhalb der Kniekehle anlegen. Die Schienbeinkante bleibt frei. Dann z.B. eine BSN Elastoplast-Binde (hautfarben) am Fußsohlenanker anlegen und mit 2 Leukotape-Streifen gut fixieren - unter maximalem Zug (Abb. 1).
Die Elastoplast-Binde zum oberen Kniekehlenanker ziehen und gut fixieren.
Dadurch soll ein sog. „Katapulteffekt" beim Laufen erzielt werden (Abb. 2).
Einen weiteren BSN Elastoplast-Zügel etwas versetzt auf dem ersten Anker der Fußsohle fixieren (Abb. 3).

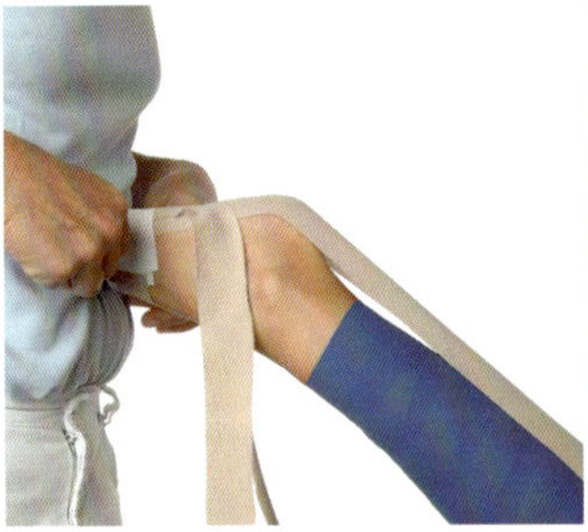

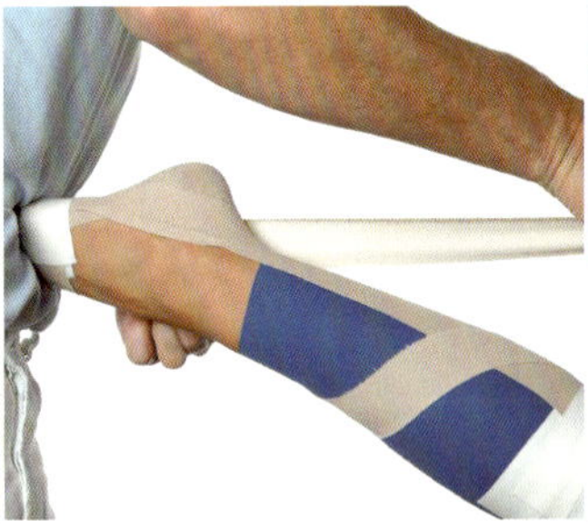

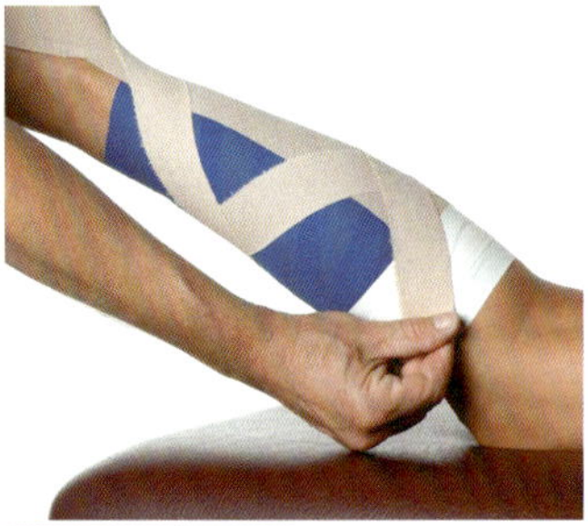

Mit einer Schere halbieren und bis zum Fersenbeginn der Fußsohle einschneiden (Abb. 4).
Die eine Hälfte des Elastoplast-Zügels seitlich an der Ferse nach oben hin zweimal überkreuzen (Abb. 5) 1 x an der Achillessehne und 1 x an der Wadenmitte zum oberen Anker hin auslaufen lassen (Abb. 6) .
Den gesamten Unterschenkel mit BSN Elastoplast umwickeln - verschalen. Ohne Zug! „Katapulteffekt" muss spürbar sein! (Abb. 7)

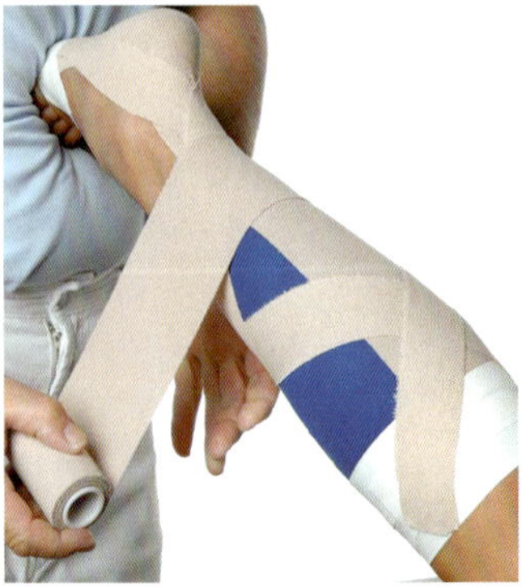

ERSTE-HILFE-SET

Eine schnelle, frühzeitige Versorgung einer Verletzung durch entsprechende Hilfsmittel entscheidet häufig über deren späteren Verlauf.
Als Erste-Hilfe-Set wird folgende Ausstattung empfohlen, die in Apotheken und im Fachhandel zusammengestellt werden kann:

1. 6 Mullkompressen (z.B. Cutisoft Cotton) - 3mal 10x10 cm, 3mal 5x5 cm breit
2. 1 Desinfektionsmittel (z.B. Betaisodonna oder Elyth Spray W)
3. 1 kleine Pflasterbox (z.B. Hansaplast elastic)
4. 1 Elastomull Haftbinde
5. 1 Gazofix-Fixierbinde (8 cm breit)
6. 1 Klebebinde (hautfreundlich, 10 cm breit)
7. 1 Rolle Leukotape classic (3,75 cm x 10 m)
8. 1 Eiswasser-Pack oder ein die Kühlung unterstützendes Mittel
9. 1 Schwamm
10. 1 Wund- und Heilsalbe (z.B. Elyth Salbe W)
11. Idealbinden (8-10 cm breit)
12. Blasenpflaster (z.B. Hansaplast Blasenpflaster)
13. 1 Flasche Muskelfunktionsoil
14. 1 Schere *Betreuer sollten außerdem bereithalten:*
15. 1 Eiswasserbox (5 ltr)

Wichtig: Nach Benutzung bzw. Herausnahme von Hilfsmitteln diese wieder ersetzen.

UGANDA
UGA

"...fier d'être marathonien!"

6 MEINE TOP 10 MARATHONLÄUFE...

New York · London · Boston · Paris · Rom · Venedig · Hamburg · Berlin · Mèdoc · Athen

...WELTWEIT!

MEINE TOP 10 MARATHONS WELTWEIT

1. NEW YORK MARATHON: „DER ULTIMATIVE MARATHON“

Den New York Marathon beschreiben zu wollen, heißt fast „Eulen nach Athen tragen“, aber dennoch versuche ich es einmal: Über 30000 Finisher - die größte Anzahl weltweit. Denn wer hier an den Start geht, will auch im Central Park „finishen“. Etwa zwei Millionen Zuschauer am Streckenrand und eine Kulisse, die ihresgleichen sucht. Die Organisation ist perfekt: 700 Busse, die ca. 37000 Läufer zum Start nach Staten Island kutschieren. Am Start viel Platz, jede Menge Toiletten und ein kostenloses Frühstück - marathongerecht u.a. mit Bagels, Kaffee und Bananen. Nehmen Sie eine Unterlage mit (Isomatte, oder dicke Pappe) zum Sitzen – Sie können sie dann liegen lassen. Auf der Strecke wird Wasser und Gatorade für den Durst gereicht und wer ab 30 km noch Energie benötigt, erhält zusätzlich Power-Gels. Im Ziel dann die lang ersehnte Medaille und jede Menge zu trinken und zu essen. Auch der Transport mit den Kleiderbeuteln funktioniert reibungslos, so dass man nicht lange in seinen schweißnassen

New York Marathon

Sportsachen herumgehen muss. Ich war schon oft in New York, bin die ganze Strecke abgefahren und die letzten 12 km dann gelaufen, aber wegen der Tatsache, dass ich seit 1994 diesen Marathon immer live für EUROSPORT kommentiere, bin ich noch nie in den Genuss gekommen, den Marathon im Wettkampf zu laufen. Eine schwere Strecke - aber ein unvergessliches Erlebnis!

Infos: www.nyrrc.org

2. LONDON MARATHON: „DER GRÖSSTE"

Fast 100000, die mitlaufen wollen, aber „nur" ca. 40000 können sich zu den Glücklichen zählen, die eine Startnummer erhalten. Damit ist London der weltgrößte reine Marathonlauf. Allerdings gibt es an einigen Stellen Engpässe, weil manche Strassen für diese Massen zu eng sind. Die Strecke ist ziemlich flott, die ersten acht Kilometer geht es zum Teil leicht bergab - also Vorsicht beim Anfangstempo. Nicht umsonst ist Paula Radcliffe dort 2003 den noch bestehenden Weltrekord von 2:15:25 gelaufen. Unterwegs genügend Wasser und Lucozade, die britische Version von Gatorade. Am Start sollten Sie sich nicht über die vielen kostümierten Mitläufer wundern. Man fragt sich, ob die jemals ins Ziel kommen - aber eben typisch britischer Humor.

Infos: www.london-marathon.co.uk
und eine sehr informative Seite auf Deutsch: www.london-marathon.de

3. BOSTON MARATHON: „DER ÄLTESTE"

Seinen 100-jährigen Geburtstag feierte der Lauf 1996. Damals gewann auch letztmals eine Deutsche: Uta Pippig, die diesen Marathon dreimal hintereinander siegreich beendete. Zum Jubiläum waren dann auch zum ersten und vorerst letzten Mal über 40000 Läufer zugelassen. Ansonsten sind es nur ca. 20000 Teilnehmer, die eine der begehrten Startnummern bekommen. Anders als bei vielen anderen Läufen, gilt ein ausgeklügeltes Qualifikations-System mit Normen für unterschiedliche Altersstufen. Aktuelle Infos hierzu findet man unter der offiziellen Webseite der Organisation. Die Strecke ist „brutal", denn in der ersten Hälfte der Strecke geht es fast nur bergab – zu einer Zeit, da es sowieso noch locker läuft. Aber dann folgen über fünf Kilometer die berüchtigten Newton Hills mit einem nicht enden wollenden Auf und Ab - und als Kulminationspunkt dann der „Heartbreak Hill" bei Km 32. Von dort geht es wieder bergab - allerdings lassen da schon die Muskelkräfte nach und die Beine haben Mühe, die Stützfunktion wahrzunehmen. Nach dem Marathon sieht man zahlreiche Läufer, die die Hoteltreppen rückwärts runtersteigen. Tipp: Vor diesem Marathon sollten Sie auch das Bergablaufen üben. Als einen der Höhepunkte kann man die kreischenden Studentinnen vom Frauen-College Wellesley am Halbmarathonpunkt bezeichnen. Schon 1897 standen die Mädchen an diesem Punkt und gelten als Teil der Tradition.

Infos: www.bostonmarathon.org

4. PARIS MARATHON: „MARATHON IN DER SCHÖNSTEN STADT“

O.K., vielleicht bin ich etwas befangen, weil ich in Versailles geboren wurde und Paris ein Teil meines Lebens ist - aber Paris bleibt für mich die schönste Stadt. Tour Eiffel, Champs Elysées, Montmartre, Notre Dame, der Louvre, das Schloss in Versailles, das gute Essen, die Bistros... . Das reicht, mehr muss ich nicht sagen. Der Marathon ist Monate im Voraus ausgebucht. Also rechtzeitig anmelden, denn das Limit ist bei ca. 35000 Teilnehmern erreicht. Die Strecke ist relativ flach, vom Arc de Triomphe geht es los und zwar die Champs Elysées hinunter zur Place de la Concorde mit ihren Obelisken. Die Organisation ist typisch französisch, aber keine Angst: unterwegs werden nicht Rotwein, Baguette und Camembert gereicht, sondern Wasser (verschließbare 250ml Flaschen) an sieben Versorgungsstellen. Etwas knapp im Vergleich zu anderen Marathonläufen. Auch die Stimmung ist dürftig, aber einen Pariser bekommt man am Sonntag eben nicht schon zur frühen Startzeit um 8:45 Uhr an die Strecke. Im Zielbereich auf der Avenue Foch am Arc de Triomphe - nur etwa einen Kilometer vom Start entfernt - herrscht dafür wieder großer Trubel. Alles in allem ist Paris und sein Marathon immer eine Reise wert.

Paris Marathon

Infos: www.parismarathon.com

5. ROM MARATHON: „MARATHON IN DER EWIGEN STADT – SIGHTSEEING-TRIP PAR EXCELLENCE“

Forum Romanum, Piazza Venezia, Fontana di Trevi, die spanische Treppe, Piazza Navona, das Pantheon, Petersplatz und Petersdom. Lust bekommen? Dann nichts wie eine Startnummer gesichert für einen Start Ende März. Antike bedeutet natürlich auch desöfteren Abschnitte über Kopfsteinpflaster, aber alles in allem ist die Strecke relativ flach, dafür spricht auch der Streckenrekord von deutlich unter 2:09 std. bei den Männern. Dazu kommt noch ein begeisterungsfähiges Publikum - um Klassen besser als die Franzosen - mit vielen Musikbands, die für Stimmung sorgen. Auch die Organisation ist perfekt und die Verantwortlichen haben alles im Griff.

Infos: www.maratonadiroma.it

6. VENEDIG MARATHON: „ROMANTIK UND MARATHON"

Venedig ist eine wunderschöne Stadt: eine malerische Kulisse mit zahlreichen Kanälen und historischen Bauwerken. Auf der Strecke kann man sehr viel davon entdecke und genießen. Diese ist sehr flach und startet in Stra, einer kleinen Stadt einige Kilometer östlich von Padua. Von da geht es Richtung Venedig. Auf den letzten Kilometern passiert man 13 Brücken, die den Venedig Marathon berühmt gemacht haben und in der Nähe des Ziels befindet sich der viel besuchte Markus-Platz. Knapp 7000 Teilnehmer setzen sich jeden Herbst in Bewegung und - ähnlich den ganz großen Marathons – werden auch hier Tempomacher eingesetzt, die mit farbigen Ballons für verschiedene Zielzeiten (3:00 Std./3:15 Std./usw. bis zu 5:00 Std.) gekennzeichnet sind. Eine ideale Maßnahme für jeden, der die Strecke nicht kennt und deshalb unsicher ist. Der Veranstalter rühmt sich, dass die Zeiten plusminus eine halbe Minute eingehalten werden. Nach dem Rennen kann man sich dann dem „Dolce Vita" hingeben.

Infos: www.venicemarathon.it

7. HAMBURG MARATHON: „SCHNELL, PERFEKT ORGANISIERT UND VON WEGEN KÜHLE HANSEATEN"

Hamburg? Ist da nicht immer von den so genannten „kühlen Hanseaten" die Rede? Am Marathon-Sonntag im April ist diese Aussage jedenfalls nur ein Klischee, denn, wenn ca. 700000 Zuschauer über 20000 Läuferinnen und Läufer anfeuern, dann sprechen viele Teilnehmer zu Recht von „Gänsehaut-Atmosphäre". Das Organisationsteam hat alles im Griff - kein Wunder bei über 20 Jahren Erfahrung. Für die Logistik der Läufer ist die zentrale Lage des Messegeländes sicherlich ein großes Plus. Hier kann man seine Startnummer abholen und auch Start und Ziel befinden sich in unmittelbarer Nähe. Vom Start geht es Richtung Reeperbahn auf St. Pauli, weiter zum Hafen mit Fischmarkt und den Landungsbrücken mit Tausenden von Zuschauern. Hier ist der Lärmpegel am höchsten und man muss sich bremsen, keinen Zwischenspurt einzulegen. Dann folgen Binnenalster und Jungfernstieg sowie eine ganz große Runde um die Alster. Zurück dann über Eppendorf und Rothenbaumchaussee Richtung Messe. Einziger Wermutstropfen: Ab Km 40 geht es leicht bergan - also ein paar Reserven behalten für diesen Teil!

Infos: www.marathon-hamburg.de

8. BERLIN MARATHON: „SEHR SCHNELL"

Kein Wunder, dass Paul Tergat 2003 den Marathon-Weltrekord auf 2:04:55 Std. verbessert hat auf der neuen Berliner Strecke. Sie ist topfeben und wer auf Bestzeiten aus ist, der sollte es sich überlegen, eventuell einmal in Berlin zu laufen. Gestartet wird

Berlin Marathon

auf der Straße des 17. Juni und es folgt eine Sightseeing-Tour durch die deutsche Hauptstadt. Die Stimmung ist - mit Ausnahmen wie am „Wilden Eber“ und in Teilen von Kreuzberg - nicht so grandios wie zum Beispiel in Hamburg. Für die Strecken, an denen wenige Zuschauer anfeuern, wird man entschädigt beim Zieleinlauf. Die letzten Kilometer nämlich werden auf dem Boulevard „Unter den Linden“ absolviert, vorbei am Hotel Adlon und letztendlich durch das Brandenburger Tor. Start und Ziel sind nur wenige hundert Meter voneinander entfernt.

Infos: www.berlin-marathon.de

9. MÉDOC MARATHON: „WEIN – PARTY – MARATHON“

Er ist meiner Meinung nach der stimmungsvollste Marathon in Europa. Hier fährt niemand hin um unbedingt eine Bestzeit zu laufen, sondern um Spaß zu haben. Viele der Teilnehmer sind kostümiert, es gibt schöne Preise für die ausgefallensten Kreationen und alle nehmen sich Zeit, die Landschaft und den Wein zu genießen. In Pauillac, nördlich von Bordeaux, liegen Start und Ziel des Marathons. Von hier führt die recht hügelige Strecke an vielen bekannten Weingü-

Médoc Marathon

tern und wunderschönen Schlössern vorbei. Natürlich wird an den Verpflegungsstellen nicht nur Wein angeboten, sondern auch die bekannten Dinge wie z.B. Wasser, Bananen usw. Wer die verschiedenen Weine probieren möchte, sollte nicht die Wasserzufuhr vergessen, denn sonst machen die letzten Kilometer keinen Spaß. Der Lauf findet immer Anfang September statt und die Startplätze sind auf 8000 Teilnehmer limitiert.

Infos: www.marathondumedoc.com

10. ATHEN MARATHON: „DER GEBURTSORT DES MARATHONS"

Der Ort Marathon ist nicht nur der Geburtsort des Marathons, sondern auch ein Lauf auf der olympischen Strecke von 1896 und 2004. Der Start befindet sich in der Ebene bei Marathon, dann folgen etwa zehn flache Kilometer bevor es die nächsten 20 Kilometer stetig leicht bergauf geht um dann bis zum Ziel nur bergab und wieder flach zu verlaufen. Das Ziel befindet sich im alten Olympiastadion von 1896 und es ist schon ein ergreifendes Gefühl dort einzulaufen.

Einige werden die Geschichte hinter dem Marathonlauf kennen, als ein griechischer Bote, Phidippides, 490 v.Chr. von Marathon nach Athen lief um die Botschaft vom Sieg der Athener über die gewaltige Armee der Perser in der Bucht von Marathon zu überbringen. Große Begeisterungsstürme und Zuschauermassen sollte man nicht erwarten, denn für den Marathon sind die Griechen nicht zu begeistern. Bei ihnen zählen vor allem Fußball und Basketball. Wer aber etwas Geschichtsträchtiges erleben möchte inklusive der vielen antiken Stätten in Athen, der sollte hier einen Start Anfang November in Erwägung ziehen.

Infos: www.athensclassicmarathon.gr oder www.athensmarathon.com

› TIPP ‹

Wer nicht bei einem Laufreisen-Veranstalter buchen möchte und sein eigenes Paket schnüren möchte, hat verschiedene Möglichkeiten. Es kann wesentlich günstiger sein, bedeutet aber natürlich mehr Eigeninitiative. Im Falle New York Marathon allerdings ist es fast unmöglich, in Eigeninitiative an Startnummern zu kommen. Dort sind lizenzierte Reiseveranstalter, die über ein Kontingent an garantierten Startnummern verfügen, die ersten Ansprechpartner. Wer es dennoch selbst versuchen möchte, für den gibt es ein paar sehr hilfreiche Webseiten:

GÜNSTIGE FLUGTICKETS:

www.easyjet.de
www.hlx.de
www.airberlin.de
www.flyloco.de
www.germanwings.de
www.opodo.de

GÜNSTIGE HOTELZIMMER:

www.hrs.de

7 MENTALTRAINING

Einblick in die Geheimnisse des mentalen Trainings · „Wozu das alles?“ · Methodische Kopfarbeit · Umgang mit Erschöpfung und Beschwerden · Die Atmung vor, während und nach der Belastung · Wettkampfvorbereitung für Fortgeschrittene

…KOPF UND SINNE NUTZEN!

MENTALTRAINING – KOPF UND SINNE NUTZEN

EIN KLEINER EINBLICK IN DIE GEHEIMNISSE DES MENTALEN TRAININGS

Fraglos gibt es in uns und um uns Limitierungen unserer körperlichen Leistung: Nutzen wir unsere eigenen Energien tatsächlich für eine Vorwärtsbewegung oder bremsen wir uns durch die Art unseres Denkens und unserer Wahrnehmungen aus? Unser eigentliches Anliegen ist es doch, leicht und freudvoll vorwärts zu kommen!

Fettes und kaltes Eisbein, ranzige Milch, schimmeliges Obst. Guten Appetit!

Spüren Sie, wie Ihr Körper reagiert? Doch eher mit Würgen und Abwehr als mit Speichelfluss und Vorfreude. Also verändern wir unser Denken:

Herrliche Erdbeeren. Nicht zu reif, aber auch nicht unreif, also genau richtig.
Heute frisch gepflückt. Daran zu erkennen, dass noch Tautropfen auf den Erdbeeren sind. Wunderschöne Erdbeeren. Leicht gezuckert oder auch nicht, genau so, wie Sie sie mögen. Herrliche und geschmackvolle, frische Erdbeeren.

Spüren Sie, wie der Körper zur Nahrungsaufnahme bereit ist? Uns läuft das Wasser im Mund zusammen, und der Muskelapparat beginnt zu kauen und zu schlucken.

Wir halten fest: Eine Regulierung unseres Denkens kann unsere Körperfunktionen konstruktiv beeinflussen. Damit befinden wir uns bereits mitten in der Mentaltherapie. Die Ausrichtung unserer Wahrnehmungen wird als mentales Training bezeichnet: Unser Körper bewegt sich genau dorthin, wo wir hinschauen.

Bleiben Sie hingegen in der Innenwahrnehmung – zum Beispiel dort, wo es zwickt – werden Ihre Schritte kürzer und kraftloser – trotz aller Anstrengungen.

Stellen Sie sich den Ort Ihres Trainings vor.
Die Umgebung, den Untergrund.
Jetzt tauchen ***Sie*** *im Bild auf.*
Sie sehen sich idealtypisch laufen: 20 Sekunden von links, 20 Sekunden von vorn, und die gleiche Zeit lang von rechts und von hinten.
Nun zoomen Sie einen Körperteil wie auf einer großen Leinwand heran. Sie sehen zum Beispiel Ihr rechtes Kniegelenk oder Ihre linke Schulter in Ihren idealen Bewegungsabläufen.
Sie spüren sich in Ihre Bewegung hinein, und die Bewegung breitet sich im gesamten Körper aus. ***Sie spüren idealtypisches Laufen.***

Bis hierhin praktizieren Sie mentales Training. Nun hängen wir Mentaltherapie daran:
Beim idealtypischen Laufen fühle ich mich ... (?)

Finden Sie nun einen Begriff, der das Erlebte beschreibt. Er darf ruhig ein wenig übertrieben sein, denn es handelt sich um eine Bekräftigung. Einen Aufruf zu gutem, effektivem Laufen.

Praktizieren Sie diese Übung vor jedem

Wettkampf und auch beim Training. Sie können das beispielsweise nach dem Schnüren der Schuhe tun.

Durch die Wiederholung dieser Übung legen Sie die Bewegungsabläufe (Ennogramme) als nervale Reaktionen, muskuläre Reflektionen und kapillare Funktionen an. Durch diesen Fluss – auch den der Durchblutung – beginnen Sie sofort in den idealtypischen Bereichen des Nervensystems, des Muskel- und Bewegungsapparates mit dem Wettkampf oder Training.

Das bedeutet: Sie richten den Fokus auf das Erleben des Laufs und blenden dadurch anderes aus. Sie beschleunigen die Erwärmung und schützen sich vor den gerade zu Beginn des Wettkampfs oder der Trainingseinheit auftretenden Fehltritten durch ungeschickte Bewegungsabläufe und mangelnde Wahrnehmung der Laufbewegung.

DIE REGULIERUNG MEINER GEDANKEN/MEINES SELBSTGESPRÄCHS VOR UND WÄHREND DES TRAININGS ODER WETTKAMPFES

Häufig verspanne ich mich durch die Art meines Selbstgesprächs.

Heute wird es anstrengend.
Hohe Intensitäten. Lange Strecke.
Jetzt der steile Berg.
Jetzt spüre ich die Erschöpfung.
Störender Gegenwind. Störende Mitläufer.

Nun versuchen Sie, diese feindliche Haltung gegenüber den Bedingungen und Aufgaben partnerschaftlich zu gestalten. Denn jede dieser Störungen können auch als Trainingspartner wahrgenommen und begrüßt werden. Sie lösen damit Trainingseffekte aus, die Adaptionen genannt werden. Sie sammeln Erfahrungen und fördern damit Ihr Kompetenzerleben. Also versuchen Sie es noch einmal mit dem veränderten Selbstgespräch.

Heute darf ich erleben, was ich unter erschwerten Bedingungen leisten kann. Heute trainiere ich Schnelligkeit mit Intensitäten.
Heute trainiere ich die Ausdauer mit großen Umfängen. Guten Tag, lieber Berg! Jetzt beginnt das Training. Guten Tag, Gegenwind! Du ermöglichst mir ein kraftvolles Training und eine Festigung meiner Lauftechnik.
Heute herrschen Wettkampfbedingungen.

Beobachten Sie dabei das veränderte Körpererleben:
Alles wird zum Trainingspartner. Es gibt keine abwehrenden Haltungen gegenüber den Gegebenheiten und Begebenheiten. Warum soll ich es mir schwerer machen, als es sowieso schon ist?

Nehmen Sie auch jetzt Ihr Sportgerät in die Hände – in Ihrem Falle Ihre Laufschuhe – und beschreiben Sie detailliert, was sie Ihnen zu spüren und zu erleben ermöglichen.

DIE SINNFRAGE: WOZU DAS ALLES?

Bei meiner Arbeit habe ich oft erlebt, dass Menschen mit hohem methodischem, zeitlichem und finanziellem Aufwand versucht haben, ihr Gewicht zu reduzieren, das Rauchen aufzugeben oder sich nicht mehr mit ihrem Partner zu streiten. Sie versäumten dabei jedoch, ihre Einstellung zu modifizieren, und waren immer wieder irritiert oder deprimiert, wenn sie in die alten Strukturen zurückfielen. Doch wer will schon sein Gewicht nachhaltig reduzieren, das Rauchen aufgeben, und entspannter in der Partnerschaft verweilen, wenn ihm Zwangsdiäten drohen, er zum militanten Nichtraucher mutieren soll oder bald Unterwürfigkeit gegenüber seinem Partner fantasiert?

Daher lautet die Devise nicht mehr: „*Wie mache ich es besser?*", sondern „*Wie mache ich es gut?*"

STEUERN SIE IHRE GEDANKEN: METHODISCHE KOPFARBEIT

Methodische Kopfarbeit schützt vor Panik-Szenarien (*„Hoffentlich passiert mir nichts", „Ich werde mich verlaufen")*, selbsterfüllenden Prophezeiungen *(„Nach 10 Kilometern bekomme ich unerträglichen Durst", „Es wird sicherlich zu kalt")* und abschweifenden Gedanken.

Abschweifende Gedanken lassen Sie stolpern, Körpersignale überhören oder in einen verlangsamten Trott verfallen.

Beim Einstimmen Ihrer Bewegungsabläufe haben Sie sich auch Ihre *Bekräftigung* erarbeitet. Sie lautet: (... hier ist Platz für IHRE Bekräftigung). Ihre Bekräftigung wird Sie *motivieren* und zu gutem, effektivem Laufen *aktivieren.*

Neben dieser Bekräftigung erarbeiten Sie sich jetzt einen Begriff: Ihre Verstärkung, mit der Sie in Ihrem idealen Laufstil vorankommen – also ein Begriff zum körperlichen Fühlen einer guten Technik. Sie kämpfen nicht mehr und verkrampfen nicht, denn das hat Ihre Schritte bisher immer kürzer und Ihre Atmung lauter werden lassen.

DIE VERSTÄRKUNG

Zur Erarbeitung der Verstärkung beginnen Sie mit aktiver Muskelentspannung und den Grundübungen des autogenen Trainings.

Sie beginnen nachfolgende Anleitungen bewusst zu denken. Setzen Sie sich entspannt hin, schließen Sie die Augen und atmen aus.

Der Kopf ist leicht, die Schultern schwer.
Der Rücken ist ganz schwer, der Brustkorb ist schwer und die Arme sind schwer.
Leib und Unterleib sind schwer, und die Beine sind schwer.

Ich bin ganz ruhig, ich bin ganz ruhig.
Arme und Beine sind ganz schwer, Arme und Beine sind ganz schwer.
Herz und Atmung sind ruhig und gleichmäßig, Herz und Atmung sind ruhig und gleichmäßig.
Der Bauch ist warm, die Stirn bleibt kühl, der Bauch ist warm, die Stirn bleibt kühl.
Ich bin ganz ruhig.
Die Ruhe wird immer tiefer.
Ich schaue mir die Eigenschaften/Fähigkeiten eines

Läufers an, die ich auch haben will. Was macht er? Wie fühlt es sich an, sie oder er zu sein?

Nun betrachte ich meine Ideal-/Spitzenleistung, die ich schon hin und wieder erbracht habe. Was habe ich genau gemacht? Was ging in mir vor? Welches Gefühl ist es, wenn ich meine Ideal- /Spitzen-leistung erbringe?
Ich fühle mich wie? ... (Hier wählen Sie nun einen Begriff, der diesen Zustand treffend ausdrückt. Es ist IHRE spezielle Verstärkung.)
Nun stelle ich mir mein nächstes Rennen vor. *Sehe die Umgebung. Beobachte mich. Spüre mich bei meiner Ideal-/Spitzenleistung.*
Ich fühle mich wie? ... (Wieder Ihre spezielle Verstärkung)

Wenn Sie nun mit der Verstärkung im Training erleben können, wie sich Ihre Bewegungsabläufe idealisieren, können Sie diese Verstärkung auch während eines Wettkampfs zur Stimulierung Ihrer Technik nutzen.

Noch einmal zur Erinnerung: Überwiegend bleiben Sie mit ihrer Wahrnehmung „draußen". Nur zur Intensivierung Ihrer Leistung gehen Sie in die Innenwahrnehmung und benutzen Ihre spezielle Bekräftigung. Zur Idealisierung Ihres Bewegungsablaufs gehen Sie ebenfalls in die Innenwahrnehmung und benutzen Ihre spezielle Verstärkung.

› TIPP ‹

Aktive Muskelentspannung und Grundübungen des autogenen Trainings können Sie künftig sowohl zur Ruhe als auch zur Einstimmung jeglicher mentaler Arbeit nutzen.

DER UMGANG MIT ERSCHÖPFUNG UND KÖRPERLICHEN BESCHWERLICHKEITEN WÄHREND DES LAUFENS (IN ANLEHNUNG AN MOSHE FELDENKRAIS)

Feldenkrais lehrte: Vom Gesunden zum Kranken. Nie gegen den Widerstand.

Um diese Aussage zu verstehen, sollten Sie einmal folgende Übung ausprobieren: Stützen Sie sich auf alle Viere (Vierfüßerstand) und bitten Sie eine andere Person, Sie mit der linken flachen Hand etwa auf Steißbeinhöhe und mit der rechten flachen Hand etwa in Nackenhöhe mit gleichmäßigem Druck am Boden zu halten. Dann versuchen Sie, sich aufzurichten und aufzustehen. Das wird Ihnen nur gelingen, wenn Sie erhebliche Kraft gegen den Widerstand einsetzen.

Begeben Sie sich wieder in den Vierfüßerstand, legen einen längeren Zeitungsartikel oder ein auf einer interessanten Seite aufgeschlagenes Magazin vor sich auf den Boden und beginnen zu lesen. Ihr Übungspartner hält Sie dabei mit gleichem Druck am Boden wie zuvor und gibt Ihnen nach einiger Zeit den Befehl, sich zu erheben. Sie werden überrascht feststellen, dass es Ihnen leichter fällt, *aus der Konzentration heraus* gegen die Sie niederhaltende Kraft zu agieren.
Diese Tatsache setzen Sie nun beim Laufen um.

Bei der Innenwahrnehmung, dem kinästhetischen Sehen, schauen Sie bitte nicht mehr dorthin, wo Sie Erschöpfung oder Beschwerden im Körper spüren, sondern dorthin, wo

Selbstverständlich respektieren Sie, wenn der Körper tatsächlich schlapp macht, Krämpfe oder stechende Schmerzen produziert und unterbrechen dann den Lauf. Jedoch entscheidet der Körper, wann Feierabend ist, und nicht Ihr „Kopfkino".

So wie Sie Ihre Wahrnehmung regulieren, regulieren Sie in Situationen der Erschöpfung auch Ihr Selbstgespräch. Gehen Sie nicht in einen Trancezustand und verlangsamen dabei Ihre Geschwindigkeit; abwertende Gedanken, Selbstzweifel oder gar Beschimpfungen unterbrechen Sie. Dürfte ein Trainer etwa so mit Ihnen reden, wie Sie in Situationen der Erschöpfung oder bei Beschwerlichkeiten manchmal über sich denken? Gewiss nicht – andernfalls würden Sie Ihren Kram einpacken und gehen.
Also Schluss mit der Bekämpfung irgendeines „inneren Schweinehundes", denn den gibt es nicht. Sie sind ein liebenswerter Mensch, und Ihr Körper soll nicht in eine Problemphysiognomie verfallen.

Eine zweite Möglichkeit der Unterbrechung eines destruktiven Selbstgespräches ist die Visualisierung eines Stoppschildes direkt vor Ihren Augen und das Hören eines lauten „Stopp!" in den Ohren.

Sie Reserven und gute Bewegungsabläufe wahrnehmen. Nun werden Sie erleben, wie sich anstelle der Erschöpfung eine Spannung im Körper breit macht und ein guter, effektiver Bewegungsablauf erhalten bleibt (ressourcehafte Physiognomie anstelle einer Problemphysiognomie).

Es gilt: Bleiben Sie in der Wahrnehmung „draußen" und richten Ihren Blick auf Farben und Formen in einiger Entfernung. Ihr Blick sollte leicht nach oben gerichtet sein. Wenn Ihr Blickfeld zu eng ist oder Sie gar auf den Boden schauen, verkürzt sich Ihr Schritt und Ihr Rücken verspannt sich.

Sollten Sie eine Verspannung in der Schulterpartie verspüren, ziehen Sie während des Laufens die Schultern mit äußerster Anstrengung in Richtung Ohren: Halten, halten, halten – und dann fallen lassen. Diesen Bewegungsablauf wiederholen Sie zwei- bis dreimal.

DIE ATMUNG VOR, WÄHREND UND NACH DER BELASTUNG

Wir unterscheiden zwischen der unwillkürlichen Atmung, der Schlafatmung und der bewussten Atmung. Die unwillkürliche Atmung wird von der Bewegungsintensität und der psychischen Anspannung bestimmt: Sie beginnen zu hecheln, erleben Spannung aus dem subjektivem Gefühl heraus, zu wenig Luft zur Verfügung zu haben. Das Einatmen verstärkt sich bis zur Pressatmung. Dies ist also eine äußerst unökonomische Art der Atmung, die bei Kindern häufig mit Seitenstechen endet. Die effektivste Atmung ist die Schlafatmung, denn sie ist voluminös bei zugleich geringer Frequenz.

Der Rhythmus lautet: Zwei Takte ausatmen, einen Takt ruhen und einen Takt einatmen. Wenn Sie mögen, können Sie diesen Rhythmus

meditativ begleiten. Und zwar: loslassen, niederlassen für die zwei Takte ausatmen; Einssein für den einen Takt Pause; kommen lassen für den einen Takt einatmen.
Beim Einatmen wird die Bauchdecke leicht aufgestellt. Atmen Sie nicht gegen die Bauchdeckenspannung.

› TIPP ‹

Zur bewussten Atmung: Achten Sie bitte darauf, dass die Atmung ihren eigenen Rhythmus findet und sich nicht am Bewegungsrhythmus orientiert.

Während des Ein- und Warmlaufens sollten Sie ausschließlich auf ein langes Ausatmen achten. Denn je mehr sauerstoffärmere Luft Sie ausatmen, umso mehr Raum ist auch für das Einatmen von sauerstoffreicherer Luft vorhanden. Das Ausatmen ist die Voraussetzung und das Geheimnis der effektiven Verbrennung: Ich stelle mir einen Schwamm vor. Ich muss ihn auswringen, und er füllt sich wieder von selbst.

Zur Aktivierung während des Aufwärmens können Sie über dem Kopf bei gestreckten Armen Ihre Hände gegenseitig festhalten und die Luft anhalten bis es nicht mehr geht. Dann werden Ihre Arme zwangsläufig auseinandergerissen, und Sie atmen ein.
Am Start atmen Sie noch einmal anhaltend aus und werfen einen imaginären, schweren Wintermantel mit rollenden Schultern nach hinten ab.

Während des Laufens – und insbesondere bei einer Erhöhung der Intensität – achten Sie auf das Weiteratmen, indem Sie lang anhaltend ausatmen.

Bei großer Erschöpfung nach einem Rennen legen Sie sich auf den Rücken, winkeln Ihre Beine an, legen Ihre Hände auf die Schultern, richten die Ellbogen himmelwärts und atmen im beschriebenen Viererrhythmus. Sie werden dabei erleben, dass Sie schnell zu einer effektiven Zwerchfellatmung gelangen und damit die Luft bekommen, die Sie jetzt brauchen. Auch die Regeneration kann dann schon beginnen.
Nach zehn bis zwölf Atemzügen legen Sie Ihre Hände in Höhe des Schambeins auf den Bauch und spüren dort den Takt der Atmung – fünf- bis sechsmal.

Nun stehen Sie in Ihrem Tempo auf: Die Füße stehen etwa in Schulterbreite Abstand zueinander und Sie machen noch ein paar Atemzüge. Ihre Hände liegen dabei noch immer tief unten auf dem Bauch.

WETTKAMPFVORBEREITUNG FÜR FORTGESCHRITTENE

Zur Konzentration auf einen Wettbewerb an einem Wochenende sollte von Mittwoch bis Sonntag alles Ablenkende in den Hintergrund treten. Außerhalb dieses Zeitraums muss auch der stark leistungsorientierte Athlet darauf achten, dass sein Sport in seine Arbeits- und Familienzeit als Individualzeit integriert ist. Damit kann vermieden werden, dass sein Umfeld oder er eines Tages „sportmüde" wird. Denn von etwas zu viel ist nicht Reichtum, sondern führt zur Armut.

Die Übung:
Bitte setzen Sie sich entspannt hin und schließen die Augen:

Der Kopf ist leicht. Schultern und Arme sind schwer. Rücken und Brustkorb sind schwer.
Leib und Unterleib sind schwer.
Und die Beine sind schwer.

Ich bin ganz ruhig.
Ich bin ganz ruhig.
Arme und Beine sind ganz schwer.
Arme und Beine sind ganz schwer.
Herz und Atmung sind ruhig und gleichmäßig. Herz und Atmung sind ruhig und gleichmäßig.
Der Bauch ist warm, die Stirn bleibt kühl.
Der Bauch ist warm, die Stirn bleibt kühl.
Ich bin ganz ruhig.
Ich bin ganz ruhig.

Ich sitze an einem Schreibtisch vor einem Fenster und schaue hinaus.
Mir wird bewusst, was sich draußen bewegt.
Wie ist das Wetter?

Nun schaue ich auf den Schreibtisch.
Vor mir liegt ein leeres Blatt Papier und ein Schreibstift.

Ich nehme den Stift und schreibe alles auf.
Was mich bewegt, was mir Sorgen macht.
Alles, was ich als Ablenkung von dem bevorstehenden Wettkampf erlebe.

Beim Schreiben werde ich mir der Form meiner eigenen Schrift bewusst, des Geräuschs des Stifts auf dem Papier und des Gewichts, mit dem ich mich auf den Schreibarm lehne.

Ich male auch, was mich ablenkt,
wenn ich keine Worte finde.

Nun lege ich den Stift weg. Falte das Papier zusammen und drehe mich um.
Hinter mir steht eine Schachtel.
Auf dem Boden oder im Regal.
Ich sehe sie genau. Ihre Farbe.
Ob sie im Licht oder im Schatten steht.
Nun öffne ich ihren Deckel, lege das beschriebene Papier hinein und schließe den Deckel.
Ich drehe mich zurück zum Schreibtisch, setze mich bequem hin und schaue aus dem Fenster.
Nach dem Wettkampf werde ich die Schachtel öffnen und mich mit dem beschäftigen, was ich aufgeschrieben habe.

Meistens ist es dann unwichtig geworden, doch die Probleme und Hindernisse vor dem Wettkampf sind wichtig. Wir vertrösten sie auf später, widmen uns ihnen dann und verdrängen damit nichts.

Die kursiv gedruckten Texte lassen Sie sich entweder vorlesen oder sprechen Sie auf eine Kassette. Mit ruhiger Stimme können Sie die für Sie besonders bedeutsamen Sätze auch wiederholen.

› INFO ‹

Ich litt lange Zeit unter Konzentrationsschwäche. Vor einem Wettkampf habe ich nahezu alles wahrgenommen, was um mich herum passierte: Ich betrachtete die Gesichter der Zuschauer, las Transparente, beobachtete meine Konkurrenten, hörte dem Stadionsprecher zu und registrierte sogar die Geschmacksrichtung des Eishörnchens, das ein Kampfrichter gerade spazieren trug. Von „Fokussierung" auf das Wesentliche – nämlich meinen Lauf und sonst nichts – war ich meilenweit entfernt. Anfang der neunziger Jahre entschloss ich mich deshalb, mit einem Sportpsychologen zusammenzuarbeiten, der mir unter anderem autogenes Training und das Visualisieren beibrachte. Die neuen Techniken habe ich nach den Olympischen Spielen 1992 das erste Mal erfolgreich angewandt. Sehr viele Athleten beherrschen eine Entspannungstechnik oder arbeiten mit Visualisierung. Ich konnte mich schließlich so gut konzentrieren, dass ich vor einem Rennen mühelos alle möglichen Rennverläufe mitsamt ihren taktischen Varianten durchgespielt habe. Ich begann damit oft schon Monate vor dem Wettkampf und war bei einem Dauerlauf im Training einmal so entrückt, dass ich gar nicht mitbekam, dass wir längst schon zu Hause waren.
Im Verlauf der Jahre habe ich gelernt, dass ich nur ein bestimmtes Reservoir an mentaler Energie habe, das ich sehr sparsam verwenden muss. Mit den erlernten Entspannungstechniken gelingt es mir, eine ausreichende Menge an Energie für den Wettkampf bereitzuhalten. Das bedeutet auch für Sie: Machen Sie sich vor einem Wettkampf nicht verrückt und spielen Sie den Ablauf des Rennes im Kopf mehrmals durch (Wo ist der Start? Wie sieht die Strecke aus? Was passiert, wenn ich mich warmgelaufen habe?). Alles, an das Sie bereits vor dem Rennen ausführlich und bildlich gedacht haben, wird Sie am Tag des Rennens nicht mehr belasten. Sie können nun alle Energie auf Ihren Lauf konzentrieren und verlieren keine Kraft durch unnötige Gedanken.

Europameisterschaft 1998 in Budapest - Finale 10000m, Bronzemedaille 27:59:90 min

EMPFEHLENSWERTE INSTITUTE UND LABORS FÜR LEISTUNGSDIAGNOSTIK

PLZ 0:
01069 Dresden: Uniklinik Carus, Tel. 0351/459 33 57
01307 Dresden: Institut für Sportmedizin, Tel. 0351/458 59 78
07749 Jena: Institut für Leistungsdiagnostik, Tel. 03641/47 37 65
09126 Chemnitz: Triagnostik Chemnitz, Tel. 0173/9 93 56 02

PLZ 1:
14055 Berlin: Zentrum für Sportmedizin, 030/81 81 20
14469 Potsdam: Sportmedizin Uni Potsdam, Tel. 0331/977 14 95

PLZ 2:
20354 Hamburg: Sportmedizinisches Zentrum, Tel. 040/28 80 97 28
22085 Hamburg: Alstermed, Tel. 040/220 46 68
21337 Lüneburg: Zentrum f. Leistungsdiagnostik, Tel. 043131/560 26

PLZ 3:
30519 Hannover: MSG, Tel. 0511/842 04 15
33100 Paderborn: Sportmed. Institut, Tel. 05251/60 31 80
34537 Bad Wildungen: Med. Zentrum Parkhöhe, Tel. 05621/703-0
38446 Wolfsburg: INTRO, Tel. 05361/55 85 58

PLZ 4:
42699 Solingen: proformance, Tel. 0212/235 46 43 und 65 02 90
45257 Essen: Medico-Sport, Tel. 0201/490 10 19
46236 Bottrop: Sportmed. Institut, Tel. 02293/911 50
46514 Schermbeck: Movida, 02853/95 71 71

PLZ 5:
50933 Köln: Zentrum für Leistungsdiagnostik, Tel. 0221/498 25 18
50969 Köln: CMS, Tel. 0221/43 37 96
50931 Köln: MAS Institut, Tel. 0221/406 31 21

PLZ 6:
60528 Frankfurt: Sportmedizinisches Institut, Tel. 069/67 80 09 32
64287 Darmstadt: Sport-Gesundheits-Zentrum, Tel. 06151/16 60 69
63069 Offenbach: Institut für Sportdiagnostik, Tel. 069/83 83 86 91
66693 Mettlach-Orscholz: Rehaklinik Saarschleife, Tel. 06865/90 18 30

PLZ 7:
70372 Stuttgart: Sportinstitut, Tel. 0711/553 51 77
72000 Tübingen: Sportmed. Institut, Tel. 07071/298 64-93/91
74321 Bietigheim: Sportmedizin Dr. Dolezel, Tel. 07142/43147

	77948 Friesenheim: Med-Tronik, 07821/63 33 30
	79106 Freiburg: Uniklinik Freiburg, Tel. 0761/270 74 73
PLZ 8:	80809 München: Sportmedizin, Tel. 089/28 92 44 45
	81247 München: Energy-Lab, Tel. 089/69 93 79 12
	82131 Stockdorf: Trainingsbetreuung Ruscher, Tel. 089/89 50 01 70
	82386 Oberhausen: Sport-Promotion, Tel. 08802/901 15 00
	88175 Scheidegg: Diagnostikzentrum Scheidegg, Tel. 08381/94 28 50
PLZ 9:	90562 Heroldsberg: contract:relax, Tel. 0911/610 41 40
	90768 Fürth: Accusport, Tel. 0911/76 75 58
	93059 Regensburg: Institut für Diagnostik, Tel. 0941/46 41 80
	95444 Bayreuth: Sportinstitut Wittke, Tel. 0921/51 54 71
	97072 Würzburg: Predia Sport, Tel. 0931/80 49 60
ÖSTERREICH	1150 Wien: Institut für Sportmedizin, Tel. 014 27 72 87 01
	5562 Obertauern: Olympiastützpunkt Obertauern, Tel. 06456/76 56-0
	6020 Innsbruck: Zentrum Hoffmann, Tel. 0512/26 26 27
	8047 Graz: Institut für Sportmedizin, Tel. 0316/5 96 21 44
SCHWEIZ	3432 Lützelflüh: Sportmedizin, Tel. 034/461
	7000 Chur: Praxis Dr. Zinsli, Tel. 081/252 66 22
	7310 Bad Ragaz: Swiss Olympic Medical Center, Tel. 081/303 38 38
	8008 Zürich: Schulthess Klinik, Tel. 01385/75 62

WEITERFÜHRENDE LITERATUR

· Franke, S.: Fitness à la Carte - Sporternährung von A-Z, weropress 2004
· Franke, S.: Nordic Walking, weropress 2004
· Franke, S.: Laufen, weropress 2004
· Gebrselassie, H.: Laufen mit Haile Gebrselassie. Das Trainingsprogramm, Ehrenwirth 2003
· Noakes, T.: Lore of Running, Human Kinetics Puplishers 2003
· van Duijn, E.: Hören Sie auf Ihr Herz, Eigenverlag 1999

Weitere nützliche Tipps und Informationen rund um das Thema Laufen gibt es unter der meistbesuchten „Lauf-Seite“ im Internet: **www.lauftreff.de**

IMPRESSUM

AUTOREN

Dr. Hans-Wilhelm Müller-Wohlfahrt, München
Stéphane Franke, Berlin

HERAUSGEBER

Verlag weropress GmbH, Freiburg

LAYOUT, SATZ UND GRAFIKEN

Gesine Eisfeld | Büro für Gestaltung, Stuttgart

UMSCHLAGFOTOS

Titel: Jörg Sarbach/Bremen; Verlag Zabert Sandmann (Alexander Haselhoff)/München; EUROSPORT/München; Rücktitel: Olaf Möldner/Potsdam

DRUCK UND VERARBEITUNG

Gulde Druck GmbH & Co. KG, Tübingen

BILDNACHWEIS

Biologische Heilmittel Heel: 105; **Brooks GmbH:** 178; **BSN medical:** 109, 161, 162, 164, 166, 167, 168; **Ciclosport K.W. Hochschorner GmbH:** 20, 36; **imago Sportfotodienst:** 7, 8, 9; **Fotoagentur jump:** 5, 20, 92, 95, 96, 98, 99, 100, 101, 103, 107, 110, 112, 118, 120, 121, 122, 125, 127, 133, 134, 136, 137, 138, 139, 140, 141, 142, 143, 144, 146, 147, 151, 153, 155, 156, 158, 159, 160; **Idko GmbH & Co. KG:** 12, 62, 63, 86; **Odlo International:** 23, 45, 54, 178, 185; **Olaf Möldner:** U2, 1, 6, 10, 17, 19, 20, 24, 32, 42, 48, 58, 61, 65, 68, 69, 73, 74, 76, 80, 83, 84, 90, 129, 130, 170, 186; **PKPhotographie/CH** 148; **Privat:** 89; **Reebok:** 13, 16, 17, 46, 78, 170, 172, 174, 176, 178; **Runners Point:** 14, 15; **Sven Simon:** 189; **Michael Westermann:** 130, 131, 165

© 2006 by Verlag wero press GmbH, ISBN 3-937588-17-5
Alle Rechte vorbehalten. Das Werk einschließlich aller seiner Teile ist urheberrechtlich geschützt. Jede Verwertung außerhalb der engen Grenzen des Urheberrechts ist ohne Zustimmung des Verlages und der Autoren unzulässig und strafbar. Dies gilt insbesondere für Vervielfältigungen, Übersetzungen, Mikroverfilmungen und Einspeicherung und Verarbeitung in elektronischen Sytemen. Markenbezeichnungen sind nicht besonders gekennzeichnet. Das berechtigt nicht zu der Annahme, dass solche Bezeichnungen warenrechtlich nicht geschützt sind.